BIBLIOTHÈQUE
DES ÉCOLES PRATIQUES DE COMMERCE ET D'INDUSTRIE
PUBLIÉE SOUS LA DIRECTION DE FÉLIX MARTEL
Inspecteur général de l'Instruction publique

ÉCONOMIE POLITIQUE

PAR

Félix MARTEL

Inspecteur général
de l'Instruction publique

M. GRIGAUT

Professeur à l'École d'Arts et Métiers
de Châlons-sur-Marne

PARIS
LIBRAIRIE CH. DELAGRAVE
15, RUE SOUFFLOT, 15

INTRODUCTION

———

« L'économie politique ne permet plus
qu'on l'ignore : elle agit et remue le
monde. Tel qui n'en soupçonnait pas
l'existence apprendra qu'elle existe en
voyant qu'il est enrichi ou appauvri
par elle. »

(E. BERSOT.)

Définition. — *L'économie politique est l'étude des
faits sociaux relatifs à la satisfaction des besoins
matériels de l'homme et au développement de son
bien-être.*

REMARQUES. — I. La satisfaction de ces besoins exige
des produits, ou, comme disent les économistes, des
richesses. Par ce mot « richesses, » il faut ici entendre *tous les objets utiles, susceptibles d'appartenir en
propre à un individu ou à un groupe d'individus.*
Dans cette acception, une maison, un vêtement, un
fruit, un livre, une plume sont des richesses : l'air
n'en est pas une.

II. Les faits qui ont comme objet ou comme résultat la satisfaction de nos besoins matériels se rapportent : 1° à la *production* des richesses ; 2° à l'*échange* de
certaines richesses contre d'autres ; 3° à la *répartition*
des richesses ; 4° à la *consommation.*

III. L'économiste laisse de côté la technique de la production ou de l'échange pour s'occuper seulement des *faits sociaux*. Ainsi il ne recherche point comment les machines sont construites, mais quel en est le rôle dans la vie économique; il n'étudie pas quelle est l'action des engrais, mais il examine quelles conséquences peut avoir l'exploitation du sol par le fermier ou par le propriétaire lui-même. Mettant à part ce qui est du domaine des sciences mathématiques, physiques, naturelles, de la technologie, il s'attache à ce qui résulte de l'action de l'homme et à celle de la société.

IV. L'économie politique n'est pas une science dont les *données soient universelles et vraies pour tous les temps*. Les faits économiques varient selon les lieux et les époques : ainsi, ce que l'on constate ou ce que l'on conseille pour les peuples européens serait souvent mal justifié ou hors de propos, si on l'appliquait à la Chine d'aujourd'hui ou à la France de l'an 2000; telle opinion actuellement qualifiée d'utopie sera peut-être en harmonie avec l'état d'esprit et l'organisation d'une époque future.

V. L'économie politique *n'a pas la rigueur des sciences exactes :* les faits qu'elle étudie peuvent être appréciés de façons très différentes. Il faut s'habituer à entendre les jugements opposés et à ne pas prendre des opinions pour des axiomes. Pour cela, notre impartialité, si scrupuleuse soit-elle, peut souvent ne pas suffire : notre éducation, notre situation sociale, le milieu où nous vivons, nos intérêts, nos passions nous rendent très difficile une vue, un jugement exacts des faits. De là, malheureusement, entre les hommes, bien des préjugés, des dédains et des haines !-
Derrière les aphorismes et les formules, appliquons

nous donc à voir la réalité, et surtout pensons toujours à l'homme, l'homme qui agit, qui lutte, qui souffre. A cette condition, l'économie politique ne sera pas une étude abstraite; elle apparaîtra avec son vrai caractère de science pratique.

Principales doctrines éconcmiques. — Les doctrines économiques sont de nos jours très nombreuses; nous ne parlerons ici que de trois écoles, dont il est indispensable de connaître, dès le début de cette étude, les tendances générales.

1º Les économistes, dits *libéraux, orthodoxes* ou *classiques,* représentent l'opinion la plus ancienne et la plus communément enseignée : ils déclarent qu'il ne faut pas réglementer la vie économique : quand même elle ne serait pas sans défauts, elle vaut encore mieux qu'une organisation dans laquelle on limiterait les droits individuels. L'intervention de l'Etat apparaît aux économistes de cette école comme fâcheuse. « Laisser faire » : telle est, à leur avis, de la part des gouvernements la meilleure conduite à observer.

2º Les *socialistes,* au contraire, souhaitent des changements considérables; le système actuel de propriété individuelle est particulièrement l'objet de leurs attaques. Parmi eux, se produisent des divergences très notables d'opinions sur ce que devrait être la société; mais les principaux groupes sont ceux des *communistes* et des *collectivistes :* les premiers réclament la mise en commun et des instruments de travail et des produits; les *collectivistes* demandent que les moyens de production appartiennent à tous; les produits seuls constitueraient une propriété individuelle, limitée d'ailleurs en quantité et quant au droit de succession. La collectivité, représentée par l'*État*, leur paraît devoir étendre de plus en plus son action.

3° L'école *solidariste* se rapproche du socialisme, en critiquant aussi le mode actuel de répartition des richesses; elle s'en éloigne, en ce qu'elle compte particulièrement sur l'association des faibles et sur le sentiment de solidarité qu'elle cherche à développer chez les plus favorisés, pour arriver à une organisation sociale meilleure : *solidarité* et *coopération*, tels sont les agents principaux d'une transformation souhaitable. Les partisans de la doctrine solidariste désirent d'ailleurs que l'État, qui est, en somme, l'association de tous, ajoute son action aux efforts individuels ou collectifs : ses membres sont, au moins jusqu'à un certain point, d'accord avec les socialistes pour réclamer le vote de lois ouvrières, ainsi que des mesures fiscales qui diminueraient la part d'impôt exigée des pauvres, en accroissant celle que doivent supporter les grosses fortunes.

LECTURE

But et utilité de l'économie politique

L'économie politique est une science dont le but est de rendre l'aisance aussi générale qu'il est possible.

Tous les hommes de bien, alors même qu'ils ne s'élèvent point à de savantes théories, essayent de concourir à ce but. Celui qui, dans la rue, donne aux pauvres quelques pièces de monnaie, veut adoucir la misère; mais souvent il ne fait qu'encourager la paresse et solder le vagabondage. Celui qui, pour faire de ses dons un meilleur emploi, cherche les familles vraiment dignes de sa sollicitude, obtient des résultats plus heureux sans doute, mais ces dons, quelque nombreux qu'on les suppose, sont des secours partiels et momentanés. Vainement épuiserait-on les ressources de la bienfaisance; le seul moyen de rendre l'aisance générale est d'apprendre aux hommes à travailler et à faire un bon emploi de ce qu'ils gagnent.

L'activité ou la langueur de l'industrie, la bonne ou la mauvaise répartition des richesses dépendent, sous beaucoup de rapports, des idées justes ou fausses que les gouvernements ou les particuliers ont en économie politique. Cette science est essentielle pour améliorer notre sort.

Ceux qui, pleins d'idées exagérées et vagues sur la morale, voient en pitié qu'on cherche à multiplier les richesses, sont des rêveurs qui s'égarent dans de vaines ou funestes théories. Formé d'une intelligence et d'un corps, l'homme a des besoins moraux et des besoins physiques; la morale est la première des sciences, l'économie politique est la seconde. Le genre d'étude qui va nous occuper aurait une grande importance, alors même qu'on observerait seulement ses rapports avec nos besoins physiques, puisqu'il influe sur le bien-être, sur l'existence des hommes. Mais, pour peu qu'on réfléchisse, on voit ses rapports intimes avec nos besoins moraux. Combien de vices, de crimes on ferait disparaître si l'on parvenait à bannir l'oisiveté et la misère!

Quelle haute considération doit encore frapper les esprits! Ce n'est point dans une seule contrée, au préjudice des autres, que l'économie politique veut répandre l'aisance. Dès longtemps la religion et la philosophie disent aux hommes de vivre en paix, de s'entr'aider pour recueillir les biens que leur destine la nature, et dès longtemps on traite de chimériques leurs désirs généreux. Voici qu'une science occupée des travaux es plus matériels vient, en nous enseignant les moyens d'accroître nos richesses et nos jouissances, démontrer que notre intérêt doit nous porter à suivre les conseils pacifiques de la religion et de la philosophie. Plus les lumières se répandront, mieux on jugera que le plus puissant auxiliaire de la morale est l'économie politique.

A ces considérations on doit en ajouter qui naissent de l'époque où nous vivons. Jamais les hommes n'ont autant parlé de l'industrie; une multitude de voix célèbrent ses avantages. Il ne peut être sans intérêt, pour quiconque observe son siècle, de savoir comment l'industrie se développe, quels obstacles s'opposent à ses progrès et quel moyen rendrait moins inégal le partage de ses bienfaits entre les différentes classes de la société. Je ne connais aucun pays où l'économie politique soit inutile, puisque les biens qu'elle enseigne à produire sont partout nécessaires. Mais il est évident qu'elle acquiert un nouveau degré d'utilité dans les Etats où beaucoup d'hommes sont appelés à discuter les affaires publiques. Par quel prodige seront elles dirigées avec sagesse, si l'on apporte des notions vagues où il faudrait des notions positives?

Ces idées rapides suffisent pour prouver qu'une telle science, négligée dans nos études, y devrait occuper une place plus importante, et qu'elle peut offrir des charmes aux esprits élevés.

DROZ (1).

(1) D.... ;3.. io), philosophe et économiste français dont le principal ouvrage est u. *économie politique* écrite pour la raison suivante indiquée par l'auteur lui-même : « Un jour, dit-il, je parlais d'économie politique à plusieurs hommes de beaucoup d'esprit et d'une instruction variée : je ne pus leur cacher ma surprise de voir que cette science leur était absolument étrangère ; les uns me dirent qu'elle était aride ; les autres qu'ils avaient ouvert des livres d'économie politique et ne les avaient pas compris. Je pensai qu'il nous manquait un livre pour commencer facilement l'étude de l'économie politique. »

Droz a la conviction profonde que l'économie politique est l'auxiliaire de la morale. « Ce volume..., offrant d'admirables conseils sur l'emploi du revenu, plaçant le bonheur dans le travail, ne séparant pas l'honnêteté du bien-être..., eut un grand succès et devint un manuel accrédité de la science économique. » (*Notice* sur Droz lue à l'Académie française.)

ÉCONOMIE POLITIQUE

LIVRE PREMIER

ROLE
DES AGENTS DE LA PRODUCTION

CHAPITRE PREMIER

LA NATURE

Agents de la production. — Le cultivateur confie au sol les grains de blé destinés à fournir une récolte nouvelle ; auparavant, il a préparé la terre en y ajoutant des engrais ou des amendements, en la remuant au moyen d'une charrue. La moisson future sera le résultat de la collaboration de trois agents : la *nature*, à laquelle on doit le sol, ainsi que les forces mystérieuses par lesquelles les grains germeront et qui en feront sortir tiges et épis ; — le *travail* humain ; — enfin les moyens dont le laboureur dispose : grains, matières incorporées à la terre pour l'améliorer, instruments de culture : ce qu'on appelle le *capital*. Cette association de la nature, du travail et du capital se retrouve dans tous les faits de la production.

La nature. — Pour concevoir l'importance du rôle de la nature, il suffit de se bien convaincre que nous ne pouvons rien créer : notre rôle consiste seulement à nous rendre compte des faits naturels, à les utiliser ou à nous en préserver.

Conditions physiques. — Nous nous trouvons dans certaines conditions physiques résultant de la situation géographique, de la nature du sol et du sous-sol, du relief, du climat, de l'hydrographie, et tous ces faits déterminent, dans une certaine mesure, les caractères de la vie économique.

Par exemple, un pays est-il placé à l'intérieur d'un continent : il communiquera difficilement avec les régions éloignées ; les exportations y seront, par suite, peu aisées ; les produits étrangers y arriveront grevés de frais de transport onéreux. Il suffit, pour s'en rendre compte, de comparer à cet égard telle ou telle cité russe, située à 1.000 kilomètres de la mer, et les villes anglaises, dont aucune n'est distante des rivages de plus de 25 lieues.

Il existe des contrées où l'homme s'épuise à travailler un *sol* ingrat pour n'en retirer qu'une maigre nourriture ; ailleurs, s'étendent des couches de terre fécondes. Les cultivateurs européens se courbent sur un sol fatigué, tandis qu'en Amérique de riches terrains encore vierges s'offrent à leurs rivaux. — Même à notre époque de transports faciles, c'est un précieux avantage pour un pays de posséder des mines de houille et des gisements de minerais ; l'Angleterre, par exemple, y trouve un des éléments de sa supériorité ; elle est encore favorisée par ce fait que le combustible et le fer sont enfouis à proximité l'un de l'autre.

Le *relief* a aussi son influence sur la prospérité d'une région ; les contrées montagneuses sont souvent aussi peu favorables à l'agriculture qu'aux échanges. Toutefois, dans les pays tropicaux, les terres élevées offrent ordinairement les conditions de vie les plus salubres : au Mexique, par exemple, la civilisation s'est portée de préférence sur les plateaux. Ailleurs, l'infériorité agricole de pays accidentés est heureusement compensée par l'abondance des richesses minières ou par les nombreuses chutes d'eau, d'où l'industrie tire les forces qu'elle sait aujourd'hui mettre en œuvre.

Suivant la *température*, l'homme déploie plus ou moins d'activité ; le climat permet certaines cultures ; il en rend d'autres impossibles, difficiles ou peu fructueuses.

Les climats tempérés font du travail une condition de vie, mais aussi ils le récompensent : les régions qui en jouissent sont celles où la civilisation a été le plus développée et le plus durable, parce que les générations qui s'y sont succédé ont dû nécessairement être laborieuses.

Les *cours d'eau* ont, dans les temps primitifs, attiré les agglomérations humaines, auxquelles ils fournissaient, outre la boisson, la nourriture, grâce aux ressources de la pêche ; ils servaient aussi de moyens de transport et de moyens de protection. Aujourd'hui encore, ce sont souvent des voies de communications avantageuses. Enfin certains deltas nourrissent une population très dense, parce qu'ils sont formés d'alluvions fertiles.

Lorsqu'un pays a des *mers*, des côtes favorables à la navigation, son peuple est porté aux expéditions lointaines et à la vie maritime.

Matières premières et forces naturelles. — La nature nous fournit, outre la terre elle-même :

1° Les produits alimentaires, les matières textiles,

provenant, soit des végétaux, soit des animaux ; les combustibles tirés de végétaux (bois) ou de minéraux (tourbe, houille) ; les minéraux utiles (métaux, pierres).

2° Des forces : la force de l'homme d'abord (force physique et force intellectuelle) ; celles des animaux ; celles qui déterminent la végétation, et aussi le vent, les rivières, les chutes d'eau, les propriétés physiques ou chimiques des corps, etc...

A toutes les forces déjà utilisées, il faut ajouter celles dont un jour l'existence sera sans doute révélée et dont l'homme arrivera à tirer parti.

Conclusion. — Sans les ressources naturelles dont il dispose, l'homme, non seulement ne pourrait rien faire, mais même il ne pourrait vivre. Toutefois, n'oublions pas que les dons de la nature sont rarement gratuits : le travail est indispensable pour les mettre à profit. Les sols ou les sous-sols les plus favorisés ne servent à rien, tant qu'on ne les exploite pas ; la rivière se traîne inutilement aussi longtemps qu'elle ne porte pas d'embarcations, et le blé primitif, naturel, qu'on retrouve en Égypte, ne pourrait être employé comme aliment.

LECTURE

La nature sauvage

Roi de la terre, l'homme l'ennoblit, la peuple et l'enrichit ; il établit entre les êtres vivants l'ordre, la subordination, l'harmonie ; il embellit la nature même, il la cultive, l'étend et la polit, en élague les chardons et la ronce, y multiplie le raisin et la rose. Voyez ces plages désertes, ces tristes contrées où l'homme n'a jamais résidé, couvertes ou plutôt hérissées de bois épais et noirs dans toutes les parties élevées ; des arbres sans écorce et sans cime, courbés, rompus, tombant de vétusté ; d'autres, en plus grand nombre, gisant au pied des premiers, pour pourrir sur des monceaux déjà pourris, étouffent, ensevelissent les germes prêts à éclore. La nature, qui partout ailleurs

brille par sa jeunesse, paraît ici dans la décrépitude; la terre sur-
chargée par le poids, surmontée par les débris de ses productions,
n'offre, au lieu d'une verdure florissante, qu'un espace encombré, tra-
versé de vieux arbres, chargé de plantes parasites, de lichens, d'aga-
rics, fruits impurs de la corruption; dans toutes les parties basses,
des eaux mortes et croupissantes, faute d'être conduites et dirigées;
des terrains fangeux qui, n'étant ni solides ni liquides, sont inabor-
dables et demeurent également inutiles aux habitants de la terre et
des eaux; des marécages qui, couverts de plantes aquatiques et féti-
des, ne nourrissent que des insectes vénéneux et servent de repaire
aux animaux immondes. Entre ces marais infects qui occupent les
lieux bas et les forêts décrépites qui couvrent les terres élevées,
s'étendent des espèces de landes, des savanes qui n'ont rien de commun avec nos prairies; les mauvaises herbes y surmontent, y étouffent les bonnes; ce n'est point ce gazon fin qui semble faire le duvet
de la terre; ce n'est point cette pelouse émaillée, qui annonce sa bril-
lante fécondité; ce sont des végétaux agrestres, des herbes dures,
épineuses, entrelacées les unes dans les autres, qui semblent moins
tenir à la terre qu'elles ne tiennent entre elles, et qui, se desséchant
et repoussant successivement les unes sur les autres, forment une
bourre grossière, épaisse de plusieurs pieds. Nulle route, nulle communication, nul vestige d'intelligence dans ces lieux sauvages : l'homme,
obligé de suivre les sentiers de la bête farouche, s'il veut les parcourir,
contraint de veiller sans cesse pour éviter d'en devenir la proie,
effrayé de leurs rugissements, saisi du silence même de ces profondes
solitudes, rebrousse chemin et dit : La nature brute est hideuse et
mourante; c'est moi, moi seul qui peux la rendre agréable et vivante;
desséchons ces marais, animons ces eaux mortes en les faisant cou-
ler, formons-en des ruisseaux, des canaux. Employons cet élément
actif et dévorant qu'on nous avait caché (1) et que nous ne devons
qu'à nous-mêmes; mettons le feu à cette bourre superflue, à ces vieilles
forêts déjà à demi consumées; achevons de détruire avec le fer ce que
le feu n'aura pu consumer; bientôt, au lieu du jonc, du nénuphar dont
le crapaud composait son venin, nous verrons paraître la renoncule, le
trèfle, les herbes douces et salutaires; des troupeaux d'animaux bon-
dissants fouleront cette terre jadis impraticable; ils y trouveront une
subsistance abondante, une pâture toujours renaissante; ils se multi-
plieront pour se multiplier encore; servons-nous de ces nouveaux
aides pour achever notre ouvrage : que le bœuf soumis au joug emploie ses forces et le poids de sa masse à sillonner la terre; qu'elle ra-
jeunisse par la culture. Une nature nouvelle va sortir de nos mains.

BUFFON.

(1) Allusion à la légende de Prométhée, puni pour avoir donné aux mortels le
feu, qu'il avait dérobé au ciel.

CHAPITRE II

LE TRAVAIL

> « Il n'y a pas de petit service rendu
> à l'humanité : la Hollande a élevé
> une statue au matelot qui lui ensei-
> gna à sécher le hareng. »
>
> (Jules JANIN.)

Rôle du travail. — Sauf l'air, la nature ne nous fournit rien sans que nous nous donnions quelque peine ; à nous de combattre ce qui en elle nous serait funeste et de tirer parti de ce qui peut nous être utile.

1° *Les hommes ont lutté contre la nature.* Il a fallu prévenir les inondations par des digues ou des barrages, corriger les irrégularités des rivières, dessécher des marais, défricher des forêts ou, au contraire, opérer des reboisements. Les communications étaient entravées par les grandes distances, les montagnes, les mers : routes, moyens de transport par eau, ponts, voies ferrées, tunnels, etc., ont facilité les voyages. Des maladies frappent les animaux ou les plantes ; on a cherché des remèdes : tout le monde sait combien, par exemple, fut pénible et dramatique la longue lutte de nos vignerons contre le phylloxéra.

2° *Les hommes ont aidé la nature.* Des espèces végétales et des animaux ont dû être modifiés, transformés pour servir à nos besoins. Aux sols épuisés on a rendu des forces nouvelles par les engrais; d'autres terres ont été améliorées par des amendements.

Parfois même, on a en quelque sorte créé le sol végétal. « La raideur des pentes sur les escarpements sombres des deux rives fait que la vigne est cultivée sur le Rhin de la même manière que l'olivier sur les côtes de Provence. Partout où tombe le rayon du midi, si le rocher fait une petite saillie, le paysan y porte, à bras, des sacs et des paniers de terre et y plante un cep... De cette façon, au sein des roches les plus abruptes, la vigne du Rhin croît sur des espèces de consoles. » (V. Hugo, *Le Rhin.*)

3° *On a utilisé les ressources et les forces naturelles.* Il a fallu reconnaître, deviner ce qui pourrait servir : la matière, la plante, l'animal, puis extraire les minéraux, produire ou utiliser les végétaux, domestiquer les animaux capables de devenir nos auxiliaires.

Des forces naturelles ont également permis de lutter contre la nature même : forces du vent, des cours d'eau, propriétés de la vapeur et des gaz, énergie dégagée dans la combinaison de certains corps.

Il en est du progrès comme de l'épargne : les premiers pas sont les plus difficiles ; mais les moyens d'action augmentant avec les succès, les résultats deviennent peu à peu plus considérables.

Progrès et espérances possibles. — Tout ce qui a été réalisé permet de désirer et de prévoir beaucoup d'autres conquêtes du travail.

La terre ne donne pas encore tout ce qu'on pourrait en tirer, non seulement parce que l'homme laisse sans culture d'immenses régions, mais encore parce que nous sommes insuffisamment instruits.

Aujourd'hui, sur 130.000 espèces de végétaux qui,

paraît-il, existent, nous n'en utilisons guère que 300. Un jour viendra sans doute où les générations futures sauront trouver une destination à tout ce que contient le sol, à tout ce qu'il produit.

Dans l'emploi des forces motrices, des découvertes sont annoncées, pressenties. Déjà le flux de marée fait mouvoir les machines d'une usine bretonne ; des régions longtemps délaissées se peuplent au-dessous du ruisseau, dont la voix est couverte par un bruit de turbines ; on commence en effet à utiliser la force des chutes d'eau et à transporter au loin l'énergie électrique qu'elles produisent. Quel avenir s'ouvrira pour la Suisse, pour l'Italie, si les eaux glacées descendant du sommet des monts deviennent des réservoirs de chaleur et de force !

Il faut se rappeler que les progrès futurs sont les conséquences des progrès déjà accomplis (1). La reconnaissance envers les générations disparues s'accroît, quand on songe que ces améliorations ont été obtenues malgré les guerres, les haines, les ignorances et les préjugés ; les préjugés, disons-nous, car le travail dont on vit fut longtemps dédaigné, abandonné aux classes pauvres, aux esclaves. De nos jours même, des gens riches ou « bien nés » considèrent avec quelque hauteur ceux qui sont obligés de gagner leur pain.

De quelques causes qui rendent plus pénibles certains travaux. — Travailler exige un effort ; aussi le travail a-t-il souvent quelque chose de désagréable en soi ; mais peu à peu, par l'habitude, par la conviction qu'on fait une œuvre utile, par l'intérêt qu'on prend à sa tâche et qui croît avec les difficultés mêmes, le travail apporte de la joie. Cepen-

(1) « L'homme qui inventa la charrue laboure invisible à côté du laboureur. » (FOUILLÉE.)

dant, il reste pénible dans certains cas : lorsqu'il s'agit d'occupations particulièrement rudes, rebutantes ou qu'un public injuste a le tort de ne pas estimer ; — lorsque la tâche est monotone, qu'elle ne permet aucune initiative, ou quand elle se prolonge démesurément ; — lorsque, enfin, elle est dirigée par des gens peu consciencieux ou qu'elle est mal rétribuée.

De là, résultent des conséquences pratiques. Il faut souhaiter : que les machines finissent par décharger l'homme des besognes les plus accablantes ou les plus fastidieuses ; que tout travailleur honnête soit estimé et obtienne la juste récompense de ses efforts ; qu'il ait moins à appréhender l'avenir, et qu'il dispose du temps et des moyens nécessaires pour se reposer intelligemment.

Des causes qui augmentent la productivité du travail. — Il est désirable que les efforts des travailleurs donnent les meilleurs résultats possibles, ce qui serait un bien, à la fois pour chacun d'eux en particulier et pour la collectivité tout entière. Or, certaines causes peuvent, soit encourager le travail, soit en accroître le rendement :

1º Une législation équitable, assurant à tous la jouissance de ce qui leur revient légitimement ;

2º La liberté du travail qui le rend plus fécond ; chacun, s'occupant de ce qui lui convient le mieux, donne tout son effort, et les énergies, les intelligences s'appliquent aux tâches dans l'accomplissement desquelles elles obtiendront les meilleurs résultats.

3º Les progrès de l'instruction, développant les intelligences, mettant à la disposition d'un plus grand nombre les connaissances nécessaires à l'exercice d'une profession, vulgarisant les découvertes, les inventions, favorisant le développement de

l'esprit d'initiative et donnant :aux travailleurs plus
de goût pour leurs occupations, parce qu'ils comprennent mieux la raison de ce qu'ils font et de ce
dont ils se servent.

4° L'accroissement des qualités morales : l'homme
consciencieux n'a pas besoin d'être surveillé pour
ne pas perdre de temps ou pour bien accomplir sa
tâche ; l'homme qui a le sentiment de sa dignité
voit dans le travail une condition d'indépendance ;
l'homme prévoyant s'efforce de gagner assez pour
s'assurer le pain du lendemain, celui des vieux jours.
D'autre part, n'a-t-on pas quelque droit d'espérer que
le progrès de l'idée de solidarité amènera à travailler
non seulement par intérêt individuel, mais aussi dans
l'intérêt de la collectivité ?

5° Plus le travailleur sérieux possède de sécurité,
plus il a la certitude d'un travail continu, sans chômages, à l'abri des renvois immérités et plus il peut
apporter de bonne volonté, — de « cœur » comme
dit le peuple — à sa besogne. Ce qui démoralise et
donne peu de courage, c'est la trop grande inquiétude que l'avenir inspire à beaucoup de gens ; c'est
la pensée d'être privé de son gagne-pain par des
hommes ou par des circonstances, contre lesquels
on ne peut rien.

6° Enfin, on ne saurait se dissimuler l'immense
supériorité que présente sur les autres modes d'organisation du travail celui dans lequel l'individu travaille « à son compte » et ne dépend pas d'une autre
personne. Les conditions morales les meilleures se
trouvent alors réunies : sentiments de liberté et de
responsabilité ; possibilité (et besoin) de montrer
de l'initiative, de la prévoyance, de l'habileté ; espoir
d'attacher son nom à une œuvre bien faite ; certitude
que, sur les résultats du travail, un autre ne prélèvera
pas la plus forte part.

Les différentes catégories de travaux considérés d'après leur objet. — On peut distinguer les catégories suivantes : travail agricole; industries extractives; industries manufacturières; transports; commerce; professions administratives ou libérales; professions diverses dans lesquelles on rend certains services (domestiques, par exemple).

Toutes ces professions sont-elles utiles?

Assurément, oui. Il n'y a pas à le démontrer pour celles qui nous procurent les choses dont nous avons besoin. Le rôle des autres apparaît, quand on conçoit que le fonctionnement de nos sociétés très compliquées exige une multitude de rouages indispensables à la sécurité, à la paix, à la conservation de nos existences et de nos biens, à notre vie intellectuelle et morale.

Cela n'empêche pas d'ailleurs de formuler des réserves sur certains faits : peut-être a-t-on le droit de juger que des professions sont moins indispensables que d'autres; que plusieurs sont encombrées, et parfois les moins utiles; que des rétributions accordées à telles d'entre elles sont exagérées; que, par exemple, il est peu équitable de donner à un artiste, pour une soirée, une somme plus élevée que le gain annuel d'un bon ouvrier. Peut-être le nombre des domestiques employés chez les gens riches est-il peu en rapport avec les services sociaux qu'ils rendent. Mais, si justes que puissent être ces remarques, elles laissent pourtant subsister cette affirmation qu'un travail est utile, s'il permet la satisfaction d'un besoin légitime. C'est au bon sens et à la morale d'en juger.

Les différentes sortes de travaux considérés d'après la nature des efforts nécessaires. — On appelle *travail manuel* celui qui demande surtout une activité musculaire, et *travail intellectuel* celui dans lequel l'intelligence a un rôle prépondérant.

Cette distinction, vraie d'une manière générale, donne lieu à plusieurs remarques :

1° *Elle est trop absolue.* En réalité, il n'est guère d'occupation qui n'exige l'activité simultanée de l'intelligence et des muscles : un savant a besoin de ses organes pour exécuter certains travaux, et le terrassier doit se rendre compte du résultat qu'il veut obtenir.

2° On se fait des *idées fausses sur l'effort exigé* par beaucoup de professions : bien des employés de bureau déploient moins d'activité intellectuelle que des ouvriers mécaniciens.

3° Des *préjugés regrettables* séparent les travailleurs des deux catégories. D'une part, des gens instruits, des gens riches méconnaissent le rôle des ouvriers ; des jeunes gens dédaignent les métiers manuels. Dans les milieux aisés, si l'on croit parfois utile d'affirmer publiquement la dignité du travail des champs ou de l'atelier, très peu de parents sont disposés à donner une semblable profession à leur fils, ou à accepter pour gendre un ouvrier.

Le sentiment contraire existe. Trop souvent les ouvriers ne se rendent pas compte des services que rendent les travailleurs intellectuels. Ils ne comprennent pas que des études, en apparence sans utilité, peuvent avoir des conséquences considérables ; que certaines ont préparé des découvertes, des progrès sociaux dont tous bénéficient. Faut-il citer la fabrication des bougies d'après les recherches de Chevreul, et la préparation des matières colorantes tirées des dérivés de la houille ? Et qui dira combien l'humanité a gagné de millions, grâce à l'application des théories de Pasteur sur les fermentations, sur les causes des maladies dont mouraient par milliers certains animaux domestiques (poules, moutons) ?

Dans l'industrie métallurgique, combien est important le rôle du travail intellectuel ! Par exemple, il a fallu assurément d'habiles artisans pour laminer les fers, les tôles, assurer les rivures, diriger les machines qui ont servi à la construction de nos ponts modernes; mais à quoi bon toutes les qualités des ouvriers sans la suite de savants qui ont préparé, trouvé les formules directrices, sans les efforts de ceux qui, appliquant ces données au problème à résoudre, ont été les vrais créateurs des œuvres admirées ?

Enfin, on ne saurait nier sans injustice le rôle considérable de la direction dans les entreprises. C'est à elle qu'il appartient de prévoir, de préparer; à elle, de chercher les meilleurs moyens de travail, les occasions de vendre, de modifier les procédés, en un mot, d'assurer le succès.

Conclusion. — Les dédains manifestés pour une sorte de travail ou pour une autre sont également inintelligents et injustes : quand l'œuvre est bonne, il n'y a pas de tâche inutile ou servile.

LECTURES

1. Fraternité du travail intellectuel et du travail manuel

Demandons-nous quels sont les services rendus au travail manuel, à charge de revanche, par les travailleurs intellectuels. La liste en serait longue, si nous voulions l'épuiser... Tout ramène l'ouvrier à la nécessité de la science et à la nécessité d'acquérir la science pour être vraiment indépendant et libre.

... Cette lutte de la science contre le danger, ces conquêtes de chaque jour sur la mort, sur la souffrance, sur la misère, sont un des plus beaux spectacles que l'on puisse contempler. Quand on voit les mathématiciens penchés sur leurs calculs, absorbés par l'étude d'un problème purement scientifique, on ne pense d'abord qu'à la beauté tout intellectuelle de ces profondes combinaisons, qui augmentent, pour ainsi dire, le nombre des axiomes et, par là, la force expansive de l'esprit humain. Mais il faut songer que l'industrie est à la porte, attendant comme une source inépuisable de richesse et de bien-être la moindre de ces découvertes, en apparence si abstraites. Le travail humain est grand, fécond, admirable, dans ses premiers principes et dans ses dernières applications.

Jules SIMON.
(Le Travail, Librairie internationale.)

2. Une usine allemande

Entrez dans une de ces colossales fabriques qui, à Mannheim (1) par exemple, enserrent et embrument la vallée du Rhin. Visitez les ateliers ; on vous présentera des contremaîtres qui ont le titre de « Herr Doktor. » Ce sont des docteurs ès-sciences, des savants distingués. On vous conduira dans des laboratoires où vous verrez cent à cent cinquante chimistes qui sont appointés, en apparence, pour ne rien faire. Ils sont chargés d'une seule tâche, impondérable sans doute, et qui ne se paie guère à la journée : la découverte. Mais tel fabricant allemand sait les prodigieux bénéfices que lui ont valus des années de patientes recherches, il semble, improductives. Un article de revue anglaise définissait ainsi la supériorité de l'Allemagne industrielle : « La fortune lui est venue par son armée permanente d'hommes de science. » Et ainsi, c'est de l'or liquide qu'ils ont extrait de la houille sous le nom de fuchsine, aniline, antipyrine, etc., toute la chimie et toute la pharmacie nouvelles.

Pierre BAUDIN.
(Forces perdues, Flammarion.)

(1) Près de Mannheim, une usine produit 3.000 types de matières colorantes tirées de la houille et emploie 129 chimistes. Les neuf plus grandes Sociétés électriques allemandes occupent 1.950 ingénieurs ayant étudié dans les Écoles supérieures.

CHAPITRE III

LE CAPITAL

Définition. — Dans le langage courant, on dit qu'une personne possède un *capital,* lorsqu'elle dispose de richesses pouvant lui rapporter un revenu. En un sens plus étroit encore, on entend par *capital* la somme en espèces dont une personne est propriétaire.

Les économistes donnent à l'expression « capital » une signification beaucoup plus étendue: ils appellent ainsi *toute richesse capable de servir à la production;* par exemple, une terre, une machine.

Tout capital est donc une richesse, mais une richesse n'est un capital que si elle est employée pour la production; l'outil dont je me sers pour mon métier est un capital, tandis que la bague que je porte au doigt, le tableau ou la gravure qui ornent ma chambre sont bien des richesses, mais non des capitaux.

Division des capitaux : capitaux fixes et capitaux circulants. — Entrons dans une usine. Nous y voyons des locaux, des machines, des instruments. Ces capitaux présentent un caractère commun : ils peuvent servir à la production pendant un temps assez long ; ils ne sont pas détruits dans le travail : pour cette raison, on dit que ce sont des *capitaux fixes*. Ils méritent également cette dénomination, parce que leur possesseur n'a pas besoin, pour en tirer parti, de les échanger ni de les vendre.

Au contraire, le charbon et les matières premières consommés dans l'usine ne sont utilisés qu'à condition de disparaître ou de se transformer ; les produits fabriqués ne profitent à l'industrie que s'ils sont vendus : charbon, matières premières, produits fabriqués sont appelés _capitaux circulants_.

Les capitaux fixes sont donc ceux qui peuvent servir à plusieurs actes de la production ou dont on tire parti sans les échanger ou les vendre : les capitaux circulants sont consommés dans l'acte de la production ou sont destinés à la vente ou à l'échange. — Appartiennent à la première catégorie : le sol cultivé, les matières (engrais, amendements) qui y sont incorporées, afin de l'améliorer ; la machine employée dans une usine, aussi bien que l'aiguille de l'ouvrière. Doivent être rangées dans le second groupe : la machine que le constructeur a fabriquée pour être vendue, les aiguilles qu'un industriel livre au commerce. Le numéraire, enfin, est une autre espèce de capital circulant.

Quelles sont dans une usine les dépenses relatives soit aux capitaux fixes, soit aux capitaux circulants ?

Les premières sont d'abord les frais d'installation : achat du terrain, dépenses pour la construction de l'établissement, frais d'acquisition et d'installation du matériel ; — de plus, comme dépenses annuelles, l'_amortissement_ du capital engagé (Voir ci-après, p. 23).

Les dépenses relatives aux capitaux circulants sont des _dépenses d'exploitation_ : achat du combustible, des matières premières ; appointements des employés ; salaires des ouvriers ; impôts ; assurances ; frais divers (par exemple, éclairage, commission accordée aux représentants ; intérêt des capitaux consacrés annuellement à la production).

Pour un pays, considéré dans son ensemble, on peut distinguer également des capitaux fixes et des capitaux circulants. Parmi les premiers, nous citerons ce que l'on appelle souvent « l'outillage national » : routes, voies navigables, chemins de fer, ports, vaisseaux, etc. ; parmi les seconds, les matières premières et le numéraire.

Equilibre nécessaire entre les capitaux fixes et les capitaux circulants. — Je suis industriel : que dois-je faire, en ce qui concerne ces deux sortes de capitaux? *Il faut augmenter mes capitaux fixes* pour n'être pas en retard sur mes concurrents ; j'ai besoin d'un outillage satisfaisant; l'emploi de machines perfectionnées peut me donner l'avantage sur mes rivaux. — De même, une des fonctions importantes de l'Etat est de mettre à la disposition des producteurs et des commerçants des moyens de transport nombreux, économiques, rapides.

Les capitaux fixes présentent cet avantage d'être utilisables pendant une longue période, de sorte qu'au bout d'un certain temps, les frais d'acquisition, ceux d'un moteur, par exemple, sont compensés par la valeur des services rendus : dès lors, leur emploi ne coûte plus que le montant des dépenses d'entretien.

Toutefois, *si l'on dépense trop pour les capitaux fixes, on risque de n'avoir pas assez pour les autres ;* la possession de machines nombreuses, perfectionnées ne serait pas fort utile à l'industriel qui ne pourrait ensuite se procurer une quantité suffisante de matières premières ou payer le nombre nécessaire d'ouvriers.

Le possesseur de capitaux fixes doit songer à les *amortir,* c'est-à-dire à mettre de côté chaque année une somme représentant l'usure subie ; cette annuité doit être calculée de telle sorte que le total

de ces réserves permette d'acquérir un autre capital
fixe — une autre machine par exemple — lorsque le
précédent ne pourra plus servir.

Avant d'augmenter la part des capitaux fixes, il
faut bien étudier les conditions de la production,
chercher à prévoir, car les sommes nécessaires sont
souvent considérables, et il se peut que les circonstances rendent les sacrifices inutiles : trop de préci-
pitation, par exemple, dans l'acquisition d'une machine nouvelle risque d'être aussi fâcheux que trop
de lenteur ; qui sait, en effet, si un autre perfectionnement ne surviendra pas bientôt ? De plus, quand
le travail s'arrête pendant quelque temps, le défaut
d'emploi d'un outillage considérable entraîne de fortes
pertes.

Outillage et approvisionnements. — Nombreuses
sont, pour un chef d'entreprise, les occasions de
montrer son habileté, quant à l'acquisition de l'outillage et des approvisionnements nécessaires.

La possession de bonnes machines est un élément
de succès : les produits seront meilleurs, la fabrication moins dispendieuse ; et ce sont là des conditions
qui permettront de l'emporter sur les concurrents.

Il faut aussi beaucoup d'intelligence pour bien
s'approvisionner. D'une part, on doit chercher à ne
pas manquer de matières premières, car la production s'arrêterait ; des commandes ne pourraient être
exécutées, ou bien on serait obligé d'acheter ces matières à des prix désavantageux. Mais, d'autre part,
les approvisionnements exigent des avances considérables, de vastes locaux qui coûtent cher ; certains
produits perdent de leurs qualités, etc. Pour les réserves de marchandises provenant de l'établissement
même, une égale prudence s'impose : sans doute un
stock est nécessaire pour satisfaire aux commandes

pressées ou imprévues, nécessaire aussi pour qu'on ne souffre pas d'interruptions accidentelles du travail, mais il n'est pas toujours facile d'écouler les produits ; d'ailleurs, certains articles sont soumis aux fluctuations de la mode. On le voit : entre la timidité, la prudence exagérée et la témérité, la vraie mesure est difficile à trouver et à conserver.

Ces remarques ne sont pas moins vraies pour la petite production que pour la grande ; si le modeste fabricant peut être bien servi par certaines audaces, combien il lui faut craindre d'être victime de circonstances défavorables !

Formation du capital. — Tous les capitaux viennent du travail. Aux époques primitives, quand des hommes s'avisèrent de construire des canots, de fabriquer des instruments pour la pêche, des armes pour la chasse, de rudimentaires outils, leur peine dut être extrême ; les générations suivantes bénéficièrent des efforts déjà faits, utilisèrent ces premiers capitaux, y ajoutèrent si bien que, de progrès en progrès, l'humanité dispose aujourd'hui de ressources prodigieuses.

On dit souvent que le capital est aussi le résultat de l'*épargne*, c'est-à-dire de la non destruction des richesses. Qu'en penser ? Si cette affirmation signifie que les capitaux ne peuvent exister qu'à la condition de ne pas être détruits, elle est un peu puérile. Si l'on veut dire que l'épargne crée des capitaux, l'erreur est évidente : comment le fait de s'abstenir pourrait-il créer quoi que ce soit ? Ce qu'on doit admettre, c'est simplement que, grâce à l'épargne, — grâce à l'épargne d'aliments, par exemple, — les premiers hommes ont eu du temps pour fabriquer des outils, pour rechercher quelque moyen d'action plus parfait que ceux dont ils disposaient déjà ; grâce encore

à l'épargne, les sommes mises de côté pour une production nouvelle ont permis le développement des
entreprises agricoles ou industrielles. Ce rôle est
important, sans doute, mais il est indirect : si le capital rapporte, c'est par le travail qu'il rend possible.

Cette réserve faite, il apparaît que le rôle du capital augmente d'âge en âge ; il est un *levier* puissant dont l'emploi autorise des espérances presque
infinies.

CHAPITRE IV

UNION DU TRAVAIL ET DU CAPITAL : CARACTÈRES DE LA PRODUCTION CONTEMPORAINE

La production contemporaine est caractérisée par certains faits qui, sans doute, ne sont pas tous récents, mais dont l'importance au dix-neuvième siècle s'est singulièrement accrue. Ce sont : 1° la liberté du travail; 2° la participation d'un grand nombre de peuples à la vie économique; 3° l'extension de la concurrence; 4° l'application de la science au travail; 5° le développement du machinisme; 6° la division des tâches; 7° l'augmentation des capitaux; 8° la place de plus en plus considérable prise par la grande production.

Liberté du travail. — Il n'y a guère plus d'un siècle que chacun, en France, a le droit de travailler librement : jusqu'à la Révolution, la liberté des ouvriers était entravée, à la fois par l'existence de corporations et par des règlements administratifs.

1° Dans une ville, chaque profession ne pouvait être exercée que par un groupe, appelé *corporation*, que les patrons dirigeaient. Le nombre des maîtres, celui des ouvriers et celui des apprentis étaient déterminés par les statuts; quand l'association était au complet, quiconque voulait s'adonner au travail auquel elle se livrait devait aller ailleurs ou chercher une autre occupation. Si, en théorie, tout ouvrier pouvait devenir patron, en fait, les « maîtres » n'admettaient guère parmi eux que leurs fils ou les membres de leurs familles. La corporation, enfin, avait, pour l'exécution de ses travaux, des règles, peut-être utiles dans les premiers temps, mais qui devinrent vite des obstacles au perfectionnement des procédés.

2° Les rois firent de nombreuses ordonnances pour réglementer la production : on croyait que le libre effort individuel entraînerait le désordre dans la vie économique; que, si chacun pouvait fabriquer comme il lui convenait, les produits seraient médiocres. C'est cette conception, très naturelle à une époque d'absolutisme, qui déterminait Colbert à fixer les conditions auxquelles devaient satisfaire des étoffes : dimensions, nombre de fils à entrecroiser, etc... Après Turgot, l'Assemblée Constituante, dont l'œuvre fut définitive en ce point, proclama la liberté du travail : mesure bienfaisante, car le droit pour chacun d'exercer la profession qui lui convient le mieux et d'user des procédés qu'il préfère est avantageux à la fois à l'individu, qui peut déployer toute son activité, et à la société, qui bénéficie des efforts et des talents de tous, librement employés.

Remarquons toutefois que, dans la pratique, l'exercice de cette liberté dépend des moyens physiques ou intellectuels des individus, de leurs ressources pécuniaires, de leur situation sociale : le développement de l'instruction, la gratuité de l'enseignement accordée à tous ceux qui sont aptes à en profiter, ce sont là des moyens de rendre réelle la liberté du travail, aujourd'hui reconnue en principe.

Extension de la vie économique. — Longtemps il y

eut peu de rapports d'ordre économique entre les
peuples, que séparaient de grandes distances; chaque
région produisait presque exclusivement pour elle
seule : même des ordonnances royales interdirent
souvent l'exportation de certains produits, celle du
blé, en particulier. D'ailleurs, la difficulté des communications était cause d'un isolement relatif.

Mais, au dix-neuvième siècle, les relations économiques se sont considérablement développées. En
même temps que des pays anciennement connus ont
augmenté leur production, des pays neufs ont été
explorés, exploités; des États jadis secondaires sont
devenus pour les autres des concurrents dangereux;
le Japon notamment en offre un remarquable exemple.
Les facilités de transport et de communication se sont
accrues. La pénétration des voies ferrées dans des
régions jusque là presque isolées a fait participer
à la vie collective un bien plus grand nombre de localités. Désormais une foule de contrées ont ainsi une
activité intense. Elles échangent leurs produits, et ce
qui se passe dans l'une d'elles, une bonne ou une
mauvaise récolte, une guerre, etc..., influe sur les
autres. *Elles sont en quelque sorte solidaires;* en 1865,
quand les États-Unis, ensanglantés par une guerre
civile, ne purent cultiver le coton, des industries textiles de France et d'Angleterre en souffrirent beaucoup.

Plus récemment, lorsque la guerre du Transvaal
fit supprimer par l'aristocratie anglaise la plupart
des fêtes et des déplacements dont elle a coutume,
la vente de nos produits de luxe et les profits de nos
villes de la côte d'Azur en furent considérablement
réduits.

Cette solidarité est un bien, parce qu'elle favorise
la paix et le progrès universel; toutefois elle donne
aux luttes économiques beaucoup plus d'extension
et d'âpreté.

Redoublement et âpreté de la concurrence. — La rivalité des producteurs et des commerçants, soit pour fabriquer mieux ou à meilleur compte, soit pour écouler leurs marchandises, est sans doute un fait ancien; mais elle n'a jamais été, aussi bien entre les nations, qu'entre les individus, aussi générale ni aussi vive que de notre temps. Ce phénomène économique offre des avantages et des inconvénients :

1° *Entre les peuples.* — La concurrence provoque une vive émulation, la recherche des perfectionnements, des débouchés avantageux; elle est une des causes de la colonisation contemporaine.

Mais, si chacun s'efforce de faire pénétrer ses produits dans les pays étrangers, presque tous cherchent en même temps à ne pas laisser envahir leurs territoires par les marchandises importées, et c'est ainsi que, par une singulière contradiction, nous avons vu se multiplier à la fois les moyens de communication et les droits de douanes, par lesquels chaque nation veut défendre ses industries propres.

2° *Entre les individus.* — La concurrence, dit-on, favorise le progrès, chacun s'appliquant à faire mieux que les autres; elle permet, elle encourage, souvent elle récompense l'énergie et l'initiative.

La masse des consommateurs y gagne, car, parmi les producteurs, c'est à qui s'ingéniera à satisfaire, à prévenir les besoins de la clientèle et à vendre le meilleur marché possible.

La concurrence semble un moyen d'établir l'équilibre nécessaire dans la vie économique. Un produit nouveau procure-t-il à ceux qui le détiennent de grands profits ? Vite, d'autres cherchent à le fabriquer. Une profession est-elle lucrative au point d'attirer trop de monde et de faire abandonner d'autres occupations ? Peu à peu, l'augmentation du nombre des concurrents amènera la réduction des avantages obtenus et beaucoup de personnes renonceront à ce genre de travail. Une région fait-elle une mauvaise récolte? Les produits étrangers y affluent.

Mais, en retour, la concurrence cause bien des ruines parmi les producteurs les moins favorisés. Si du moins le succès des autres venait toujours de leur supériorité, on pourrait s'en féliciter pour l'intérêt général, mais que de fois il résulte du manque de scrupules, de la déloyauté, de la réclame impudente! (1)

2° Le bon marché est souvent obtenu aux dépens de la qualité : il est peu de produits que la falsification n'altère pas. — Le bon marché est-il même toujours un effet de la concurrence ? On le nie pour certains cas, en faisant remarquer quels frais énormes entraînent la multiplicité des voyageurs de commerce, les annonces, les réclames, etc... Bien plus, la rivalité d'un trop grand nombre de concurrents peut avoir pour résultat l'élévation des prix ; par exemple, si, dans une localité, le nombre des fournisseurs est hors de rapport avec les besoins, chacun d'eux, vendant peu, est obligé de vendre plus cher.

3° L'équilibre tant célébré n'existe pas autant qu'on l'a dit : songeons aux professions encombrées, à celles qui sont délaissées malgré leur utilité, à la quantité de produits en surabondance, à l'apparition de concurrents nouveaux, individus et peuples, aux arrêts du travail dans bien des industries qui ne trouvent pas assez de débouchés.

Nous voyons se produire depuis quelques années, par suite même des difficultés de la lutte économique, des tentatives pour supprimer la concurrence : tel est l'objet des *cartels* et des *trusts*. (Voir la lecture placée à la fin du chapitre suivant.)

---

(1) « La concurrence est légitime dans ses causes, mais souvent meurtrière dans ses résultats. » (R. Poincaré.)

Progrès de la culture scientifique. — D'une part, la diffusion de l'instruction a augmenté le nombre des personnes capables de se tenir au courant des progrès scientifiques; d'autre part, les savants, les inventeurs, de mieux en mieux aidés par les conquêtes antérieures et disposant de méthodes, d'un « outillage » sans cesse perfectionné, obtiennent des résultats merveilleux. Citons, pour les vingt dernières années écoulées, le transport de l'énergie à distance, la substitution de plus en plus marquée des aciers au fer, le développement de l'industrie des cycles et des automobiles, l'emploi du ciment armé, la radiographie, la télégraphie sans fil.

Par malheur, la science sert souvent aussi à fabriquer des produits de médiocre qualité : chocolats où des graisses remplacent le cacao, dragées où la farine s'ajoute au sucre, beurre qui n'est que de la margarine, conserves alimentaires faites avec des viandes avariées, mais auxquelles on réussit à donner un aspect satisfaisant, etc... (1).

Progrès de l'esprit d'invention. — Par suite des nécessités de la concurrence et des progrès scientifiques, des chercheurs créent, transforment : rien qu'en ces dernières années, la fabrication des bicyclettes, des automobiles, les applications de l'électricité ont fait naître une foule d'industries; pour les conserves alimentaires seules, plus de 2.000 brevets d'invention ont été pris !

On a trouvé au papier les emplois les plus imprévus : aux États-Unis, on en fait des rails, des roues, des wagons, des maisons même ! Les soldats japonais portent des caleçons et des chemises en papier.

(1) En 1906, le Président Roosevelt a eu le très grand courage de signaler l'emploi de procédés répugnants et criminels dans certaines fabriques de conserves des États-Unis.

Non seulement on s'ingénie   satisfaire les désirs des acheteurs, mais on les excite, on les fait naître : par des expositions, des réclames de toute sorte, on tente de persuader au public qu'une chose, dont jusqu'alors il se passait fort bien, lui est indispensable.

Développement du machinisme : I. Les progrès. — Le développement du machinisme est un des traits essentiels de la production contemporaine.

L'homme eut longtemps son corps même pour unique machine : pauvre machine, obligée de fournir, — l'énergie vitale avant d'accomplir un travail mécanique! Puis on inventa des outils mus à la main ou au pied, ensuite des appareils mis en mouvement par le vent ou les animaux. Plus tard, et surtout depuis un siècle, on a utilisé les énergies dont la science a découvert l'emploi : la chaleur, les propriétés chimiques de certains corps; en dernier lieu, l'énergie électrique. Par exemple, à côté des anciens moteurs à vapeur, fonctionnent aujourd'hui les moteurs à gaz, à pétrole, à air chaud, à alcool, les moteurs électriques, qui ont permis de réaliser de grands progrès. La machine à vapeur n'a guère, en effet, plus de 15 % de rendement utile, alors que le rendement d'une dynamo est de 60 à 70 % en général et peut s'élever jusqu'à 97 % .

Des services particulièrement importants sont rendus par les *machines-outils*, dont les unes travaillent elles-mêmes le bois ou les métaux (perceuses, raboteuses, limeuses); dont les autres, comme les tours, mettent en mouvement des organes jouant le rôle d'outils.

II. Avantages de l'emploi des machines. — **1°** Les machines multiplient les produits; un seul métier à tricoter fait 480.000 mailles à la minute, autant que

6.000 femmes tricotant à la main ; une machine d'im-primerie exécute en une heure autant de travail que deux millions de copistes !

2° On leur doit le bas prix de beaucoup de mar-chandises, les étoffes, par exemple.

3° Elles permettent : la fabrication de produits ri-goureusement identiques ; — l'exécution de grands travaux, qui sans elles eussent été impossibles : cons-truction de viaducs, percement de montagnes ou d'isthmes ; — la production de pièces de dimensions considérables, comme celles qui entrent dans la cons-truction des cuirassés ; — l'accomplissement de tâches d'une délicatesse extrême : ainsi, telle d'entre elles divise une section de fil de fer d'un centimètre carré en 3.000 parties rigoureusement égales.

Malheureusement, ici encore, on ne saurait nier que de sérieux inconvénients ne compensent en partie tant d'avantages.

III. Inconvénients. — Voici d'abord ceux qui con-cernent *la production en général* :

1° Les machines, en multipliant les produits, ont rendu la concurrence plus âpre et la situation des producteurs plus précaire. Ces formidables organis-mes exigent qu'on leur fournisse un travail ininter-rompu : sinon, ils se détériorent ; le capital qu'ils re-présentent reste inutilisé. Mais ce n'est pas tout de fabriquer : il faut vendre... De plus, un industriel se procure-t-il un matériel perfectionné : qui l'assure que, dans quelque temps, d'autres n'en auront pas un meilleur encore ? Surproduction, changements fré-quents d'outillage : voilà deux conséquences fréquen-tes du machinisme.

2° Le petit fabricant est souvent dans une situation défavorable car les concurrents plus riches disposent de moyens de production, contre lesquels il ne saurait lutter longtemps.

En ce qui concerne les ouvriers, le développement du machinisme est pour eux une cause d'inquiétude : l'emploi d'une machine nouvelle menace souvent de leur enlever leur gagne-pain.

A cet égard, les discussions sont très vives. D'une part, on fait remarquer que :

1° Le machinisme amenant un abaissement des prix, si l'ouvrier perd comme producteur, il bénéficie comme consommateur : ainsi c'est à cause de la fabrication mécanique qu'il a des vêtements à meilleur compte.

2° Le prix de revient étant réduit, les achats sont plus nombreux, la production augmente et les travailleurs, un instant éliminés, reviennent ; il en faut même un plus grand nombre. Dans cet ordre d'idées, on rappelle l'augmentation de personnel due à l'introduction du machinisme dans les entreprises de transports, dans l'imprimerie, et l'accroissement du nombre des industries.

3° La diminution du coût de production rend libres une partie des capitaux jadis nécessaires, et les ressources ainsi disponibles subventionnent d'autres travaux.

Mais, a-t-on répondu, 1° La compensation résultant de la baisse des prix est bien faible, si le produit est de ceux que l'ouvrier ne consomme guère : qu'importe, par exemple, à l'ouvrière que les soieries coûtent moins cher ? (1)

2° Il est des produits dont le besoin est limité et qu'on ne fabriquera pas en plus grande quantité, quelle que soit la diminution des prix.

_____

(1) L'abaissement des prix par suite de l'emploi des machines serait d'un très heureux effet, s'il portait sur la nourriture et le logement, mais c'est précisément dans l'agriculture et dans la construction d'habitations que la machine est le moins employée.

3° Que les capitaux rendus libres cherchent un emplo , ce n'est pas douteux; mais quel sera le travail offert, et où s'offrira-t-il ? Faudra-t-il que l'ouvrier d'une filature, inoccupé par suite de quelque invention nouvelle, embrasse une autre profession ou aille travailler dans une mine du Transvaal exploitée grâce à l'argent devenu disponible ?

En cette matière toute affirmation générale, absolue, risque fort d'être fausse : les conséquences varient selon les circonstances (1), mais dans bien des cas il y aura un certain trouble, si court soit-il. Ce n'est guère contestable.

---

(1) Dans les oppositions d'intérêts entre ouvriers et patrons, le développement du machinisme peut quelquefois être favorable à l'ouvrier. Laissant inactifs des machines, des appareils qui représentent un capital considérable et risquent de se détériorer, l'arrêt du travail peut causer aux chefs d'établissements des pertes telles qu'ils préféreront, pour éviter une grève, se résigner à des concessions qu'ils n'auraient pas accordées sans cette crainte. — Enfin il serait injuste d'oublier que la machine épargne de nos jours aux hommes un certain nombre de besognes pénibles ou répugnantes.

CHAPITRE V

CARACTÈRES DE LA PRODUCTION CONTEMPORAINE (suite)

Division du travail. — Aux premiers âges, chaque homme dut sans doute fabriquer lui-même tout ce dont il avait besoin. Une première division du travail résulta des différences d'âge, de force ou de sexe ; une autre, des ressources propres à chaque pays : des peuples pasteurs vendaient du bétail à d'autres qui cultivaient la terre. Peu à peu, l'augmentation de la population et l'accroissement des besoins firent rechercher le mode de répartition du travail le plus productif : dans chaque groupement, des métiers distincts furent exercés par des individus différents. A notre époque, la division du travail, qui entraîne la spécialisation, est poussée très loin : non seulement, dans bien des professions, chacun ne s'occupe que d'un produit, mais encore un ouvrier n'est souvent chargé que d'une seule des opérations nécessaires : si la fabrication d'une montre exige une dizaine de sortes de travaux, chaque ouvrier n'accomplira qu'une de ces tâches parcellaires.

La division du travail n'existe pas partout au même degré : 1° Certaines besognes s'y prêtent peu, par exemple les occupations agricoles : un ouvrier des champs ne peut se borner soit à labourer, soit à faucher.

2º Moins la population est dense, plus chacun doit réunir d'occupations variées : ainsi dans les villages, le même individu pourra être cultivateur, cafetier, épicier, etc...

3º C'est dans l'industrie surtout que le travail est partagé : il l'est d'autant plus que l'établissement est plus important, que le personnel est plus nombreux, le matériel plus considérable.

I. Avantages de la division du travail. — 1º Celui qui fait toujours le même travail y acquiert une habileté prodigieuse. De plus, la fatigue est diminuée par l'habitude.

2º La dextérité due à la spécialisation réduit les pertes résultant des déchets de la mauvaise fabrication.

3º L'ouvrier qui doit accomplir des tâches différentes perd à la fois le temps nécessaire pour passer de l'une à l'autre et le temps qu'il faut pour « se mettre en train » : ces instants sont gagnés, quand le travail reste le même.

4º Les appareils, les outils sont constamment utilisés.

5º Les travaux parcellaires étant de difficultés diverses, on peut tirer parti de toutes les aptitudes, employer simultanément des ouvriers habiles et d'autres moins adroits, des femmes, des adolescents.

6º Enfin, c'est parce qu'une tâche complexe a été divisée en opérations simples qu'on a pu la faire exécuter par des machines ; plusieurs machines même sont dues à de simples ouvriers qui, à force de tendre leurs facultés vers un travail toujours semblable, ont trouvé, pour l'accomplir, des procédés perfectionnés.

II. Inconvénients. — Les avantages de la division du

travail sont incontestables au point de vue de la production ; mais le producteur, le simple ouvrier, risque de devenir une espèce d'automate : pendant des heures, il est soumis à une besogne qui, ne lui permettant ni effort d'intelligence ni initiative, n'offre pour lui aucun intérêt.

C'est ce qui rend de plus en plus nécessaire la réduction de la journée de travail, réduction que permet, d'ailleurs, le développement du machinisme et que la surproduction fait souvent désirer.

Accroissement des capitaux. — La production dispose de nos jours de capitaux infiniment plus abondants que par le passé :

1° La découverte de mines d'or et d'argent au XIXe siècle a considérablement augmenté le numéraire : aujourd'hui la quantité d'or en circulation est environ dix fois plus forte qu'en 1850.

2° A la circulation monétaire s'est ajoutée celle des valeurs qui reposent sur le crédit ; nous en parlerons plus loin. Il suffit de songer maintenant à l'importante circulation des effets de commerce, des billets de banque.

3° Comme, en général, le bien-être s'est accru, même des gens possédant une médiocre fortune ont pu faire des économies : nos caisses d'épargne ont pour 4 milliards de petits dépôts.

4° L'activité économique, les bénéfices acquis grâce à certains placements ont encouragé la participation des capitaux aux entreprises.

5° Les exigences de la production ont imposé le groupement, l'association des capitaux, conséquence du machinisme, de la grande industrie, de l'exécution de travaux considérables (chemins de fer, navigation, percements d'isthmes).

6° Pendant longtemps ces associations ne réunis-

saient que de gros capitalistes : mais peu à peu on a
cherché à attirer les sommes de médiocre importance; aujourd'hui, la petite épargne contribue puissamment aux grandes entreprises, grâce à l'émission
d'actions de 100 francs et même, en certains cas,
de 25 francs seulement.

Développement de la grande industrie (1). — Le
développement de la grande industrie est, de nos
jours, un fait souvent constaté et qu'expliquent plusieurs causes :

1° L'emploi des machines, la division du travail
ne produisent tous leurs effets que dans les ateliers
disposant de grandes ressources et d'un nombreux
personnel.

2° Les grands établissements sont en général dirigés avec toute la science nécessaire; ils attirent par
de hautes rétributions les meilleurs directeurs, les
ingénieurs les plus capables, les ouvriers d'élite.

3° Ils effectuent leurs achats en quantités considérables, et, par suite, à des prix particulièrement avantageux; ils obtiennent pour l'escompte des facilités
particulières; ils peuvent saisir les occasions les plus
propices pour se procurer les matières premières, et
ils ont les moyens d'attendre le moment le plus favorable pour leurs ventes.

4° La grande production permet d'importantes
économies pour les raisons suivantes :

Réduction des frais généraux : il ne faut ni un personnel, ni un capital, ni un emplacement propor-

---

(1) En France, 160 maisons occupent plus de 150 ouvriers et emploient
320.000 personnes. Aux usines du Creusot, le nombre des travailleurs est
de 10.000. En Allemagne, 300 maisons ont chacune un effectif d'au moins
1.000 ouvriers; une usine de produits chimiques occupe 6.300 salariés; une société de construction de machines en a 7.200; la maison Krupp compte
44.000 ouvriers et employés. On trouve en Belgique une cinquantaine d'établissements de plus de 1.000 personnes; les usines des États-Unis où l'on produit
le fer et l'acier ont chacune, en moyenne, 330 ouvriers.

tionnels au chiffre d'affaires : par exemple, pour la conduite des machines, dans un établissement ayant quatre machines, on n'aura pas besoin de quatre mécaniciens, etc. De plus, si une maison fait 100 fois plus d'affaires qu'une autre, elle n'est pas obligée d'acheter 100 fois plus de marchandises : elle en aura 10 ou 20 fois plus, et elle les renouvellera selon les besoins.

Réduction des frais dits spéciaux, relatifs à la fabrication de chaque unité : quand on achète les matières premières en grande quantité, on les paie moins cher; la production en gros est moins coûteuse que la petite production.

Emploi des déchets : ainsi, de petites manufactures de lainages ne peuvent tirer parti de la faible quantité de matières provenant du dégraissage des laines, tandis que de grandes fabriques se sont annexé des usines de produits chimiques qui utilisent ces résidus.

5° Les grands établissements, écoulant des quantités considérables de marchandises, peuvent se contenter d'un gain très faible par unité. Les raisons précédentes expliquent qu'en certaines branches de la production, la petite industrie ait à peu près disparu et que dans d'autres elle végète.

Ce triomphe de la grande production est-il un bien social? Certains l'affirment, se fondant sur les perfectionnements, les abaissements de prix qui en résultent. D'autres, préoccupés surtout du sort des ouvriers, sont du même avis, parce que les ouvriers des grandes usines, liés par une plus étroite solidarité, sont plus puissants par le nombre, par le groupement, et, par suite, plus capables de défendre leurs intérêts. — D'autres, au contraire, déplorent la diminution de la petite industrie : les rapports entre patrons et ouvriers y sont, disent-ils, plus cordiaux

que dans les grands établissements; la division en
« classes » est moins marquée; enfin, sous ce régime,
le salarié conserve des chances de s'établir à son
compte.

Il importe toutefois de remarquer que, pour certaines industries, le nombre des petits établissements n'a pas diminué autant qu'on pourrait le
croire, et même, pour quelques sortes de travaux,
ce nombre s'est accru.

1° Dans les pays où les industries de luxe et d'art
occupent une place importante, comme en France,
beaucoup de petits patrons ou d'artisans indépendants continuent de produire.

2° Le développement du bien-être a augmenté le
nombre des boulangers, des bouchers, des charcu-
tiers, et aussi des entrepreneurs de constructions.

3° Beaucoup de petites industries subsistent soit
dans les campagnes : charronnage, maréchalerie ;
soit dans les villes : tailleurs, cordonniers, coutu-
rières sur mesures.

4° Des inventions nouvelles ont favorisé de petits
artisans : par exemple, si la fabrication des bicyclettes et des automobiles appartient à la grande
industrie, la nécessité des réparations à effectuer a
fait surgir en beaucoup de localités de modestes
ateliers de mécaniciens.

L'auteur du rapport sur l'Economie sociale à l'Exposition de 1900, M. Gide, déclare que si, depuis
60 ans, le nombre des établissements occupant plus
de 500 ouvriers a triplé, si le nombre de ceux de
plus de 50 ouvriers a doublé, la petite industrie
compte toujours environ la moitié de la population
industrielle ouvrière (en France, 3 millions de personnes).

Caractères de la grande industrie. 1° *Spécialisation*.

— Pour acquérir une supériorité incontestée, pour produire au meilleur compte, de nombreux établissements s'attachent à un genre de travail très limité : ainsi certaines filatures ne fabriquent qu'une série de quelques numéros; une usine française s'est spécialisée dans la production des tuyaux de fonte de tous modèles et de tous calibres; une autre ne fournit que des chaînes de fer.

2° *Production intensive*. — Les machines sont montées pour fabriquer, sans discontinuer, le même produit. C'est ainsi qu'on a le maximum de rendement économique, et, par conséquent, le minimum de prix de façon. En Allemagne, aux États-Unis, par exemple, les forges ont des trains de laminoirs qui fabriquent des fers et des aciers, en barre ou profilés, par milliers de tonnes, sans qu'on ait à changer le diamètre ou la forme des rouleaux compresseurs. (G. VILLAIN, *Le Fer, la Houille et la Métallurgie*.)

3° *Création d'entreprises annexes*. — Si la grande industrie tend à se spécialiser, d'autre part, elle cherche à réunir, à se réserver tout ce qui se rattache à son genre de production. Il paraît profitable de se rendre indépendant des industries connexes : si l'on ne fabrique qu'une marchandise, du moins tient-on à s'occuper de tout ce qui la concerne. Ainsi des usines métallurgiques annexent à leurs hauts-fourneaux et à leurs laminoirs l'exploitation de mines de houille, de mines de fer, ainsi que des bureaux de vente au détail.

Par suite, dans l'usine principale elle-même, il y a un grand nombre de catégories d'ouvriers : dans un établissement français de forges et aciéries pour la marine et les chemins de fer seulement, les travailleurs sont répartis en sept services et en quarante-huit catégories.

Développement du régime capitaliste.— La nécessité de réunir pour certaines productions, des capitaux considérables (1) entraîne au point de vue social les conséquences suivantes.

Sur les dix millions de salariés qu'emploient l'agriculture, l'industrie, le commerce, combien peu pourront devenir des travailleurs indépendants! Les petits propriétaires ruraux eux-mêmes, les petits commerçants, les petits industriels sont souvent aussi dans une situation bien précaire.

Un grand nombre d'entreprises importantes appartiennent, non à un seul patron, qui réunirait difficilement les capitaux nécessaires, mais à une société d'actionnaires qui possèdent en commun, collectivement, l'établissement, la mine, la voie ferrée. Les *directeurs* de ces entreprises ne sont eux-mêmes en réalité que des salariés. Si l'on s'en rapporte à des statistiques qui paraissent sérieusement établies, le patronat individuel n'intervient plus dans le total des utilités économiques produites, que pour $^1/_{10}$ (2). C'est indiquer la coexistence de deux organismes, patronat et prolétariat, qui ne peuvent plus, en bien des cas, avoir de contacts directs. C'est aussi montrer la nécessité de l'entremise d'un tiers impartial pour départager les intérêts : ainsi s'explique l'intervention de l'Etat et le développement de la législation du travail à l'époque contemporaine.

---

(1) Par exemple, l'installation d'un haut-fourneau perfectionné coûte près d'un million, demande huit mois de travaux et n'a qu'une durée moyenne de douze à quinze ans. Pour creuser et mettre en état un seul puits de mine, trois ou quatre ans de recherches et d'efforts, 2 à 3 millions sont nécessaires.

(2) Les capitaux apportés par des sociétés dans l'industrie manufacturière dans les mines, dans les chemins de fer, s'élèvent en France à 40 milliards, en Angleterre à 70 milliards; aux Etats-Unis les groupements d'actionnaires fournissent les trois cinquièmes du produit total.

Les Crises

Nous ne connaissons plus guère, au moins dans nos pays occidentaux, les famines dont autrefois on eut tant à souffrir; en revanche la production économique est souvent menacée ou compromise par des troubles très graves, par des *crises*.

Les unes surviennent dans les affaires de Bourse; d'autres résultent d'une production ou trop ou trop peu abondante. Elles se produisent tantôt lentement, tantôt d'une façon brusque et sans préparation.

Crises de Bourse. — Supposons qu'à un certain moment le public s'enthousiasme pour une affaire financière : des spéculateurs croient possible de gagner beaucoup d'argent en prônant telle ou telle entreprise et en achetant des actions. Ces titres, négociés d'abord au cours normal, sont ensuite vendus beaucoup plus cher; ils passent de main en main, leurs prix s'élevant chaque fois. Pendant quelque temps, tout va bien : les vendeurs réalisent de gros bénéfices (on sait ce qui se produisait au temps de Law); mais un moment arrive où l'on ne peut plus échapper au contact avec la réalité. Or, celle-ci est fatalement au-dessous des espérances que l'engouement a fait naître : une affaire vraiment avantageuse, lorsqu'on a payé les actions au taux normal, ne l'est plus du tout lorsque les prix ont monté trop haut. Bientôt les financiers les plus habiles, les mieux informés vendent leurs titres : les autres détenteurs s'inquiètent, puis tardivement se décident aussi à vendre. En peu de temps, une masse d'actions sont offertes; c'est la panique, la débâcle, la ruine pour beaucoup.

Telle est à grands traits l'histoire du système de Law, au xviiie siècle; telle est celle de la plupart des désastres financiers (*kracks*) de notre époque : spéculations sur les chemins de fer en 1856, affaires de traction électrique en 1900, etc...

Crises industrielles ou commerciales. — I. **Crises particulières à une sorte de production ou à une région.** — Voici les causes et les effets de ces crises :

1° *Un événement funeste* peut amener un arrêt dans quelques travaux : ainsi la guerre du Transvaal, en causant des inquiétudes, des deuils dans la société anglaise, eut pour conséquence, comme nous l'avons déjà remarqué, la suppression de certaines dépenses de luxe ; des industries anglaises ou continentales y perdirent des sommes importantes ;

2° *Certaines guerres* ne bornent pas leurs effets aux pays en lutte : la guerre civile aux Etats-Unis en 1864 entraîna pour les régions de l'Angleterre et de la France, qui s'occupent de tissage, la *disette du coton* et la fermeture de nombreux ateliers.

3° *Les variations dans la production* peuvent avoir des conséquences fâcheuses. Parfois, le produit, trop abondant, se vend très mal ou même ne peut être écoulé : l'excès de la récolte des vins au cours d'une de ces dernières années créa aux producteurs du Midi de la France une situation pénible. A d'autres moments, des résultats aussi défavorables sont dus aux phéno- mènes contraires, à la rareté d'une denrée ; c'est ainsi que le phylloxéra amena des souffrances pro- longées dans nos départements viticoles.

4° *Des spéculations entraînent une cessation de tra- vail,* comme il arriva en 1903, à la suite de manœu- vres financières sur les cotons de la Louisiane. Le prix de revient fut considérablement accru, et plu- sieurs usines anglaises se trouvèrent dans une très mauvaise situation.

5° *L'introduction du machinisme, l'application de*

méthodes nouvelles est une des causes les plus importantes des crises ; des industriels se voient évincés par des concurrents qui produisent à meilleur compte. Sans doute, les plus intelligents et les plus riches s'appliqueront à modifier leurs procédés, mais il y aura, malgré tout, dans leur travail, une période de diminution, et peut-être d'anciens clients ne leur reviendront plus.

6° *Des débouchés se ferment,* soit par l'établissement de droits protecteurs, soit parce qu'un pays importateur réussit à se suffire, soit parce que des rivaux ont surgi.

Ces crises étendent parfois leur action, par contre-coup, ou à des régions éloignées ou à d'autres branches de la production. L'étroite solidarité internationale dont nous avons parlé explique cette action indirecte de peuple à peuple.

Quant aux répercussions des crises sur des travaux autres que ceux qu'elles frappent à l'origine, on s'en rendra compte en pensant qu'une crise agricole aura comme conséquence de pousser beaucoup de paysans vers les villes ; ils viendront y faire concurrence aux travailleurs des ateliers et des magasins ; d'autre part, le cultivateur, qui vend son blé moins cher, diminue ses achats, et le malaise est ressenti par les fabricants et par les commerçants. Ici encore se manifeste ce fait capital de la vie sociale : la solidarité involontaire entre les hommes.

II. **Crises périodiques et générales.** — Certaines crises, plus générales, présentent ces caractères inattendus *d'avoir leur origine dans la prospérité même* et de se produire avec une curieuse régularité dans les conditions suivantes.

Supposons que quelques années soient marquées par de bonnes récoltes, ou par le développement

d'industries. Précédemment, une crise avait sévi, ou
un certain ralentissement s'était manifesté dans le
travail : averti par ce passé, on s'était d'abord montré
circonspect dans la création d'entreprises ; les capitaux ne se risquaient pas. Mais peu à peu, la confiance renaissant, les initiatives s'exercent de nouveau. Comme le numéraire est abondant, l'escompte
peu élevé, la production s'accroît : beaucoup d'usines,
de magasins s'établissent, les ateliers de construction
ont de nombreuses commandes ; les industriels font
des achats considérables de matières premières; les
marchandises se vendent bien. Les titres des entreprises dépassent de beaucoup le taux normal; les
spéculateurs poussent à la hausse et le public suit
le mouvement. Les salaires augmentent; dans tous
les milieux, on dépense largement; le crédit prend
une grande extension, car la confiance est extrême.

Seulement, comme il y a exagération, *inflation*,
— c'est le mot technique — tout l'édifice va être
ébranlé, si un incident inquiétant se produit : mauvaise récolte, crainte de guerre, suspension des paiements d'un entrepreneur ou d'un spéculateur témé-
raire. Alors, on veut réaliser, se défaire de ses actions;
on retire les capitaux engagés; on restreint ses
achats, ses dépenses; et il y a un « engorgement »
de marchandises, de titres qu'il devient impossible
de vendre ; on recourt aux banquiers pour faire
face aux échéances : c'est précisément quand la
confiance a disparu que le besoin de crédit se fait
sentir le plus vivement.

A ces deux périodes, l'une de préparation à la
crise, l'autre de crise, succède une troisième, celle
de la *liquidation*. Les marchandises, les titres se
vendent à perte ; des producteurs ou des commerçants font banqueroute et la répercussion se fait sentir de proche en proche.

Puis, peu à peu, le trouble s'arrête quelques années ; il n'y aura plus qu'un resserrement du crédit, une diminution dans les affaires : le public, s'il souffre de la réduction des revenus et des salaires, profitera de la baisse des prix ; les placements de « père de famille » remplaceront les opérations de spéculation.

Quand il y aura eu ainsi un repos, un recueillement suffisant, la confiance reviendra, et, avec elle, l'esprit d'audace, l'activité économique..., en attendant de nouveaux déboires.

Conclusion. — En résumé, si grands que soient le développement de la production contemporaine et les bienfaits qui en résultent, nous ne pouvons nous dissimuler les causes d'inquiétudes et de conflits. Sans doute, la nécessité de triompher des rivalités sans cesse croissantes entraîne des miracles d'énergie et d'habileté, mais on devine les craintes et les souffrances qui viennent, par exemple, de la *surproduction*. L'exemple suivant est significatif : une de nos meilleures usines occupait 4.000 ouvriers en 1899, 3.863 en 1900 ; elle n'en avait plus que 1.925 en 1903. A la vue des machines inactives, on sent l'effet d'une force invincible qui arrête et brise la volonté de travailler : la lutte économique, dans les conditions actuelles, présente souvent un caractère tragique.

LECTURE

La grande production : Cartels et Trusts

1. Le but. — La production en grand offre des avantages considérables : on a donc tout intérêt à l'étendre. D'autre part, les usines représentent des sommes énormes ; qu'un arrêt du travail se produise, une masse de capitaux reste inutilisée. Pour ces deux raisons, il s'est constitué depuis quelques années des syndicats de producteurs, dont les membres s'entendent pour accepter soit des règles, soit une organisation communes : on les appelle *cartels* en Allemagne, *trusts* aux Etats-Unis. Le but de ces groupements est facile à exposer. Pour éviter de trop produire, des industriels se disent : « Concertons-nous, et fixons un chiffre total de production que nous ne dépasserons pas. » On est obligé parfois d'« avilir » les prix à cause de la concurrence : les membres des syndicats décident de ne pas descendre au-dessous de prix déterminés. Au lieu de se combattre, ils se soutiennent; ainsi, disent-ils, il n'y aura plus de surproduction, plus de conditions de vente désavantageuses, plus de chômage; à l'anarchie économique, ils déclarent substituer un régime permettant une production normale, constante et rémunératrice.

2. Les moyens. — Pour qu'un syndicat de ce genre puisse se former, il faut que le pays ait à ses frontières des tarifs de douane élevés : sans cela, l'invasion des produits étrangers rendrait inutiles tous les efforts des associations; aussi les cartels et les trusts se sont-ils organisés à l'abri des droits établis par l'Allemagne et par les Etats-Unis. En Allemagne, existent plusieurs centaines de cartels : pour les houilles, les fontes, les aciers, les poutrelles, les fils laminés, etc. Dans les houillères syndiquées, un bureau de vente centralise les commandes, les répartit et vend les produits; la distribution entre les usines et les mines est faite d'après des principes rigoureusement appliqués; un contrôle minutieux est imposé à tous.

Les membres des cartels ont donc peu d'indépendance : ceux des trusts en ont moins encore, car toutes leurs maisons dépendent d'un homme ou d'une société et les directeurs des établissements jadis autonomes ne sont plus que « les chefs de rayons » de la grande organisation. Bien des circonstances favorisaient aux Etats-Unis la formation des trusts : entre autres, l'esprit audacieux des Américains, l'existence de tarifs douaniers presque prohibitifs pour certaines marchandises, le régime de la liberté des chemins de fer, grâce auquel un très gros client, non seulement obtient des conditions avantageuses de la compagnie choisie par lui, mais encore lui interdit de transporter les produits de ses rivaux.

Comment se constitue un trust? En voici un exemple. M. John Rockfeller avait d'abord fondé un *trust du pétrole*, en réunissant des concurrents, en obligeant les autres à s'associer à lui, en obtenant des conditions de transport exceptionnelles. Puis, ayant acheté les mines de fer voisines du lac Supérieur, il acquit un nouveau monopole. Dans son voisinage, se trouvait M. Carnegie, ancien ouvrier devenu milliardaire et l'un des principaux métallurgistes. Pendant quelque temps, Carnegie avait constitué des *pools*. Qu'est-ce qu'un pool ? Supposez qu'une importante adjudication doive être faite : il se présentera des concurrents qui rivaliseront de bon marché; mais on peut procéder autrement : s'entendre entre producteurs pour que la commande soit laissée à l'un d'eux qui donnera aux autres une indemnité. En agissant ainsi, l'adjudicataire qui fera les travaux, les pseudo-concurrents qui ne feront rien, tout le monde trouvera son avantage..., tout le monde, sauf le client ! — M. Carnegie était membre de beaucoup de *pools*, puis, quand il se crut assez fort, il fit disparaître ses rivaux : il devenait le *roi de l'acier*.

Roi de l'acier et roi du pétrole s'entendirent, plutôt que de courir les hasards d'une lutte gigantesque. Un banquier, Pierpont Morgan, groupa des compagnies pour résister : le choc eût été formidable, mais en février 1901, un traité constitua une compagnie Carnegie-Rockfeller-Morgan, un *trust de l'acier* disposant de 84 hauts-fourneaux, 16 aciéries Bessemer, 6 laminoirs à rails d'acier, 11 ateliers de construction, 446 ateliers à ferblanc, 24 tréfileries, 24 usines à tubes, 22 fonderies, etc. Il existe beaucoup d'autres groupements semblables : trusts de l'Océan, des cordages, du tabac, du whisky, des bibles !...

3. Jugements sur les Trusts et les Cartels. — Nous ne pouvons qu'indiquer ici quelques-unes des opinions relatives à ces associations. Leurs partisans font valoir que les cartels et les trusts, par suite de leur notoriété, peuvent diminuer les dépenses de publicité, de voyageurs ; que leurs ouvriers ont un travail régulier et mieux assuré ; qu'enfin le public y gagne, car, si les trusts voulaient imposer des prix exagérés, des concurrents surgiraient. — Du côté des adversaires, on reproche aux syndicats des procédés durs ou déloyaux à l'égard de ceux qui prétendent résister, et l'on ajoute : la tendance au monopole ce monopole acquis, les trusts, maîtres du marché, pourront avoir de rigoureuses exigences. Enfin, supposons la production absorbée par de semblables groupements : aurait-on gagné quelque chose à la suppression de la concurrence individuelle ?

En résumé, il peut exister de bons trusts comme il y a de bons tyrans, mais les bons tyrans sont une exception dans l'histoire, et, même excellents, ils ont quelque chose d'inquiétant.

CHAPITRE VI

LA PRODUCTION AGRICOLE

La moitié de la population française se livre aux travaux agricoles : c'est dire l'importance que présente l'étude des questions économiques relatives à ces occupations.

L'agriculture est devenue une science. — Longtemps la culture fut faite exclusivement d'après des traditions, mais elle n'a pas échappé au progrès accompli dans tous les domaines de l'activité humaine et la *science agricole* se constitue, montrant la possibilité et fournissant peu à peu les données d'un ensemble de travaux rationnels.

« Sans doute, pourrait-on dire aux laboureurs partisans des vieilles méthodes, ceux que vous appelez des « agriculteurs en chambre » ont commis des erreurs : plus d'un a oublié que les faits naturels diffèrent de ceux qui se passent dans un laboratoire, mais pourquoi l'agriculture seule n'aurait-elle rien à retirer des données scientifiques ? — « Nos pères, objectez-vous, procédaient selon les habitudes traditionnelles, et ils gagnaient de l'argent : en faisant comme eux, nous devons également réussir. » — Mais, en parlant ainsi, vous méconnaissez les transformations générales par lesquelles la vie économique des campagnes a été

bouleversée : apparition de concurrents nouveaux ;
épuisement lent, mais réel, de beaucoup de terrains ;
renchérissement de la vie au village comme ailleurs ;
augmentation des salaires, emploi, par d'autres que
vous, de procédés perfectionnés, d'engrais chimiques,
de machines, etc. Continuer de cultiver selon la tradition, c'est vous condamner à la détresse. »

Il est apparu d'ailleurs que les « routines » ne
doivent pas être toutes confondues dans une même
condamnation ; que certaines sont sages et qu'il faut
s'efforcer de les discerner des autres ; seulement,
c'est l'esprit même de la routine qu'il faut proscrire,
parce qu'elle vient souvent du défaut d'instruction
ou de la paresse.

Les modes d'exploitation du sol (1). — Trois cas peuvent se présenter : 1° le propriétaire du sol l'exploite lui-même ; c'est le *faire-valoir direct ;* 2° il
loue la terre à quelqu'un qui la cultivera et paiera
une redevance ; c'est le *fermage ;* 3° le propriétaire s'associe avec un cultivateur, l'aide de ses conseils, de
son argent ou lui fournit des graines, des animaux,
des instruments ; c'est le *métayage.*

De ces modes d'exploitation, lequel vaut le mieux
et quels sont les inconvénients des autres ?

1° Le *faire-valoir* est évidemment le mode le plus
favorable à la production : on sait l'amour du paysan
pour sa terre, sur laquelle reposent ses espérances.

---

(1) Répartition des cultivateurs français :

Propriétaires exploitants : 3.387.000 — 70 o/o des populations agricoles.
Fermiers :   1.061.000 — 22 o/o
Métayers :   344.000 — 6 o/o

Répartition des surfaces :
Exploitation directe : 18.324.000 hectares.
Fermage :   12.628.000
Métayage :   3.767.000

« Donnez, a-t-on dit, à un individu la propriété assurée d'un rocher battu par les vents et il le transformera en jardin ; affermez-lui un jardin et il le transformera en désert. »

2° *Le fermage* est assurément moins avantageux. Pourquoi le propriétaire loue-t-il sa terre ? C'est quelquefois par nécessité, quand ses occupations, son âge, sa santé ne lui permettent pas de cultiver lui-même ; c'est, dans d'autres cas, tantôt par indolence, par dédain du travail agricole ou même du travail en général, tantôt parce qu'il préfère résider à la ville.

Sans vouloir ici porter de jugement sur ces motifs, de valeur inégale, disons seulement que le *fermage* est en général fâcheux, au point de vue social :

En effet, il risque d'amener des conflits entre les deux parties, de créer dans les campagnes cette division en classes que nous trouvons dans les villes : c'est une situation mauvaise en principe que celle où ni l'un ni l'autre ne peut s'attacher à la terre, l'un parce qu'il ne la travaille pas, l'autre parce qu'au bout d'un certain temps il ne la travaillera plus.

De plus, l'intérêt du fermier peut être d'épuiser le sol pour en obtenir le plus possible pendant la durée de son exploitation : que lui importe l'avenir ?

Or, quand on veut justifier la propriété individuelle, on montre qu'elle est favorable à l'intérêt social en encourageant la production ; lorsque la terre est affermée, cette raison n'existe plus.

Si l'on admet, — et c'est avec justice — que des fermiers travaillent très consciencieusement, tout le monde s'accorde à reconnaître que, du moins, les baux consentis pour des périodes courtes produisent des effets peu avantageux, car celui qui ne possède la terre que pendant 9 ans, ou même 6 ans, dans certaines régions, s'abstient de toute amélioration et fait se succéder les cultures épuisantes.

3° *Métayage*. — Appliqué surtout dans les pays pauvres où, les cultures ne donnant que des résultats médiocres et incertains, on ne trouverait guère de gens en état de payer une redevance fixe, ce système présente les avantages suivants : c'est un bien que le propriétaire s'intéresse à la production et qu'il y collabore ; le métayer, n'ayant à fournir que son travail, peut réaliser quelques économies, et aussi traverser moins péniblement les mauvaises années. Quant au propriétaire, il a moins de raisons que dans le fermage de trouver sa terre épuisée.

Il faut toutefois ajouter que, par malheur, le métayer se trouve placé dans une trop grande dépendance de son propriétaire, de son « maître. »

L'étendue des cultures. — Plus de la moitié du sol français appartient à ce qu'on est convenu de considérer comme petite culture (moins de 10 hectares) ou comme moyenne culture (exploitation de 10 à 40 hectares).

Les faits n'ont pas justifié les prévisions de ceux qui croyaient que l'agriculture se concentrerait, comme l'industrie et le commerce, en un nombre d'entreprises de moins en moins élevé : la grande culture n'exploite que les 45 centièmes de la surface de la France.

De la grande et de la petite culture, quelle est la forme la plus favorable à l'intérêt général? On ne peut formuler un jugement absolu, mais voici les avantages et les inconvénients propres à chaque mode.

En faveur de la grande culture, on fait remarquer qu'elle est souvent dirigée par un homme instruit, au courant des meilleures méthodes, disposant

des capitaux nécessaires pour les adopter et pour se
servir de machines. De plus, ses frais généraux sont
proportionnellement moindres. Par suite de la quantité des produits à vendre, il peut rechercher des
débouchés éloignés, obtenir des conditions de transport avantageuses, et se passer des intermédiaires
qui enlèvent au petit cultivateur la plus grande partie de ses bénéfices.

En revanche, des travaux particulièrement déli-
cats ne sont possibles qu'avec la *petite culture* : telle
est la production maraîchère.

La petite culture est nécessaire dans une région
très peuplée, parce qu'elle permet le maximum de
rendement : aussi la trouve-t-on dans le département du Nord, dans les Flandres, dans certaines
parties de la Chine. Dans les pays pauvres, le laboureur ne peut réaliser quelque bénéfice que s'il travaille lui-même avec sa famille; payer des gages serait pour lui une cause de ruine.

D'ailleurs, les *défectuosités de ce mode d'exploitation peuvent disparaître ou diminuer :* le manque d'instruction du paysan ne saurait durer, si des efforts
énergiques sont faits en faveur de l'enseignement
agricole ; les capitaux nécessaires seront réunis, si
les habitants des campagnes comprennent la fécondité de l'association.

Le maintien de l'état de choses existant en France
est d'ailleurs à souhaiter, quant à la répartition des
cultures ; car, s'il est très favorable à la paix sociale
qu'a beaucoup de paysans travaillent pour leur
compte, d'autre part, la plupart des innovations heureuses ont été tentées par les exploitants de domaines étendus; sans leur exemple, la routine serait
souvent restée prépondérante.

L'étendue des propriétés. — Cette question est

distincte de la précédente, car le petit cultivateur et le grand producteur ne sont pas toujours propriétaires des terres qu'ils exploitent.

La moitié de la surface de la France appartient à la petite propriété (moins de 10 hectares) ou à la moyenne (de 10 à 40 hectares). Le reste n'est pas tout entier, comme on pourrait le croire, entre les mains de grands propriétaires, car il faut mettre à part à peu près un quart de la superficie totale, qui dépend de l'Etat ou des communes.

Ici, non plus, *on ne constate pas de concentration :* les petits domaines ne sont pas englobés par les grands. C'est un fait heureux que cette persistance. Assurément, le paysan propriétaire a souvent de graves sujets d'inquiétudes et ses profits sont médiocres; mais la possession du sol lui donne l'indépendance, et il apporte au travail toute son énergie, car les résultats en sont pour lui. Quant à la grande propriété, si elle présente un avantage au point de vue social en permettant l'emploi des méthodes perfectionnées, elle est fâcheuse lorsqu'elle amène l'existence d'un prolétariat rural, en réduisant au salariat des populations nombreuses.

Tandis que l'Angleterre est un pays de grande propriété, les petits propriétaires détiennent la plus grande partie du sol français. En 1789, ils étaient déjà nombreux; à cette date, la terre fut affranchie des redevances seigneuriales, et là vente de biens nationaux amena la constitution de petits domaines. L'obligation du partage égal entre les enfants contribue à augmenter le morcellement, au point de le rendre quelquefois excessif : on sait les inconvénients de la très petite culture.

Difficultés de la vie agricole; le dépeuplement des campagnes. — On sait combien les cultivateurs se plaignent de leur situation. D'autre part, — et les deux faits se tiennent, — nos campagnes se dépeuplent. Tout en laissant de côté les exagérations, il faut reconnaître l'existence de difficultés relativement nouvelles qui viennent, les unes d'un certain état d'esprit, les autres des circonstances.

I. « Nos villages meurent » par suite de *conceptions funestes :*

1° Beaucoup de paysans croient que cultiver la terre est une profession inférieure aux autres, « moins distinguée, » sentiment puéril, injustifié, mais dont les ravages s'étendent.

2° La situation des travailleurs des villes paraît enviable aux campagnards : plus d'un « se débarrasse » de quelques coins de terre sur lesquels il eût pu vivre, et va prendre à la ville un petit commerce destiné, dans les conditions actuelles de la vie économique, à végéter ou à sombrer neuf fois sur dix; ou bien il attend une « place, » et ainsi les « déracinés » pullulent.

3° De plus en plus, on se laisse gagner par le désir d'obtenir le bien-être avec le minimum d'efforts, et l'on rêve d'obtenir un emploi dans quelque administration : tous les hommes politiques savent avec quel acharnement on sollicite leur intervention.

II. Quelque lamentable que puisse paraître l'état d'esprit qui porte à déserter les campagnes, il faut reconnaître que les circonstances l'expliquent en partie : 1° Entre 1850 et 1870, l'agriculture française fut très prospère. Le développement de certaines cultures industrielles, la betterave, par exemple; le progrès des moyens de transport, qui permettait de vendre les produits au loin; l'absence de concurrents redoutables amenèrent « un âge d'or » que les vieux paysans rappellent avec mélancolie. Mais des maladies ravagèrent les vignobles; des produits chimiques fournirent les couleurs jusque là extraites de plantes ; enfin des rivaux surgirent de différents côtés : en 1879, à la suite d'une récolte en céréales exceptionnellement mauvaise, des blés américains furent introduits en France, et les années suivantes, la quantité importée augmenta ; lins et chanvres de Russie, vins d'Italie et d'Espagne, bétail d'Amérique rivalisèrent avec les nôtres, même chez nous. Ainsi les bénéfices devinrent faibles et incertains.

2° L'emploi des machines a enlevé aux ouvriers des campagnes des moyens d'existence. Faneuses, moissonneuses mécaniques, etc... ont rendu inutiles un certain nombre de bras ; les machines à battre font en quelques jours un travail qui occupait jadis des ouvriers pendant tout l'hiver. De plus, la grande industrie a supprimé beaucoup de métiers à la main dont vivaient les ouvriers pendant la mauvaise saison : ceux-ci travaillaient le chanvre, le lin ; ils tissaient, tricotaient ; des femmes faisaient de la dentelle : toutes ces ressources deviennent rares. Par suite, comment vivre ?

3° Le dépeuplement des campagnes, ainsi provoqué, a été précipité par la multiplication des chemins de fer qui ont facilité les voyages à la ville, et par le service militaire, pendant la durée duquel de nombreux jeunes gens perdent le goût de la vie champêtre.

Conclusion. — La crise que traversent les campagnes est un fait d'une extrême gravité. Dans un pays comme la France, surtout agricole et ne jouissant que d'avantages moyens pour l'industrie, l'appauvrissement des villages peut devenir un désastre pour la nation entière ; non seulement les campagnes sont atteintes, mais leur dépeuplement est funeste pour les villes, où le prolétariat s'accroît de tous ceux qui abandonnent les champs.

Cette situation prendra-t-elle fin ? On peut l'espérer pour les raisons suivantes :

1º La vue des difficultés, dont triomphent rarement ceux qui ont déserté le foyer familial, finira peut-être par diminuer l'émigration vers les villes.

2º Un phénomène se manifeste, qui agit en faveur des campagnes. Pour diminuer les frais généraux, certains industriels tendent à établir, quand c'est possible, leurs manufactures dans des villages plutôt que dans les villes, où le prix des terrains, où les loyers sont bien plus élevés. Plusieurs grands établissements parisiens ont ainsi à la campagne leurs ateliers.

3º Comme les entreprises industrielles rapportent un revenu de plus en plus faible, les capitaux reviendront peu à peu vers l'agriculture, que le progrès de l'instruction rendra plus intelligente et plus honorée.

4º La propagation des méthodes scientifiques augmentera le rendement du travail agricole.

5º Surtout, le développement de l'esprit d'association permettra à la petite culture d'améliorer ses procédés, d'échapper au trafic des intermédiaires et d'obtenir le crédit spécial dont l'agriculture a besoin.

LECTURE
Le retour à la terre

Aujourd'hui la cause de la terre est gagnée et il n'est plus nécessaire de la plaider. Tout le monde, ou presque tout le monde, reconnaît que le retour à la terre s'impose plus que jamais et qu'il est devenu la condition première de l'harmonie des forces économiques, de la prospérité des Etats et de la paix sociale. Partout où la terre est négligée, reléguée au second plan, désertée systématiquement, il se fait un déplacement d'équilibre, qui provoque les désordres les plus graves et compromet la santé générale de la nation. L'agriculture est comme le pivot autour duquel doivent graviter toutes les autres branches de la production et, quand l'industrie prend une telle importance qu'elle en vient à étouffer l'agriculture et à l'arrêter dans son développement normal, elle ne tarde pas à en souffrir elle-même et dépérit à vue d'œil.

J. MÉLINE, *Le Retour à la Terre.*

LIVRE II

RÉMUNÉRATION DES AGENTS
DE LA PRODUCTION

CHAPITRE PREMIER

LE PRIX DE REVIENT

Définition. — La personne qui consacre ses forces et son temps à la direction d'une entreprise industrielle ou commerciale a l'espoir de vendre avantageusement ses produits. Or, le prix de vente dépend du *prix de revient*, c'est-à-dire de ce que coûte la marchandise au fabricant lui-même.

Cette question de l'établissement du prix de revient offre une importance particulière : il faut que l'industriel, sans élever le prix de vente à un chiffre excessif en raison de la concurrence, s'assure un bénéfice suffisant. Ce bénéfice, il ne pourra le calculer qu'après avoir déterminé avec une parfaite exactitude son prix de revient.

Prenons des exemples très simples :

On va au café; on prend un bock qu'on paie, par exemple, 0 f. 30. Le client peut se tenir le raisonnement suivant : « Un litre de bière contient environ six bocks, qui sont vendus au café pour 1 f. 80. Un particulier recevrait le litre chez soi pour 0 f. 40 : donc, le cafetier gagne 1 f. 40 par litre. Mais ce calcul serait faux : on oublie que le cafetier doit ajouter au prix d'achat de la bière des sommes diverses représentant ses frais de loyer, de matériel, d'éclairage, etc... et que ce sont là autant d'éléments constitutifs du prix de revient.

Un cordonnier a fini de fabriquer une paire de chaussures : combien devra-t-il la vendre? Quand il aura ajouté au prix des matières premières (bois, cuir, etc.) ce qu'il s'attribue comme salaire pour les heures employées à ce travail, il ne connaîtra pas encore le prix de revient; il doit, en effet, tenir compte de ses dépenses de loyer, de chauffage et d'éclairage, de ses impôts, des déchets, des pertes, etc.; de plus, il se sert d'outils, peut-être de quelque petite machine : outils et machines représentent un capital et ils s'usent; on doit donc en prévoir le remplacement. Pour déterminer le compte de toutes ces dépenses par unité de produits, le plus simple est d'en faire le total par année et de le répartir sur le total des ventes; par exemple, aux frais spéciaux qu'entraîne la fabrication d'une paire de chaussures, selon la qualité, les conditions particulières, le cordonnier ajoutera un tant pour cent représentant la part des frais généraux.

S'agit-il de la grande industrie, on procédera de même; seulement les calculs à faire présentent alors plus de difficulté et exigent une plus grande précision.

I. **Frais généraux.** — Il faut comprendre sous cette dénomination : A. Les *frais d'installation* : achat du terrain, construction de l'usine, achat et installation du matériel, représentent un capital de premier établissement, dont l'*intérêt* doit être compté dans le calcul du prix de revient.

B. Les *frais généraux d'exploitation* sont ceux qui résultent de la marche de l'établissement, sans qu'on puisse dire qu'ils sont dus à la production de telle ou telle marchandise en particulier. Nous citerons : l'intérêt du *fonds de roulement*, nécessaire pour le paiement des salaires, des impôts, etc.

Un supplément d'intérêt pour tous les capitaux engagés, en prévision des risques de pertes, ce qu'on peut appeler une *prime d'assurances*.

L'entretien et l'amortissement du matériel : une machine s'use, et il faut constituer le capital qui permettra de la remplacer au bout d'un temps approximativement fixé.

Les *appointements* et les *salaires* de toute la partie du personnel qui n'est pas payée spécialement pour un produit déterminé : il faut notamment faire une part à la rémunération du chef de l'entreprise pour le travail qu'il fournit et les services qu'il rend.

Les *profits et pertes* : déchets, « coulage, » mauvaises créances, etc.

Les *impôts*, les *assurances*, les *frais de publicité*, etc.

En divisant le total de ces dépenses par le total de la production, on détermine la proportion suivant laquelle les frais généraux devront être comptés.

II. **Frais spéciaux.** — Ils sont constitués par le prix des matières premières et les frais de fabrication ; de plus, dans certains cas, on ajoute l'escompte, la *commission* donnée aux intermédiaires, les frais de transport.

Tous les calculs précédents permettent de fixer le prix de revient.

Voilà la marche générale; dans la pratique, il faut de plus tenir compte d'autres éléments, par exemple des rabais nécessaires, des pertes dues à la détérioration, des sacrifices faits sur certains articles qu'on vend comme réclames, sacrifices dont il faut trouver par ailleurs la compensation, etc.

Prix de revient et prix de vente. — Théoriquement le prix de revient devrait déterminer le prix de vente. Mais en réalité, le second exerce sur le premier une grande influence : si le producteur était seul, il évaluerait le total de ses frais, y ajouterait le bénéfice qu'il désire et fixerait ainsi son tarif de vente. Les nécessités de la concurrence l'obligent souvent à *établir ses dépenses d'après le prix de vente possible;* il doit les réduire au minimum; autrement, c'est son bénéfice qui diminue ou disparaît; le prix de vente ne pouvant s'élever, on s'efforce donc de diminuer le prix de revient, et là se trouve une des causes les plus efficaces des progrès qui se manifestent incessamment dans les moyens de production.

Mais c'est aussi pour cette raison que tant de produits sont de qualité inférieure, que de nombreux salaires sont faibles, car dans les éléments du prix de revient il en est peu de plus « compressibles » que la somme payée à l'ouvrier.

Enfin, l'établissement des frais de production montre une des causes de supériorité de la grande industrie ou du grand commerce sur les entreprises plus modestes. On pourrait, en reprenant chacune des catégories de dépenses que nous avons énumérées, constater comment les frais généraux et les frais spéciaux sont presque toujours proportionnellement moindres dans les grands établissements que dans les petits.

CHAPITRE II

RÉMUNÉRATION DU CAPITAL
INTÉRÊT. — PROFIT

Les entreprises industrielles ou commerciales exigent la disposition d'un capital : dans la répartition des produits, le capital reçoit un intérêt et, quand il y a lieu, tout ou partie des bénéfices.

I. — L'intérêt

Définition. — L'intérêt est la somme qu'on paie pour avoir le droit d'user d'un capital emprunté.

Si le patron d'un établissement industriel ou commercial possède lui-même les capitaux nécessaires, il attendra de son entreprise l'intérêt qu'il eût pu s'assurer en prêtant ces sommes à d'autres.

Légitimité de l'intérêt. — Cette rémunération du capital est-elle équitable ? Non, ont affirmé des philosophes anciens, puis, après eux, les Pères de l'Église, qui firent interdire aux chrétiens du moyen âge de prêter à intérêt. De nos jours encore se pose cette question : est-il légitime que je doive rendre une certaine somme en plus de celle que j'ai empruntée ? Nous voyons des capitalistes qui vivent sans travailler, et seulement en prêtant de l'argent.

4.

A certaines dates, des intérêts leur sont payés, ce qui n'empêchera pas le remboursement intégral de leur capital. Au taux de 5 %, le montant des intérêts versés sera, en quinze ans environ, presque égal au capital prêté, et ce capital restera dû en entier. Est-ce juste ?

On justifie souvent l'intérêt par les deux raisons suivantes : il dédommagerait le prêteur d'une privation de jouissance, d'usage ; il serait, en outre, comme une prime contre le risque de non-remboursement. Mais, en bien des cas, le capitaliste ne se prive nullement ; s'il ne prêtait pas son argent, il serait en peine d'en tirer personnellement parti. D'autre part, un intérêt est exigé d'emprunteurs offrant toute garantie : grandes Banques, Compagnies de chemins de fer, Villes, État, et les créanciers auxquels une hypothèque assure toute sécurité se font quand même payer un intérêt.

On peut, pour légitimer l'intérêt, faire valoir de meilleurs arguments : 1° Si la propriété individuelle est légitime, exiger une rémunération pour le prêt d'un capital, l'est aussi : je possède de l'argent, je pourrais le dépenser, l'utiliser, mais, s'il me plaît de le prêter, j'ai le droit d'imposer comme condition le paiement d'un intérêt. 2° En consentant un prêt, je rends service à l'emprunteur : il serait peut-être très noble de ne rien lui demander en retour : mais, si j'exige une rétribution, on ne peut rien me reprocher.

L'intérêt est particulièrement légitime, quand il rémunère des capitaux employés à la production. Si des gens contractent un emprunt dont le montant leur permettra de vivre et de traverser une période difficile, on peut penser que l'argent prêté ne sera pas consacré à un emploi productif qui leur permette de payer l'intérêt. Mais le commerçant, l'industriel qui empruntent, la société qui fait appel aux souscripteurs d'actions ou d'obligations, espèrent faire fructifier leurs fonds ; il serait singulier qu'on leur prêtât gratuitement.

N'oublions pas d'ailleurs que, de nos jours, à côté de riches capitalistes, on voit beaucoup de prêteurs dont la situation est moins favorable et plus digne d'intérêt que celle des emprunteurs : tandis que ceux-ci sont souvent des financiers, de puissantes collectivités, les premiers comptent parmi eux beaucoup de petits rentiers, de modestes travailleurs, proie souvent trop facile pour les flibustiers de la spéculation (1).

Causes qui déterminent le taux de l'intérêt. Cause générale. — L'intérêt varie selon le *rapport existant entre l'offre et la demande* de capitaux.

Or, à l'époque contemporaine, si le nombre des entreprises s'est notablement accru, les capitaux disponibles ont augmenté beaucoup plus encore. Aussi, depuis un siècle, *l'intérêt tend-il à baisser :* de la moyenne de 5 %, à peu près générale vers 1850, il a passé à 3 % et même à 2,50.

Que les rentiers soient peu satisfaits de cette baisse, cela est fort naturel, mais, par ses conséquences générales, *la réduction de l'intérêt est un bien :* ceux qui ont besoin de capitaux pour quelque travail les trouvent plus facilement et à moins de frais ; des entreprises de revenu modeste, qui n'auraient pu se fonder avec des capitaux prêtés à 5 %, peuvent être tentées, maintenant qu'on emprunte à meilleur marché ; et enfin, comme il faut une somme de plus en plus forte pour « vivre de ses rentes, » les petits capitalistes sont obligés de travailler plus longtemps, et la collectivité y gagne.

(1) « Personne n'ignore le brigandage qui se commet sous le couvert de la fondation de *Sociétés par actions.* » (LEROY-BEAULIEU.)

Causes particulières du taux de l'intérêt. — Les prêteurs tiennent compte dans leurs exigences : du besoin de celui qui demande ; quand ce besoin est impérieux, ils élèvent leurs prétentions ; — de la confiance que l'emprunteur inspire : on prête au taux de 2 1/2 à certains gouvernements ; d'autres offrent 5 % ou plus et ne trouvent guère de souscripteurs à leurs emprunts ; des entreprises hasardeuses sont obligées d'accepter des conditions très dures ; l'intérêt augmente alors, parce qu'il y entre une sorte *de prime d'assurance* contre le risque de perte.

Faut-il ajouter que le taux s'élève, quand le prêteur est moins honnête ? C'est pour empêcher cette dernière cause d'agir trop fortement que les lois ont fixé un maximum d'intérêt (5 %) en matière civile, c'est-à-dire en dehors des affaires commerciales. — Mais tourner la loi est l'enfance de l'art pour les *usuriers* ; ils n'inscrivent sur les billets qui leur sont souscrits que l'intérêt légal, et ils ajoutent des *commissions* ; ils majorent la somme prêtée, ou bien ils livrent une partie du capital en marchandises inutiles ou sans valeur, etc. : l'Harpagon de Molière savait déjà comment s'y prendre, et il est hors de doute que ses successeurs ont perfectionné ses procédés.

II. — Le Bénéfice

Définition. — Le *bénéfice*, ou *profit*, est la part qui, tous les frais de la production étant payés, *peut* rester à l'entrepreneur (1).

Détermination du profit. — Un fabricant vend une catégorie de produits ; si le prix de vente dépasse

---

(1) Ce mot désigne en économie politique celui qui dirige une affaire industrielle ou commerciale qu'elle qu'en soit l'importance et qu'elle soit dirigée par une personne ou par une société.

tous les frais, il y a bénéfice; si ce prix leur est égal, il n'y a ni bénéfice ni perte; enfin, s'il est inférieur au prix de revient, une perte est subie.

Il faut bien voir *ce que n'est pas le bénéfice*, car on peut le confondre avec d'autres éléments :

1º Il n'est pas l'intérêt du capital, intérêt que l'industriel doit faire entrer dans son prix de revient.

2º Il n'est pas même, comme on le dit souvent, une espèce de prime d'assurance, de compensation pour les risques que, dans toute entreprise, court le capital : cette prime, qu'il faut faire entrer en ligne de compte dans la répartition, détermine une élévation de l'intérêt : les entreprises aléatoires n'attirent les capitaux que par l'appât d'un gros intérêt.

3º Le bénéfice ne constitue pas non plus la rétribution de ceux qui dirigent l'entreprise : leurs appointements entrent comme élément dans le prix de revient.

Qu'est-il donc ? Le résultat, toujours incertain, d'une rencontre de circonstances heureuses, dépendant ou non des qualités de l'entrepreneur et qui permettent de vendre au-dessus du prix de revient.

Tantôt, c'est au chef de l'entreprise — dans une certaine mesure à ses collaborateurs — que revient le mérite du profit, grâce à son habileté dans la direction, dans l'organisation du travail, grâce à la réduction des frais généraux, à la mise en œuvre d'une invention qui permet une production avantageuse, grâce aussi à certaines qualités commerciales, telles que l'aptitude à la vente, à la découverte de débouchés, etc.

Tantôt, ce sont des conditions favorables que l'entrepreneur n'a pas créées, mais dont, sciemment ou non, il tire parti : ouverture de nouveaux marchés où ses marchandises seront écoulées, faveur dont un genre de produits est l'objet, événements politiques, etc.

Il faut se bien rendre compte du caractère aléatoire, incertain du profit. Qui peut dire les fluctuations par lesquelles passera l'entreprise fondée dans les conditions les plus encourageantes ? Un café prospère, parce qu'il est seul dans un quartier, parce qu'il se trouve à un carrefour de rues : qu'un concurrent s'installe à proximité, et tout va changer. — Aujourd'hui, une invention donne à qui l'exploite des bénéfices importants : demain, elle sera supplantée par une plus nouvelle. — Un produit était « à la mode » : la mode se tourne vers un autre. — Enfin, qui ne sait que des maisons, très achalandées pendant longtemps, tombent subitement en discrédit, au profit d'autres qui ne le méritent pas, mais où le public se porte par quelque engouement inexplicable, impossible à prévoir et impossible à empêcher ?

Légitimité du bénéfice. — Dans ces conditions, on peut affirmer qu'*en principe le bénéfice est légitime*, non seulement quand il récompense des qualités personnelles, mais même quand il est dû au hasard : tirer parti d'une situation favorable, même quand on ne l'a pas créée, n'a rien de condamnable, d'autant plus que les circonstances pouvaient être tout autres et que de moins heureuses ne manqueront pas de survenir tôt ou tard.

Pourquoi donc cependant les partis socialistes attaquent-ils avec véhémence l'entrepreneur et le profit ? Voici leurs raisons :

1º Le profit est un avantage exclusivement réservé à ceux qui possèdent. — Supposez, dit-on, que l'homme le mieux doué se propose de créer une industrie réunissant toutes chances de succès : sans capitaux, il ne fera rien. Voilà donc un nouveau privilège réservé à la fortune !

2° Le profit est un avantage injustement accordé aux capitalistes. — Voici comment on cherche à le démontrer. Des associés fournissent les fonds d'une entreprise : à quoi ont-ils droit de ce chef ?

Admettons la nécessité et la légitimité de l'intérêt, et d'une prime pour les risques courus. Mais, l'affaire réussissant, on distribue aux bailleurs de fonds, en plus de l'intérêt et de la prime d'assurance, une part de profit, alors que leur capital est déjà rétribué, alors qu'eux-mêmes ont pu ne participer en rien au travail entrepris; ils ont été, comme on dit « des associés dormants » — « à ce point que c'est par la voie du journal qu'ils ont des nouvelles de leur propriété! » (JAURÈS, *Etudes socialistes*, p. 261.)

3° Le profit viendrait de ce que les travailleurs seraient exploités par ceux qui les occupent. « Mystère d'iniquité, » dont Karl Marx s'est appliqué à montrer l'existence par le raisonnement suivant : le patron cherche à payer l'ouvrier le moins possible, et son profit est fait des réductions de salaire, d'une part, et, d'autre part, des augmentations de la productivité du travail : machines, division du travail, prolongation de la journée de labeur, augmentation du nombre des travailleurs qui s'offrent, toutes ces causes contribuent à permettre les profits capitalistes.

Nous ne croyons pas que ces arguments — qui peuvent avoir une part de vérité — infirment l'opinion que le profit n'a en principe rien d'injuste. Seulement, ils permettent quelques remarques :

1° Le bénéfice qu'on obtient en rétribuant mal les ouvriers — et personne ne saurait nier que cela ne se produise parfois — est profondément inique. On peut espérer que le progrès moral diminuera le nombre des patrons sans conscience ; d'autre part, le développement des organisations ouvrières rendra plus difficiles de semblables profits.

2º Ce serait faire œuvre de pacification sociale que d'accorder une part des bénéfices aux travailleurs, et ce serait aussi un acte de justice, car la bonne volonté, l'habileté de tous les collaborateurs d'une entreprise sont de précieux éléments de succès.

3º Le monopole des capitalistes en ce qui concerne le profit disparaîtra, à mesure que les ouvriers, réunissant leurs petites ressources et leurs efforts, pourront constituer des associations dans lesquelles, tout venant d'eux, tout profit sera pour eux.

Répartition des bénéfices et des pertes. — L'artisan qui travaille seul, le patron qui n'emploie que ses propres capitaux disposent du bénéfice total et subissent toutes les pertes. Mais les entreprises collectives nécessitent une répartition. Voici quelques remarques à ce sujet :

1º Les capitaux peuvent venir les uns d'*actionnaires*, les autres d'*obligataires;* les premiers sont les vrais associés; les seconds sont considérés comme ayant prêté de l'argent à la société, dont ils sont ainsi créanciers. Par suite :

Si la société réalise des bénéfices, les actionnaires en ont leur part (*dividende*); les obligataires n'ont droit qu'à un *intérêt;*

Si la société subit des pertes, les actionnaires ne reçoivent pas de dividende, et même, en certains cas, ils sont solidairement responsables du déficit; les obligataires ont toujours droit à l'intérêt;

Lorsque la société est dissoute, on paie d'abord les obligataires.

On remarquera que ces derniers ne prennent point part aux assemblées générales de la société.

2º La répartition des profits ou des pertes est soumise à des règles, qui varient selon la nature des sociétés. Quelques indications donneront un aperçu des principes suivis :

Dans la *société en nom collectif*, où plusieurs personnes réunies se font connaître par une *raison sociale* (Dumont, Bernard, et C^io), et ne peuvent vendre ou donner leur part pour introduire une autre personne à leur place, les membres de la société sont tenus solidairement de supporter les risques, et leurs biens propres peuvent être l'objet des poursuites des créanciers.

La *société en commandite* comprend : les *commandités*, dont les obligations sont identiques à celles des associés en nom collectif ; les *commanditaires*, qui ne sont tenus que dans la mesure des engagements pris par eux.

Dans les *sociétés par actions* (plus particulièrement dans la forme la plus caractéristique, la *société anonyme*), l'associé peut vendre sa part (*actions*) et ses risques sont limités au montant de ses actions ; ses biens personnels ne sont engagés en rien. — La part de bénéfices attribuée à chaque action est le *dividende*, dont parfois on fait deux parts ; l'une, fixe, correspondant à l'intérêt, et l'autre variable, qui est le bénéfice proprement dit.

Certaines sociétés, les compagnies de chemins de fer, par exemple, réduisent progressivement leur capital, l'amortissent, en remboursant chaque année un certain nombre d'actions. Les statuts peuvent décider que les propriétaires de ces actions remboursées resteront cependant associés, mais ils n'auront plus droit qu'au dividende proprement dit ; ils ne percevront pas d'intérêt : on leur remet alors une *action de jouissance*.

Les sociétés par actions peuvent instituer *des actions de priorité* qui donnent à leurs propriétaires le privilège de recevoir, avant tous autres, une partie des bénéfices; le but de cette émission est d'attirer les premiers capitaux nécessaires ou, dans le cours de l'entreprise, d'en obtenir d'autres par un avantage particulier.

LECTURES

1. Légitimité et utilité du prêt à intérêt

Un menuisier travaille trois cents jours, gagne et dépense 5 francs par jour. Cela veut dire qu'il rend des services à la société et que la société lui rend des services équivalents, les uns et les autres estimés 1,500 francs, les pièces de cent sous n'étant ici qu'un moyen de faciliter les échanges.

Supposons que cet artisan économise 1 franc par jour. Qu'est-ce que cela signifie? Cela signifie qu'il rend à la société des services pour 1,500 francs, et qu'il n'en retire actuellement des services que pour 1,200 francs. Il acquiert le droit de puiser dans le milieu social, où, quand et sous la forme qu'il lui plaira, des services, bien et dûment gagnés, jusqu'à concurrence de 300 francs. Les soixante pièces de cent sous qu'il a conservées sont à la fois le titre et le moyen d'exécution de son droit.

Au bout de l'an, notre menuisier peut donc, s'il le juge à propos, revendiquer son droit acquis sur la société. Il peut lui demander des satisfactions. Il peut choisir entre le cabaret, le spectacle, la boutique; il peut encore augmenter son outillage, acquérir des instruments plus parfaits, se mettre à même de rendre son travail ultérieur plus productif (1). C'est ce droit acquis que j'appelle capital.

Les choses en sont là, quand le forgeron, son voisin, vient dire au menuisier : « Tu as acquis, par ton travail, tes économies, tes avances, le droit de retirer du milieu social des services jusqu'à concurrence de 300 francs; substitue-moi à ton droit pour un an; j'en userai de manière à avoir plus de marteaux, plus de fer, plus de houille, en un mot à améliorer ma condition et mon industrie.

« — Je suis dans le même cas, dit le menuisier; cependant je veux bien te céder mes droits et m'en priver pour un an, si tu veux me faire participer pour quelque chose à l'excédent des profits que tu vas faire. »

(1) On remarquera que, si le menuisier choisit le cabaret, le spectacle, l'argent économisé par lui ne sera pas un capital, puisqu'il ne sert pas à une production nouvelle. Il en serait autrement, s'il prenait le parti « d'augmenter son outillage, acquérir des instruments plus parfaits. » Il rend alors « son travail plus productif. »

Si ce marché, profitable aux deux parties, est librement conclu, qui osera le déclarer illégitime ?

BASTIAT (1).

2. La baisse de l'intérêt

Qu'est-ce que le capitaliste ? C'est, ordinairement, celui qui a travaillé et qui ne travaille plus, ou, plus exactement encore, celui dont les pères ont travaillé autrefois et l'ont dispensé de travailler aujourd'hui. Il prête donc ses capitaux à ceux qui n'ont pas acquis la faculté de se reposer, et, il faut en convenir, il mérite à ce titre bien moins d'intérêt que l'homme industrieux qui paye actuellement son pain par ses sueurs. Sans doute, cet oisif fortuné n'en a pas moins ses droits, car il faut respecter le travail du père dans le capital du fils ; mais peut-on empêcher les effets de la loi commune, qui avilit sans cesse les capitaux en augmentant leur abondance ? L'homme qui vit sur une œuvre passée doit devenir continuellement plus pauvre, parce que le temps le transporte, avec la richesse d'autrefois, au milieu d'une richesse toujours croissante et plus disproportionnée à la sienne. A défaut du travail, il n'y a qu'un moyen de se soutenir au niveau des valeurs actuelles, c'est de diminuer ses consommations : il faut ou travailler ou se réduire. Le capitaliste a le rôle de l'oisif : sa peine doit être l'économie, et elle n'est pas trop sévère. »

LAFFITTE (2).

(1) BASTIAT (Frédéric) (1801-1850), s'appliqua à populariser l'Économie politique. Il exposa dans une forme souvent simple et animée les théories « classiques » ou « orthodoxes, » notamment les conceptions de la non-intervention de l'État en matière économique, du libre-échange, et celle de la marche de la société vers le mieux-être, sans révolution, sans action des lois sociales ; pour lui, il n'y a qu'à laisser agir les intérêts particuliers : par leur action, par l'effet de leur limitation réciproque, se constituera la société idéale. Ses principaux ouvrages sont : les *Sophismes contemporains* (attaques contre les idées protectionnistes et les théories socialistes), *Cobden ou la Ligue* (en faveur du libre-échange) ; *Capital et rente* (contre Proudhon) et les *Harmonies économiques*, développement de l'idée qu'il faut laisser chacun agir librement, que le monde ainsi deviendra meilleur.

(2) LAFFITTE (Jacques) (1767-1844). — Homme politique et banquier, Laffitte fut un des principaux membres du parti libéral au temps de la Restauration et du gouvernement de Juillet.

CHAPITRE III

RÉMUNÉRATION DU TRAVAIL INTELLECTUEL

Rémunération de l'inventeur

Le droit de l'inventeur. — L'invention joue dans l'humanité un rôle considérable : il n'est pas une industrie, pas un travail utile qui ne la suppose. Comme elle nécessite de longs efforts et souvent des dépenses élevées, il faut encourager les recherches en assurant certains avantages à celui qui s'y livre avec succès. Ainsi s'explique l'existence d'une législation qui détermine et garantit les droits de l'inventeur en instituant les *brevets d'invention;* ces brevets sont des certificats délivrés par le ministre du commerce, qui attestent que les intéressés ont demandé à avoir seuls le droit, pendant une période de 5, 10, 15 ans, d'exploiter un procédé ou de fabriquer un produit.

C'est la Constituante qui, pour la première fois, reconnut le droit de l'inventeur. Le rapporteur de la loi de mai 1791 s'exprimait ainsi : « S'il existe pour un homme une véritable propriété, c'est sa pensée : l'arbre qui naît dans un champ n'est pas aussi incontestablement au maître de ce champ que l'idée qui vient dans l'esprit d'un homme n'appartient à son auteur. » (1)

---

(1) La loi fondamentale en matière de brevets d'invention est celle du 5 *juillet 1844*, dont quelques dispositions ont été modifiées par des lois postérieures.

Principes de la législation. — S'il est légitime de laisser à l'inventeur le droit de profiter largement de son travail à l'exclusion de tout autre, ce droit ne saurait pourtant être perpétuel ; la société ne peut pas être privée pour toujours du bénéfice des efforts de ses membres ; d'ailleurs, l'inventeur lui doit des moyens de travail, d'instruction, d'exécution. Par suite, on l'autorise à acquérir le monopole d'une production, mais ce monopole ne dure qu'un certain temps ; après quoi, l'invention « tombe dans le domaine public. »

Le rôle de l'Etat. — Quel est dans ce domaine le rôle de l'autorité publique ? En quelques pays (en Russie, aux Etats-Unis, par exemple), le gouvernement n'accorde le droit exclusif d'exploiter l'invention qu'après examen. En France, pourvu que le produit ou le procédé soit nouveau, qu'il ne présente rien de contraire à la santé publique, aux bonnes mœurs et aux lois, le brevet sollicité est *accordé de plein droit.* Seulement, comme la valeur de l'invention n'est pas vérifiée, il est ordonné, sous peine d'une amende de 50 à 1.000 francs, qui peut être doublée en cas de récidive, de ne mentionner la qualité de breveté, dans les annonces, affiches, prospectus, marques, qu'en ajoutant ces mots : sans garantie du gouvernement. (S. G. D. G.)

Avantages accordés au breveté. — Pendant la période fixée, l'inventeur a sur son œuvre des droits entiers et exclusifs :

1° Il peut seul exploiter son invention.

2° L'atteinte portée à ses droits ou *contrefaçon* est punie par les tribunaux. Pour la prouver, le breveté peut faire prononcer par le tribunal de première instance la saisie des objets qu'il affirme avoir été contrefaits. Il a le droit d'assigner le contrefacteur soit devant le tribunal correctionnel, soit devant la juridiction civile.

Deux sortes de sanctions peuvent être appliquées :

1° La peine de la contrefaçon, qui consiste en une amende de 100 à 2.000 francs et, en outre, s'il y a récidive, en un emprisonnement d'un à six mois ;

2° Des mesures destinées à réparer le préjudice causé ; des dommages-intérêts, la confiscation et la remise au breveté des produits contrefaits, l'affichage et l'insertion, dans les journaux, du jugement rendu.

3° L'inventeur a le droit de céder son brevet ; seulement la cession doit être faite par acte notarié et enregistrée à la préfecture du département.

4° Si le breveté trouve un perfectionnement à son invention et désire en profiter seul, il a le choix entre deux moyens : ou prendre, pour ce perfectionnement, un brevet spécial dans les conditions ordinaires ; ou se contenter d'un simple certificat d'addition qui, ajouté au brevet primitif, finit en même temps et pour lequel il ne paie qu'une taxe fixe de vingt francs.

5° Un autre que le breveté trouve-t-il un perfectionnement ? Il est juste que la loi favorise les recherches de tous : c'est une condition de progrès ; mais, d'autre part, il semble légitime d'accorder à l'inventeur un droit de préférence : c'est pourquoi il jouit du privilège de pouvoir, pendant un an, demander un brevet complémentaire. Quant au tiers, auteur d'un perfectionnement, il fera connaître la modification dans un pli cacheté dont il ne sera pris connaissance qu'*un an* après le premier brevet et si le breveté n'a rien demandé.

Fin du brevet. — Le privilège prend fin à l'expiration de l'une des périodes de 5, 10 ou 15 ans ; l'invention « tombe alors dans le domaine public, » c'est-à-dire que tous peuvent désormais en tirer parti.

CHAPITRE IV

LE SALARIAT

> « Le contrat de salaire n'est pas un
> contrat comme un autre, parce que la
> créature elle-même y est engagée, la
> créature qui vit, qui pense, qui
> souffre. »
>
> Paul DESCHANEL (1).

Définition. — Le salaire est la somme payée dans une entreprise à un travailleur (ouvrier ou employé) (2) qui, n'ayant pas de capital et ne pouvant par suite ni produire, ni vendre seul, se met au service d'un patron.

Pour comprendre l'importance des questions relatives au salaire, il est avant tout nécessaire de savoir quel est le *nombre des salariés*. Voici, sur ce point, des renseignements pour la France, d'après le recensement de 1901 (Bulletin de l'Office du travail, 1905) :

---

(1) Homme politique contemporain, membre de l'Académie française; auteur d'ouvrages relatifs à l'organisation administrative de la France et aux questions économiques.

(2) On emploie communément le mot *salaire* dans un sens restreint pour désigner la rémunération du travail de l'ouvrier, du travail manuel : on dira pour les commis, les employés, les comptables qu'ils reçoivent des *appointements*, mais cette différence de dénomination ne correspond point à une différence réelle dans la nature des émoluments reçus. Employés et commis des bureaux et des magasins sont des salariés, aussi bien que les ouvriers de l'atelier, et il faut comprendre sous le nom de salaire tout paiement d'un travail commandé et dirigé par autrui.

1º Agriculture : Exploitants indépendants. 3.500.000
                Travailleurs salariés 3.000.000

2º Industrie :   Salariés : hommes........ 3.600.000
                    femmes........ 1.400.000
           Travailleurs à domicile :
           hommes..............   214.000
           femmes..............   419.000

                  Total........ 5.633.000

3º Commerce : Salariés : hommes........   766.000
                    femmes........   330.000

Nombre total des salariés : plus de 9 millions. En y ajoutant les familles, on peut dire que *plus de la moitié de la population française vit sous le régime du salariat.*

Arguments en faveur du salariat. — Ce régime a provoqué de longue date et provoque encore les discussions les plus passionnées.

Ceux qui le défendent déclarent qu'il est avantageux *aux ouvriers eux-mêmes et qu'on ne saurait le remplacer.* Voici leurs raisons :

1º *Le salariat est rationnel,* conforme à la nature des choses : l'ouvrier fournit un travail régulier, facilement mesurable ; en échange, il reçoit une rétribution fixe ; d'autres subissent les risques comme ils ont les profits. Le salaire est assuré : il ne dépend pas du succès de l'entreprise ; même en cas de faillite, c'est lui qui est payé avant toute autre créance. A ce sujet, on ne manque pas de montrer combien le salarié a une situation plus sûre que le petit patron.

2º *Les paiements s'effectuent à de courts intervalles,* tandis que, dans d'autres modes d'organisation du travail, il faudrait attendre la vente des produits.

3º On peut apporter au salaire de *nombreux per-*

fectionnements capables de stimuler les bonnes volontés : paiement d'après le résultat du travail, primes diverses, participation aux bénéfices, etc...

Ces arguments ne manquent pas de valeur : ils expliquent pourquoi le salariat est si répandu et pourquoi il serait difficile de le remplacer dans une organisation économique telle que la nôtre. Pourtant, ce régime est l'objet de critiques d'une portée considérable.

Critiques dirigées contre ce régime. — 1° Le salariat dispose l'employeur à ne voir dans l'ouvrier qu'un instrument de succès. Sans doute, dans la pratique, peuvent apparaître le sentiment contraire et des dispositions vraiment humaines, mais il s'agit du principe; or, est-il suffisamment moral, ce régime qui permet de tenir compte seulement des bras, de l'intelligence utilisés et de traiter ceux auxquels on commande, non comme des hommes, mais comme des moyens de faire fortune ?

2° La sécurité du salarié est-elle aussi parfaite qu'on le prétend ? Dans d'autres organisations, les associations coopératives par exemple, l'ouvrier, il est vrai, est menacé par des arrêts du travail dus soit à la situation économique générale, soit à l'échec de l'entreprise; mais le salarié, qui dépend d'un homme, risque, en outre, d'être renvoyé par l'effet de préventions ou d'animosités. C'est là une cause d'inquiétude ; d'autre part, n'est-il pas fâcheux, au point de vue moral, qu'un homme se sente ainsi à la merci d'autrui ?

3° Le régime du salariat porte l'ouvrier à accomplir sa besogne avec indifférence. Le travailleur n'a, en effet, aucun droit sur le produit auquel il a collaboré : il en ignore le sort, il ne saura pas si ses efforts ont été appréciés. D'autres en retireront le profit et aussi la satisfaction procurée par une œuvre qui réussit. Il n'a donc, pour bien faire, que la crainte d'une punition ou du renvoi, mobile peu digne, ou le désir d'être consciencieux, sentiment noble, mais rare. De plus, une organisation qui ne porte ni à travailler beaucoup ni à bien faire n'est-elle pas défectueuse au point de vue de la production elle-même ?

4° Le salariat peut créer *un état de conflit* entre les deux parties contractantes. Tandis que le patron cherche à obtenir le maximum de travail en échange du salaire payé, l'ouvrier est porté à fournir le moins d'efforts possible. Il peut même croire (à tort ou à raison) que son intérêt est de ne pas trop produire, afin de se ménager une occupation plus prolongée. En outre, le chef d'entreprise résistera-t-il toujours à la tentation de lutter contre ses concurrents en diminuant, dans les éléments du prix de revient, non le coût de la matière ou les frais généraux, ce qui n'est pas toujours possible, non son profit personnel, mais la part des salaires ?

Conclusion. — A cet égard, on est amené à penser que, comme la société est dans une perpétuelle évolution, comme, en particulier, l'organisation du travail s'est transformée au cours des siècles (esclavage, servage, régime corporatif, salariat), il serait d'un esprit peu scientifique de déclarer immuable l'état de choses actuel (1). En tout cas, et sans rien préjuger de l'avenir, puisque nous sommes en présence d'un régime déterminé, il faut essayer d'en augmenter les avantages, d'en diminuer les inconvénients ; de même, il est nécessaire de considérer avec attention

(1) « Les rapports entre le capital et le travail ne seront pas réglés éternellement tels qu'ils le sont aujourd'hui. L'organisation du travail dans 50 ou 100 ans sera peut-être aussi différente de celle d'aujourd'hui que celle-ci est différente de celle d'il y a 50 ans. » (Paul DESCHANEL.)

et intérêt les expériences faites pour trouver d'autres modes de la production, qui (ceux qui en font l'essai l'espèrent), procureraient plus de bien-être et réaliseraient plus de justice.

Taux général des salaires. — De quoi dépend le niveau moyen des salaires ? Plusieurs théories ont été émises à ce propos : on a cherché à établir que le taux général de la rémunération du travail était déterminé par telle ou telle cause particulière, unique.

« La loi de l'offre et de la demande. » — **« La loi d'airain. »** — Dans une multitude de faits économiques, on constate un rapport entre les quantités de choses offertes et de choses demandées : plus une marchandise est demandée, plus elle coûte cher, si le total des offres ne varie pas ; plus elle est abondante, et moins on paie pour l'obtenir. Pourquoi cette « loi de l'offre et de la demande » n'agirait-elle pas sur les salaires ? Un économiste a exprimé cette action d'une manière pittoresque, en disant : « Quand deux ouvriers courent après un patron, les salaires baissent ; quand deux patrons courent après un ouvrier, les salaires augmentent. »

Il est impossible de nier qu'en effet la concurrence agit sur les salaires comme sur les marchandises. Mais certains économistes ont voulu tirer de la loi « de l'offre et de la demande, » à propos des questions de salaires, des conséquences pessimistes fort discutables. A cette question : « Quel est fatalement le taux des salaires ? » leur réponse, que Turgot formula le premier, a été la suivante : « En tout genre de travail, le salaire de l'ouvrier doit s'abaisser à un niveau déterminé uniquement par les nécessités de l'existence. » Et pourquoi ? Comme la population, dit-on (1), croît plus vite que les moyens d'existence, le nombre des bras offerts est toujours trop considérable : les patrons sont donc maîtres de la situation et peuvent payer un salaire simplement égal à ce dont l'ouvrier a besoin pour vivre, lui et sa famille. La rétribution ne tombera-t-elle pas plus bas encore ? Non, car si les travailleurs ne gagnaient pas de quoi subsister, un certain nombre d'entre eux disparaîtrait, et, la concurrence devenant ainsi moins vive, le salaire se relèverait.

Un socialiste allemand, Lassalle, a repris cette théorie et exposé avec force la douloureuse situation qu'elle signale : l'ouvrier serait condamné à n'avoir jamais plus de bien-être, et à ceux qui débutent dans le métier on pourrait redire la parole décourageante : « Laissez toute espérance. » Vraiment, sur la population salariée tout entière pèserait une dure « loi d'airain. »

Qu'en penser ?

D'abord, que faut-il entendre par ces « nécessités de l'existence » d'où dépendrait la rétribution des travailleurs ? Consistent-elles seulement dans le besoin des choses tout à fait indispensables, sans lesquelles on mourrait ou de faim ou de souffrance physiologique ? On ne peut l'admettre, car nous constatons tous que beaucoup de salaires sont fort au-dessus de ce qu'exige la satisfaction de ces besoins essentiels.

Au contraire, si le « nécessaire » correspond à nos désirs si nombreux d'hommes civilisés, ayant des besoins de plus en plus grands, tout est pour le mieux : le salaire se règle sur notre manière de vivre, et toutes les espérances sont permises ! Mais est-il utile d'ajouter qu'ainsi comprise la théorie n'est pas plus vraie ?

(1) On verra plus loin une théorie célèbre à ce sujet (chapitre de la *Population*).

Si elle était fondée, on ne s'expliquerait pas que les salaires varient *selon les professions*, et même quelquefois *selon les saisons*, présentant dans ce dernier cas cette particularité qu'ils sont généralement moindres l'hiver que l'été, bien que les besoins varient en sens inverse.

Ce qu'on doit retenir de la « loi d'airain, » c'est qu'il y a effectivement un *minimum* de salaire fixé par des exigences irréductibles : mais celles-ci ne déterminent pas, à elles seules, la rétribution normale (1).

Théorie du « fonds des salaires. » — Dans un pays déterminé, une certaine somme de capitaux est consacrée à la production; une partie en est employée à payer le total des salaires. Soit S, ce « fonds des salaires; » si l'on représente par N le nombre des ouvriers, le salaire de chacun est égal à $\dfrac{S}{N}$.

Si le fonds des salaires ne change pas et si le nombre des ouvriers, ou des gens qui demandent du travail augmente, les salaires s'abaissent.

Cette théorie du « fonds des salaires » aurait de la valeur, si les salaires étaient prélevés seulement sur les capitaux déjà existants. Sans doute, au début, l'industriel puise dans un fonds de roulement, mais bientôt il fait servir aux paiements le produit de ses opérations. Il rétribue ses ouvriers non d'après ce qu'il possédait d'abord, mais d'après ce qu'il prévoit, ce qu'il espère, ce qu'il reçoit; or ces derniers éléments ne sont pas fixes : ils augmentent avec la productivité du travail. Il n'est donc pas juste de

(1) La plupart des socialistes n'admettent plus la loi d'airain : « La loi d'airain, lit-on dans la *Revue socialiste*, que Lassalle avait affirmée, Karl Marx en a proclamé la fausseté; le salaire n'est pas une loi d'airain; il est, malgré tout, une loi flexible qui comporte bien des atténuations. » (Jean JAURÈS, *Revue socialiste*, année 1900, p. 264.)

croire que le fonds des salaires soit une quantité une
fois déterminée.

Cependant, le total du travail à effectuer dans le
monde ne s'accroît pas indéfiniment; quand on a
dépassé une certaine quantité, il y a surproduction et
crise, aussi bien pour les ouvriers que pour les patrons.

Théorie de la « productivité » du travail. — L'ouvrier
contribue à la production. Or, un instrument de
production, une machine par exemple, est payé plus
ou moins cher, selon ce qu'on en attend . de même
l'industriel donnerait à celui qu'il emploie une rétribution en rapport avec les services qu'il pense en
obtenir; le salaire varierait suivant la « productivité »
prévue. — N'y a-t-il pas là de quoi encourager? La
situation du salarié dépendrait de sa valeur, de ses
efforts : qu'il soit instruit, actif, que les moyens dont
il dispose se multiplient, et il en recueillera le fruit!

Par malheur, la réalité est moins belle. Quand un
chef d'établissement emploie des travailleurs courageux, habiles, quand il recourt à des procédés perfectionnés, il cherche surtout son avantage; aussi
s'attribue-t-il la plus grande partie des bénéfices dus
à ce surcroît de production.

D'autre part, entre les bras ou les intelligences qui
s'offrent, il y a concurrence, et cette rivalité fait
baisser les salaires.

Ce qui, pourtant, est vrai dans la théorie de la productivité du travail, c'est que le développement, le
succès des entreprises encouragent la participation
des capitaux à la production et que, la vie économique devenant plus active, les ouvriers trouvent
plus d'occupations et ont des chances de recevoir
davantage.

Pour conclure, on peut dire que les théories précédentes; à côté d'une part de vérité, renferment

une cause d'erreur : elles ont le défaut de n'envisager qu'*un seul* des facteurs agissant sur les salaires.

Le niveau général des salaires est déterminé par plusieurs causes. — La rétribution des ouvriers et des employés, considérée d'une façon générale, est déterminée par des causes multiples qui tantôt s'ajoutent et tantôt s'opposent les unes aux autres.

1º *L'abondance ou la rareté des capitaux* consacrés à la production et qui la rendent plus ou moins active : les pays qui produisent le plus sont ceux où les salaires sont le plus élevés ; c'est le cas des États-Unis. Ainsi apparaît la relation qui existe entre la prospérité générale d'une nation et la **condition des ouvriers** ;

2º *Le rapport entre la quantité de bras ou d'intelligences qui s'offrent* et *la quantité dont le besoin se fait sentir* ;

3º *Les besoins* de la classe ouvrière : peu à peu se créent un état d'esprit et des habitudes de vie qui rendent très difficile une réduction notable de ces besoins ;

4º *L'action de cette partie de la population :* à mesure que les ouvriers se rendent mieux compte de l'importance qu'ils ont dans la société et dans l'État, à mesure qu'ils forment des groupes plus forts et mieux dirigés, ils s'efforcent d'obtenir une meilleure rétribution de la main-d'œuvre.

Causes d'inégalités entre les salaires. — Les salaires diffèrent :

1º *Selon les pays,* pour les raisons précédemment indiquées et, de plus, parce que le coût de l'existence y est très variable.

Cette dernière remarque est importante : quand on entend parler de hauts salaires payés dans tel autre pays, il faut se demander si le prix de la vie n'y est pas aussi très élevé ; autrement, on s'exposerait à de cruelles déceptions.

2° *Selon les professions*, d'après : la longueur, la difficulté et les frais de l'apprentissage nécessaire ; — la nature des services rendus, les qualités qu'ils exigent : en principe, l'intelligence est mieux rétribuée que la force physique, ce qui est légitime, car il est moins facile de la remplacer par une machine ; — d'après les dangers ou le peu d'agrément de la profession : c'est pour cela que les mineurs sont mieux payés que beaucoup d'autres ouvriers ; — d'après l'« usure » qu'entraine le travail ; ainsi se justifie le gain élevé de certaines catégories d'ouvriers verriers ; — enfin, d'après la durée des chômages réguliers : (chez les fourreurs, par exemple, la période active ne dure que quelques mois par an (1).

3° *Dans la même profession*, les variations peuvent dépendre soit de la réussite plus ou moins grande de l'entreprise, soit de la différence des tâches, soit des qualités des individus. Au Creusot, les salaires sont déterminés par des coefficients gradués, suivant que l'ouvrier travaille à l'abri ou aux intempéries, à la température normale ou à la chaleur du four, le jour ou la nuit, suivant qu'il a besoin de plus ou moins de force, d'intelligence, etc.

La moyenne des salaires en France.— Une enquête faite en France de 1891 à 1893 donne les chiffres suivants pour le gain journalier :

Dans l'industrie, 4 f. 20 pour les hommes, 2 f. 20 pour les femmes ; dans l'agriculture, 3 francs pour

---

(1) Toutefois il arrive que les patrons et les ouvriers des professions où le chômage est normal et prolongé ont deux métiers qu'ils exercent à tour de rôle : c'est ce qui se produit dans le commerce des fleurs et plumes.

les hommes (on n'a pas de moyenne pour les salaires des femmes).

Il est probable que, depuis 1893, une augmentation s'est produite; l'examen de ces moyennes, ainsi que de ce qui peut en permettre l'interprétation, amène cette conclusion : *les salaires ont doublé depuis le commencement du XIXᵉ siècle.*

De cette augmentation générale, faut-il conclure que les ouvriers aient grand tort de se plaindre? Pour juger équitablement cette question, on doit tenir compte de certains faits :

1° Dans la même période, le coût de la vie a augmenté d'un tiers environ : il reste donc une élévation réelle des deux tiers. Le progrès se manifeste nettement par l'amélioration générale de la nourriture, du costume et de l'habitation dans les milieux ouvriers.

2° Mais il ne suffit pas que l'ouvrier ait plus de bien-être : pour qu'il soit satisfait, il faudrait que ce progrès eût été aussi grand que le progrès réalisé par les autres classes : quand je marche sur une route, j'avance assurément, mais, si d'autres vont plus vite que moi, je me vois de plus en plus distancé. C'est ce qui arrive ici : le sort du travailleur s'est en général amélioré, mais beaucoup moins que celui de la bourgeoisie : la fortune privée est de cinq ou six fois plus considérable qu'il y a cent ans. De là des amertumes, fort légitimes.

3° Beaucoup de salaires sont en réalité très faibles. D'abord, les moyennes indiquées ne tiennent pas compte du chômage : ce qu'il faudrait savoir, c'est le nombre de jours de l'année pendant lesquels l'ouvrier a du travail.

En second lieu, puisque les chiffres précédents sont des moyennes, à côté des ouvriers dont les salaires sont plus élevés (1), d'autres reçoivent beaucoup moins que 4 francs.

Représentons-nous d'ailleurs une famille où le mari gagne 4 francs, et la femme 2 f. 20 (prix moyens). Si tous deux travaillent 300 jours, le total des salaires annuels est d'environ 1.000 francs ; mais, pour y atteindre, il faut qu'il n'y ait ni chômage, ni maladie, ni de tout jeunes enfants dont la mère doive s'occuper.

Certes, ce cas se présente rarement, et il semble bien que la situation la plus fréquente soit la suivante : *le gain du père ne suffit pas à une famille de quatre personnes* (dont deux enfants); *si le salaire de la mère s'y ajoute, on subvient à peu près à des besoins modestes; si le gain d'un des deux parents vient à manquer, c'est la gêne.*

4° Un fait particulièrement pénible est que souvent *le salarié gagne moins, à mesure qu'il vieillit;* bien plus, à partir d'un certain âge, — de la cinquantaine, par exemple, — il trouve moins facilement de l'ouvrage. Ainsi, à la médiocrité du gain, à l'insécurité de la situation, s'ajoute pour le travailleur qui réfléchit la préoccupation de savoir qu'un moment viendra où on lui fera des conditions de moins en moins avantageuses.

Quelques causes de faibles salaires. — Outre les causes générales qui déterminent les différences entre les salaires, quelques causes particulières peuvent encore en faire baisser le taux.

L'usage des machines permet en certains cas de n'employer que des travailleurs n'ayant besoin ni de force physique ni d'instruction professionnelle spéciale : manœuvres, femmes et enfants.

_____

(1) Dans une usine, on relève les salaires suivants : ajusteurs, 5 francs ; tourneurs, 7 francs ; fondeurs, 8 f. 50 ; lamineurs, 9 francs ; chauffeurs, 11 f. 50 ; marteleurs, 12 f. 50.

Les célibataires peuvent se contenter de gains plus faibles que les ouvriers chargés de famille.

Les travailleurs étrangers, qui ont quitté leur pays, parce qu'ils n'y gagnaient pas leur vie, demandent ordinairement une rétribution moindre que les ouvriers nationaux.

Certaines concurrences se produisent dans des conditions particulièrement désavantageuses pour l'ensemble des salariés : des femmes ou des filles de fonctionnaires, d'employés, de petits rentiers acceptent, pour des tâches faites à la maison, des rétributions modestes qui constituent seulement un appoint au gain du mari ou au revenu des parents; — dans des établissements comme les ouvroirs, des jeunes filles travaillent, sous la direction de religieuses ou de laïques, à des prix très faibles (confection, et surtout lingerie); — enfin, la fabrication de certains objets (chaussons, corsets, cages, etc...), dans les maisons de détention, cause un notable préjudice à plusieurs catégories d'ouvriers.

Toutes ces causes sont d'ailleurs moins importantes que la concurrence entre travailleurs, le manque d'instruction professionnelle qui oblige une multitude de gens à accepter n'importe quelle rétribution, et l'absence d'organisation corporative, laissant l'ouvrier à la merci des circonstances et des hommes.

Faiblesse des salaires féminins. — Il serait sans doute désirable que la femme pût rester chez elle pour s'occuper de son intérieur et de sa famille, pour constituer aux siens un milieu qui les retînt et qui, en particulier, évitât au mari la tentation du café ou du cabaret. La réalité est malheureusement bien différente : à notre époque, la femme a de plus en plus besoin, soit d'ajouter son gain à celui des membres de sa famille, soit de recevoir un salaire pour vivre.

Que doit être ce salaire par rapport à celui de l'homme? *Il est de toute justice qu'à travail égal soit attribué salaire égal.* Mais la persuasion que la femme produit moins que l'homme, qu'elle a moins de besoins ou peut vivre à meilleur compte; — la tradition; — la concurrence très âpre due au trop grand nombre de femmes qui sollicitent une occupation; — le défaut de groupement — et souvent, il faut bien le dire, l'hostilité des travailleurs hommes, — toutes ces causes déterminent une grande infériorité des salaires féminins (1).

La moyenne de ces salaires serait de 2 f. 20, soit un peu plus de la moitié de la rétribution donnée aux hommes. Parmi les salariées les plus heureuses de l'industrie et du commerce figurent les sténographes-dactylographes, qui gagnent souvent de 150 à 200 francs par mois; les employées des grands magasins reçoivent quelquefois autant, mais la durée de leur journée de travail est très longue.

Les moins favorisées sont légion : caissières, employées, et surtout ouvrières. Un certain nombre de ces dernières ont beau être particulièrement habiles : la concurrence les oblige à se contenter de gains

---

(1) La moyenne des ouvrières de 20 départements sur 87, de 17 industries sur 18 où une enquête a été récemment faite ne réussissent qu'à peine, ou ne réussissent pas à équilibrer leur budget. Si, par exemple, on les groupe par départements, on fait les remarques suivantes :

MOYENNES

Salaires de 1re cl. :	de 2,50 à 3,20,	dans 14 départ.	où la vie coûte :	2,55 à 3 f.
— 2e cl. :	2,20 à 2,50,	— 22	—	2,05
— 3e cl. :	1,50 à 2 f.	— 27	—	1,55 à 2,50
— 4e cl. :	1,20 à 1,50,	— 21	—	1,55 à 2,25

On croit pouvoir affirmer que, dans le centre de la France, 200.000 ouvrières gagnent environ 50 centimes par jour !

Dire quelles souffrances révèlent ces chiffres serait sans doute superflu. Mais de pareilles constatations expliquent la rude appréciation suivante, portée sur le XIXe siècle : « Quand des jours meilleurs viendront, le XIXe siècle ne paraîtra guère supérieur au IXe siècle, car une société où des milliers d'individus sont condamnés à un travail abrutissant sous peine de mourir de faim est une société de barbares. » (Mgr SPALDING, *Opportunité.*)

médiocres. L'industrie de la couture offre des exemples d'infortune particulièrement navrants : d'une manière générale, on peut affirmer que la plupart des ouvrières ne gagnent pas plus de 2 francs ou 2 f. 50 ; c'est dire que leur budget ne leur permet qu'une existence toujours médiocre et toujours précaire. Quand l'ouvrière est mariée, sa situation peut s'améliorer ; quand elle est seule, il lui est difficile de vivre. Aussi quelles détresses matérielles et quelles détresses morales !

On ne doit pas ignorer que notre législation n'a pas fait disparaître certaines mesures, dont la femme mariée peut être victime ; ainsi son salaire peut être touché, malgré elle, par le mari.

Les salaires et la réduction de la journée de travail. — Une loi de 1900 a réduit à 10 heures la durée de la journée de travail dans les ateliers où sont occupés à la fois des hommes et des femmes ou des enfants : cette réduction a-t-elle été accompagnée d'une diminution des salaires ? Une enquête faite en 1905 et qui a porté sur près de 100.000 ouvriers (surtout des industries textiles) semble établir que le gain n'a pas varié dans la plupart des cas : les 91/100 du nombre total des ouvriers considérés ont le même salaire qu'auparavant.

CHAPITRE V

LE SALARIAT

III. — Modes de salaire

> « Le sophisme économique de ce temps,
> c'est de ne voir dans le travailleur que des
> bras et dans le travail qu'une marchandise. »
> (IZOULET, *Les Quatre Problèmes sociaux*.)

Rien n'est plus désirable que la fixation d'un salaire juste, proportionnel aux services rendus et qui puisse assurer la bonne entente entre les employeurs et leur personnel. Seulement, le mode de salaire le meilleur en certains cas ne l'est pas dans d'autres, ou bien il ne saurait être toujours adopté, et ainsi les bonnes intentions ne suffisent pas : c'est seulement après réflexion, après examen des conditions d'une entreprise qu'on peut discerner la marche à suivre.

Salaire au temps et salaire à la tâche. — Un travailleur peut être rémunéré soit d'après le temps pendant lequel on l'a occupé, soit d'après la tâche qu'il a exécutée.

1° *Le salaire au temps* (à l'heure, à la journée, au mois) porte les ouvriers à soigner leur ouvrage, mais il favorise la nonchalance de certains autres; il accorde les mêmes avantages aux gens laborieux et à ceux qui ne le sont pas, résultat peu moral et peu encourageant.

2° *Le salaire à la tâche* ou *aux pièces* stimule les efforts, encourage les bons ouvriers, exige moins de surveillance et crée entre le patron et son personnel une certaine solidarité d'intérêts.

Seulement, son emploi ne va pas sans difficultés. Tout d'abord, on ne saurait l'adopter dans les professions où l'on ne peut tenir compte que de la durée de l'occupation, quand on a affaire par exemple à des employés, à des mécaniciens, à des manœuvres, etc.

— Payé à la tâche, l'ouvrier, désireux de beaucoup produire, est souvent tenté d'apporter moins de soin à son travail : aussi les patrons des industries artistiques se montrent-ils hostiles à ce mode de salaire ; on y a même souvent renoncé dans les travaux agricoles : des moissonneurs payés à l'hectare coupaient les récoltes en temps de pluie.

De leur côté, beaucoup d'ouvriers y sont opposés, parce que la rétribution est moins assurée que dans le paiement d'après le temps, et parce que des causes de contestation se produisent : les matières premières fournies aux uns peuvent ne pas avoir la même qualité que celles remises à leurs camarades ou que d'autres antérieurement reçues ; d'où résulterait « une réduction sournoise de salaire; » de plus, la réception des produits livrés par l'ouvrier provoque souvent des discussions. Enfin, on se plaint que ce système risque d'entraîner le surmenage, l'ouvrier laborieux étant incité à travailler jusqu'à épuisement.

En 1900, les salaires relevés en France se répartissaient ainsi : 66 % au temps, 34 % aux pièces.

Combinaisons diverses. — On a cherché des moyens propres à établir une plus grande communauté d'intérêts entre l'employeur et ceux qu'il occupe. En voici plusieurs :

1° Des *primes* sont accordées pour tout surcroît d'ouvrage produit dans un temps donné : ce procédé est pratiqué surtout dans les ateliers métallurgiques et les filatures.

Une économie dans la dépense de la matière première ou du combustible est récompensée par une prime que reçoivent, par exemple, dans les chemins de fer, le chauffeur et le mécanicien ; dans la ganterie, l'ouvrier qui fait peu de déchets ;

2° En plus des appointements, *un tant pour cent* sur le chiffre de leurs opérations est alloué aux vendeurs de grands magasins (1).

3° Dans quelques établissements, surtout dans des mines d'Angleterre, existe le *système de l'échelle mobile :* on établit une série de salaires plus ou moins élevés, selon que les prix de vente des produits sont plus ou moins avantageux.

Le procédé paraît séduisant : n'est-il pas juste de proportionner les gains aux prix de vente obtenus ? Mais des difficultés se présentent dans la pratique.

D'abord, ce mode de rétribution ne peut être adopté que si les produits trouvent un vaste débouché assurant dans les prix une certaine fixité ; autrement, les variations de salaire seraient trop fréquentes et trop brusques. Cette condition se

---

(1) Dans quelques maisons de commerce, le vendeur a un « pourcentage, » lorsqu'il réussit à écouler une marchandise au-dessus du prix espéré ou à en faire passer une de médiocre qualité à un client qui paraît de bonne composition : ce n'est pas autre chose qu'un encouragement à la malhonnêteté.

Aux modes indiqués s'ajoutent les *pourboires* : pour certaines professions, c'est un supplément prévu au salaire ; il en est ainsi même dans quelques administrations : par exemple, les employés des messageries, des compagnies de chemins de fer, les facteurs des postes en reçoivent, ces derniers le plus ordinairement à la fin de l'année et à titre d'*étrennes*. Quelquefois les pourboires constituent le salaire tout entier : beaucoup de garçons de café non seulement ne reçoivent rien de leurs patrons, mais leur paient une redevance : ils comptent sur les gratifications données par les consommateurs.

rencontre dans le commerce du charbon. Mais,
dans les mines, il arriva que cette innovation
amenait des conflits au lieu de l'harmonie espérée.
En effet, à quel prix devait-on compter, par
exemple, le charbon consommé dans l'établissement
même ? D'un autre côté, la compagnie prenait des
engagements de livrer aux consommateurs, à certaines conditions, pendant une période déterminée :
si les prix baissaient, évidemment les ouvriers ne
réclamaient pas, mais ils protestaient dans le cas
contraire. Enfin, en quelques endroits, on accusait
les directeurs de consentir dans des adjudications
des soumissions à des prix faibles, en se réservant
de faire porter la réduction sur les salaires.

Pour toutes ces causes, le système de l'échelle
mobile est d'un emploi assez rare.

Système de l'entreprise. — Parfois un travail est
confié à un ou à plusieurs ouvriers qui recevront
une rémunération fixée d'avance d'après le temps
qui paraît nécessaire ; s'ils exécutent leur tâche plus
rapidement, le même salaire leur est payé.

Voici un exemple d'entreprise individuelle au
Creusot. Un ouvrier est chargé d'un travail qui
pourrait exiger 10 jours ; on lui donnera 5 francs
pour chaque jour, soit 50 francs ; s'il n'emploie que
8 jours, il recevra quand même 50 francs.

Cette manière de faire combine les avantages du
salaire à la journée, la sécurité notamment, avec
ceux du salaire aux pièces ; elle est fort bien accueil-
lie à la fois par les patrons, dispensés d'une surveillance constante, et par les ouvriers qui se sentent
plus libres.

À Baccarat, « les ouvriers sont généralement organisés par compagnies, dont chacune est composée
d'un chef et d'un certain ombre de souffleurs et de

« gamins » ou apprentis... Le gain de chaque compagnie est évalué à la pièce, à la fin de chaque mois, suivant des tarifs connus de tous. Les membres prélèvent d'abord sur le gain collectif total les gages fixes attribués à chacun, selon son grade. L'excédent est ensuite réparti entre eux suivant des proportions réglementaires. » (*Notice* pour l'Exposition de 1900.)

La fixation des salaires. — La plus grande loyauté s'impose dans la détermination des salaires. Le patron s'évitera de graves embarras en établissant des tarifs très clairs et en ne les abaissant qu'avec précaution.

Un procédé employé à Baccarat semble excellent. « Les tarifs de façons, qui servent à établir les salaires effectifs, sont connus de tous. Ils ne peuvent être diminués sans un avertissement préalable de trois mois, tandis que les augmentations sont appliquées à partir de la publication. L'avertissement de réduction ne se donne habituellement qu'après discussion contradictoire et entente préalable. »

CHAPITRE VI

PARTICIPATION AUX BÉNÉFICES

Un des reproches adressés au salariat est particulièrement grave : sous ce régime, dit-on, l'ouvrier ne s'intéresse pas assez à la production. Afin de lier plus étroitement les intérêts des deux parties en cause, ouvriers et patrons, on a imaginé le système de la *participation aux bénéfices*. Il consiste à attribuer au personnel de l'établissement, en plus du salaire, un tant pour cent sur les résultats des affaires. Le chef de l'entreprise dit en quelque sorte ceci : « Votre travail vaut tant, et je vous donne la rétribution correspondante ; mais, si je réalise des profits, vous en aurez une part : nos intérêts sont donc communs. »

Etat de la participation en France. — Le premier essai fut tenté en 1842 par un peintre en bâtiments, Leclaire. Non sans difficultés, il réussit, vers 1854, surtout parce que le monde officiel vit avec sympathie cette innovation, dans l'espérance que le régime du salariat en serait amélioré. Depuis lors, l'exemple a été suivi par *une centaine de maisons françaises*.

D'intéressantes discussions ont eu lieu à ce sujet.

Critiques contre le principe du système. — 1º Les

socialistes disent : « L'ouvrier a droit au produit intégral de son travail ; lui donner une partie seulement des profits, c'est le duper. »

2° Des économistes partisans du salariat pur et simple formulent des objections différentes. « Les bénéfices viennent surtout du patron, disent-ils. Prenez des produits analogues, mais sortis de plusieurs usines : pourquoi les uns sont-ils vendus mieux que les autres? Parce qu'on a su leur trouver des débouchés, les présenter de façon plus séduisante, les offrir à des conditions plus avantageuses; or, n'est-ce pas du chef que cela dépend? »

On ajoute : « La participation fait de l'ouvrier comme un associé; or toute association économique doit entraîner le partage des pertes aussi bien que des gains ; et c'est un mode incomplet, peu rationnel que celui dans lequel les pertes sont pour les patrons seuls, tandis qu'ils laissent une part de bénéfices à leur personnel.

Il peut être répondu :

1° A la première objection : que l'ouvrier, par son travail, n'est pas le seul agent de la production et qu'il ne saurait profiter seul des résultats;

2° Aux autres : que le patron non plus ne fait pas seul le succès; que l'activité du personnel, son habileté, sa conscience dans le travail sont de sérieux éléments de réussite (1) et que les ouvriers sont exposés à subir des pertes : si l'affaire va mal, les salaires peuvent être réduits; le payement même peut en être compromis; en cas d'échec, l'emploi du travailleur peut être supprimé. D'ailleurs, on distribue parfois une partie des bénéfices aux directeurs, chefs

---

(1) Croire que le patron seul crée le bénéfice, c'est dire que l'arrivée à destination d'une voiture chargée dépend non du cheval, mais du seul conducteur. Libre à celui-ci de dédaigner, de rabaisser l'intervention du cheval, mais non de s'en passer. » (TROMBERT, *Traité* de la Participation aux bénéfices, p. 14.)

de services de sociétés, et cependant on ne leur retient rien, s'il y a des pertes. Enfin, si le bénéfice provient, comme nous l'avons vu, de circonstances heureuses, d'un monopole, par exemple, les ouvriers n'ont-ils pas droit d'en réclamer une part, puisque, sans eux, on n'aurait pu profiter de ces circonstances favorables ?

Critiques relatives aux résultats. — On a affirmé que, dans la pratique, le système avait plus d'inconvénients que d'avantages :

1° Il donnerait des résultats pécuniaires insuffisants : pas plus de 3 à 5 % en moyenne. — Pourtant il est distribué à Guise, en moyenne, 12, 16, 18 % ; à la fonderie Deberny, 25 % ; dans la maison Leclaire, 15 %.

2° Ce système pourrait amener un abaissement de salaire de la façon suivante : inconsciemment, le salarié établit dans son esprit une compensation entre la rétribution proprement dite et les avantages espérés, et, comptant sur ces derniers, il accepte des conditions inférieures au taux ordinaire. C'est ainsi que des cochers, des garçons de café en arrivent non seulement à ne pas demander au patron de rémunération fixe, mais encore à payer une redevance à ceux qui les emploient.

3° Si la participation augmente le rendement, elle n'est plus, dit-on, une transformation du salaire, mais un simple supplément de gain pour un supplément de travail ; les ouvriers doivent produire eux-mêmes la part de bénéfices qui leur est attribuée. — Il a été répondu que, dans ce cas, les promoteurs du système n'auraient sans doute pas grand mérite, mais que, même alors, la participation ne serait pas à regretter, si les ouvriers y trouvaient aussi leur compte.

6.

4° Enfin, on ajoute que cette manière de faire, loin d'amener la concorde, entraînerait de nouvelles causes de conflits. Par exemple, le personnel récrimine lorsque des bénéfices n'ont pas été réalisés. De plus, comment fixer la part de chacun ? Se contenter de dire à la fin d'une période : « J'ai fait tant de profits : voici ce qui vous revient, » serait très simple, mais on risque d'exciter des soupçons. Rendre des comptes ? Peu de patrons tiennent à exposer ainsi leur situation.

Avantages attribués au système. — Les avantages de la participation sont-ils suffisants pour décider un patron à s'exposer aux difficultés que nous pouvons entrevoir ? Les partisans du système répondent affirmativement, parce que, disent-ils, la production se fait, sous ce régime, avec plus de soin, de bonne volonté.

L'ouvrier y gagne : 1° au point de vue économique, car il trouve à certains moments une somme importante, dont il peut faire un emploi utile ; 2° au point de vue moral, car il n'est plus indifférent au résultat de l'entreprise ; dans une certaine mesure, il devient un associé ; on n'a plus à contrôler aussi sévèrement l'emploi de son temps, comme dans le salaire à la journée, ni la qualité de son travail, comme dans le salaire à la tâche : sa dignité d'homme en est accrue.

Des critiques, nous retiendrons cependant quelque chose : c'est que nous nous trouvons en présence d'un système délicat, compliqué, exigeant des deux côtés des qualités, un état d'esprit favorables à l'entente.

Conclusion, conditions de succès. — Pour que la participation aux bénéfices donne de bons résultats, il faut la réunion de différentes conditions :

1º De la modération, de la sagesse chez les ouvriers. Ceux-ci ne sauraient oublier que la situation générale de l'industrie, la concurrence, l'impossibilité de réduire certains frais généraux limitent parfois beaucoup le profit et qu'on n'est *jamais certain de réaliser des bénéfices.*

2º Le patron doit apporter beaucoup de conscience et d'habileté dans la pratique de ce système. Rien ne l'oblige à l'adopter; mais, s'il l'introduit, il songera qu'il importe de donner une part assez forte pour qu'elle constitue un encouragement réel, de convaincre son personnel de la justice des bases de calcul qu'il a choisies, de déterminer le pourcentage après entente avec les ouvriers ou leurs délégués; de ne pas se contenter d'affirmer que tel profit a été obtenu, mais de fournir à ses collaborateurs les documents irréfutables qui l'attestent. C'est là le point particulièrement délicat.

À cet égard, le Congrès de 1900 a adopté les dispositions suivantes :

« Il est désirable que les maisons pratiquant le système de la participation soient pourvues d'un Comité consultatif de conciliation, dont les pouvoirs, clairement et nettement déterminés, laissent absolument intacte l'autorité de la direction.

Ce comité composé d'ouvriers ou d'employés désignés par le patron, admis de droit en raison de leurs fonctions ou de leur ancienneté, ou élus par le personnel, doit être présidé par la direction ou le patron.

Le contrôle des comptes par un arbitre expert, nommé chaque année en assemblée générale pour l'année suivante, donne toute sécurité aux participants comme au chef de maison. »

3º Il faut rechercher le meilleur mode d'emploi des sommes à répartir. La part revenant à l'ouvrier peut ou lui être remise immédiatement et en totalité, ou être consacrée, d'après des règles fixées à la suite d'une entente, à des œuvres de mutualité, de prévoyance : caisses de retraite, contre la maladie, etc...

Le système le plus souvent adopté est mixte : une partie est distribuée, le reste consacré à la prévoyance.

On lit dans le compte rendu du Congrès de 1900.

« Le patron qui distribue en espèces la part de bénéfices ne fait que la moitié de son devoir. Cette somme prend alors aux yeux de l'ouvrier le caractère d'une simple gratification, qui souvent est dépensée... Il faut préférer la constitution d'un livret individuel et familial, composant un patrimoine équivalent, au point de vue moral, à la parcelle de terre que le paysan foule d'un pied de propriétaire. »

CHAPITRE VII

DISPOSITIONS DIVERSES SUR LES SALAIRES ET L'ORGANISATION DU TRAVAIL INDUSTRIEL

Les amendes. — La loi n'interdit pas au patron de faire subir des amendes ou retenues sur le salaire aux ouvriers qu'il juge fautifs, soit qu'ils arrivent en retard, soit qu'ils manquent de soin dans leur travail. On conçoit facilement qu'en cette matière des abus soient possibles, ou même que les ouvriers en défaut jugent exagérées ou injustes les amendes qu'on leur inflige. Aussi est-il très sagement prescrit en quelques pays, en Belgique par exemple, que les patrons adoptent des règlements d'atelier fixant notamment les conditions dans lesquelles seront imposées les amendes. Ces règlements d'atelier doivent être affichés, de manière que le personnel en ait connaissance et que les inspecteurs du travail puissent en vérifier la teneur. Pareille mesure est excellente, comme le sont toutes celles qui déterminent nettement les conditions acceptées de part et d'autre.

Les retenues et le paiement en nature. — Des patrons faisaient aux ouvriers des avances sur les salaires, puis se remboursaient en retenant des sommes plus ou moins fortes les jours de paie. Certains étaient

inspirés par le désir désintéressé de tirer les travailleurs d'une situation difficile ; mais là encore des calculs égoïstes pouvaient être faits par d'autres : le personnel se trouvait comme enchaîné par les dettes
contractées. Le législateur est intervenu : les retenues
de cette sorte sont interdites dans la plupart des cas.

De même, en quelques établissements, on vend au
personnel des denrées, des marchandises dont on
prélève ensuite le montant sur le salaire : plusieurs
gouvernements, celui de la Belgique entre autres,
défendent le paiement en nature (quelquefois appelé
le *truck-system*).

Saisie des salaires. — Une loi du 12 janvier 1895
stipule que les salaires, dans tous les cas, et les
petits appointements au-dessous de 2.000 francs ne
peuvent être saisis que jusqu'à concurrence du
dixième. On n'admet qu'une seule exception : c'est
lorsqu'il s'agit de saisies faites en vue de paiement
de dettes alimentaires. De plus, les formalités sont
beaucoup moins compliquées que dans les autres
cas de saisie-arrêt; par un article de la loi de
finances du 22 avril 1905, il a été décidé que tous
les actes relatifs à la saisie des salaires seraient
rédigés sur papier libre et enregistrés gratis.

Toutefois, ces mesures, inspirées par de bonnes
intentions, ont eu souvent comme résultat de multiplier les saisies; d'autre part, les frais restent,
malgré tout, très élevés. « Sur 28 cas de saisie-arrêt,
une compagnie houillère du Tarn constate que,
26 fois, les retenues opérées et dont les ouvriers
avaient été ainsi privés étaient supérieures au montant de la dette. Un filateur de Tourcoing cite le
cas d'un ouvrier laborieux et habile, père de cinq
enfants, entraîné à faire des dettes au moment d'une
maladie de sa femme et qui eut à payer pour une

saisie 502 % de frais, » (DUMIEF, *A travers la législation du travail*, p. 94. Cornély, éditeur.) (1)

Privilège des salariés. — Les salaires des gens de service pour l'année échue et ce qui est dû pour l'année courante constituent des créances privilégiées, c'est-à-dire payées avant les autres ; elles viennent à la suite des frais de justice, des dépenses funéraires, des dépenses qu'a occasionnées la dernière maladie, et du paiement des mois de nourrice.

Le marchandage. — Parfois, dans une entreprise, certaines parties du travail sont confiées à un ouvrier qui en embauche d'autres ; il les dirige et les paye : c'est ce qu'on appelle le *marchandage*.

Le marchandeur espère gagner de l'argent en touchant la différence entre les salaires qu'il devra verser et le prix total, le *forfait*, qu'on doit lui remettre, d'après les conventions.

En principe, le système peut avoir des avantages : des ouvriers actifs, intelligents réalisent ainsi des bénéfices qui, petit à petit, leur permettent de s'élever ; il est même possible que ces bénéfices ne viennent

(1) La question de la saisie ne préoccupe que trop ouvriers et employés ; par suite, il ne sera peut-être pas sans intérêt de résumer en passant un rapport récent sur les frais de justice. Pour faire payer 20 francs, par un arrêt du juge de paix, la saisie des meubles et leur vente entraînent les frais suivants :

Signification du jugement..........................	6 f. 83
Commandement...................................	8 f. 90
Procès-verbal de saisie............................	27 f. 85
Paiement du gardien	30 f.
Placement de la rédaction de l'acte.................	7 f. 10
— de l'opposition..................	6 f. 10
Procès-verbal de récolement.......................	12 f. 30
Déclaration de vente..............................	0 f. 60
Transport des meubles au lieu de la vente	10 f.
Procès-verbal de la vente..........................	27 f. 10
Total..	136 f. 71

De plus, les meubles sont dépréciés par le mode de vente : on peut admettre comme une règle que les meubles saisis n'atteignent pas aux enchères la moitié de leur valeur. (*Annexes du Sénat*, mai 1905, p. 30.)

pas d'un abaissement exagéré des salaires ou de l'exploitation des ouvriers, mais d'une surveillance directe, constante, de la connaissance approfondie du métier et de l'exemple donné dans le travail par le marchandeur lui-même.

Seulement, on ne peut se dissimuler deux graves inconvénients possibles :

1° Les salariés sont à la solde de quelqu'un qui n'a pas de ressources et qui, s'il est peu honnête, ne les paiera pas ;

2° Surtout, ne faut-il pas craindre que les marchandeurs n'augmentent leur bénéfice en exigeant des ouvriers trop de travail ou en les payant trop peu ?

Le marchandage est interdit par la loi, mais seulement quand il y a abus caractérisé : rarement la constatation de cet abus peut être faite et les condamnations sont très rares.

Règlements d'atelier ou contrat collectif de travail. — Depuis quelques années, des économistes et des hommes politiques ont préconisé la substitution du *contrat collectif* de travail au contrat individuel.

La convention collective de travail consisterait dans le règlement des conditions du travail, non par la volonté seule du chef de l'établissement, non par un débat individuel entre lui et chacun de ceux qui demandent ou occupent un emploi dans sa maison, mais par un accord soit entre le patron et l'ensemble de ceux qui travaillent pour lui, soit entre le patron et le syndicat professionnel intéressé. Un récent projet de loi marque un pas considérable dans cette voie. Voici des extraits de l'exposé des motifs :

« Le projet de loi a pour objet de préciser le mode de formation, les effets et le mode de résolution du contrat de travail. Répondant à l'évolution des usages professionnels, il se propose également de définir juridiquement et de favoriser les conventions collectives qui permettent aux ouvriers de la grand industrie, aux employés du grand commerce, de conclure avec leurs employeurs, sur un pied de réelle égalité, leurs contrats de travail.

La fréquence croissante des conflits auxquels donne lieu le contrat de travail montre combien est mal défini le lien contractuel qui unit les employeurs et les employés, et il semble que rien n'est plus urgent que de fixer, par une loi, les obligations respectives des deux parties.

Le Code civil est muet sur les obligations qui naissent, pour les parties, de la formation du contrat de travail, et l'ignorance dans laquelle se trouvent les contractants de la portée exacte de leurs droits et de leurs devoirs n'est sans doute pas étrangère à la multiplicité des conflits qui surgissent à l'occasion de ce contrat.

La garantie que présentait autrefois pour l'ouvrier l'existence d'usages professionnels ou locaux cesse par l'effet des règlements d'atelier que l'employeur impose à son personnel. C'est par voie de règlements d'atelier que certains patrons ont pu substituer à des usages courants des dispositions dérogatoires au droit commun, telles que la suppression de l'obligation réciproque du délai-congé. Les modifications apportées par des règlements d'atelier aux conditions implicites du contrat de travail (heures d'entrée et de sortie, intervalles de repos pour les repas, procédure de répartition et de remise du travail, etc.) sont une source constante de conflits.

Un des objets du projet de loi sera précisément de fixer, en même temps que les conditions de validité du contrat de travail, les conditions de validité du règlement d'atelier, complément du contrat de travail. » (1)

LECTURE

Le sweating system

C'est un système qui consiste à faire *suer*... du travail. Si le terme est anglais, la situation signalée se rencontre plus ou moins dans la plupart des grandes villes de tous les pays. Elle est la suivante. Supposons qu'un grand magasin ait besoin de lingerie ; pour éviter des complications de comptabilité, de réception de marchandises, pour être sûr que les travaux seront exécutés à l'époque fixée, il s'adresse à un *entrepreneur* de lingerie. Celui-ci peut n'avoir ni local ni machines : il fait travailler à domicile. Parfois, il a recours à des intermédiaires : comme chacun d'eux espère réaliser un profit, qu'il est difficile de l'obtenir sur la matière première, on comprend que les salaires puissent descendre très bas. Toutes les mauvaises conditions de travail semblent ici se réunir : les ouvrières, isolées, acceptent n'importe quelle rétribution ; soustraites à la protection des lois dont bénéficie le personnel des ateliers, elles se résignent au surmenage. C'est ici surtout que l'on connaît les longs chômages succédant aux fatigues invraisemblables ; il faut quelquefois prélever sur le médiocre salaire de quoi payer la machine, les aiguilles et certaines fournitures ; le temps de travail est encore réduit par la nécessité d'aller reporter l'ouvrage, etc...

Les abus qui se produisent sont tels que des économistes, peu partisans de l'intervention législative dans les questions du travail, ont comparé la situation des victimes du *sweating system* à celle des damnés dont parle le Dante, et l'un d'eux déclare que « c'est un spectacle poignant dont on a malheureusement la douleur d'être témoin chaque fois que l'on descend dans les bas-fonds des grandes cités. » (LEVASSEUR, *l'Ouvrier américain.*)

Dans les industries de l'aiguille, d'après une enquête de l'Office du travail, on compte, 1.300.000 employés, dont 1.100.000 femmes. La moitié de ces ouvriers sont des ouvriers ou des ouvrières en chambre.

---

(1) « Le contrat collectif de travail, vers lequel on s'achemine par des tâtonnements indécis et parfois violents et par des expériences dont l'insuffisance ne permet pas de juger impartialement le caractère, paraît devoir être la formule sociale du xxᵉ siècle. » (BARTHOU, *L'Action syndicale.*)

CHAPITRE VIII

INSTITUTIONS PATRONALES

> « Il ne faut pas qu'un droit sur quelque chose devienne un droit sur quelqu'un. »
>
> (BELOT, *Revue philosophique*.)

Relations entre patrons et ouvriers. — Les chefs d'établissements et ceux qu'ils emploient doïvent avoir un égal désir d'être vraiment justes.

Que faudrait-il pour cela ?

1° Se débarrasser des rancunes de classes, rancunes trop souvent fondées, hélas! sur des faits vrais, mais d'où l'on tire des jugements généraux injustes.

Deux sentiments sont aussi funestes l'un que l'autre : la disposition à penser que tous les patrons sont des « exploiteurs », et la persuasion que tous les ouvriers sont des meneurs ou des gens haineux, ou des hommes désireux de recevoir de l'argent sans rien faire.

2° Arriver, de chaque côté, à se représenter la situation de l'autre partie. Nous ne saurions mieux faire que de reproduire, à ce propos, les paroles suivantes prononcées au Congrès de l'Education sociale, en 1900 :

« Dans les discussions du contrat de travail, il

faut obtenir du patron qu'il veuille bien sortir un instant de son cabinet, entrer dans l'atelier, se mettre à l'établi, y travailler lui-même; qu'il consente à se considérer pendant quelques instants comme un de ses ouvriers; que, se revêtant par la pensée du bourgeron ou de la blouse, il se représente exactement l'effort, les charges, les privations, les rares et médiocres jouissances de celui-ci, et se.demande ce qu'il penserait, ce qu'il consentirait et ce qu'il réclamerait, s'il était dans cette situation inférieure.

Mais il faut obtenir de même de l'ouvrier qu'il veuille bien à son tour changer de situation par la pensée, mesurer les responsabilités particulières, les travaux d'une autre nature que le patron a nécessairement à sa charge, l'effort qu'il lui a fallu faire pour conduire une grande entreprise, les qualités d'administration qu'il est obligé de montrer, les risques auxquels il est exposé ; il faut qu'il veuille bien tenir compte aussi des nécessités générales de l'industrie, des conditions dans lesquelles s'échangent les produits à travers le monde...

Si le patron s'est ainsi placé au point de vue de l'ouvrier, si l'ouvrier à son tour s'est placé au point de vue du patron, qu'arrive-t-il par cela même ? C'est qu'à un moment donné, ils ont nécessairement pensé en commun; c'est qu'à ce moment leur conscience est devenue commune, et l'acte qu'ils accompliront à ce moment-là répondra à la fois à la pensée de justice de l'un et de l'autre. »

(Léon BOURGEOIS.)

Historique des institutions patronales. — Jusque vers 1860, il y eut de la part de certains patrons de monstrueux abus de pouvoir; en outre, la plupart d'entre eux, indifférents à l'égard de ceux qu'ils

employaient, ne s'en préoccupaient plus, une fois
le salaire payé.

Peu à peu cet état de choses se modifia. Des
chefs d'entreprises en virent les résultats fâcheux
pour eux-mêmes : leurs ouvriers étaient nonchalants,
leur personnel sans stabilité et de plus en plus aigri.

D'autres, plus généreux, ébranlés par les idées
des écrivains réformateurs, ou convaincus que le
capital a des devoirs envers ceux qui contribuent à
le former; au total, d'assez nombreux patrons en
arrivèrent à admettre ce principe formulé par l'un
d'eux : « *L'employeur doit à l'ouvrier autre chose que
le salaire.* »

Parmi les promoteurs de ce mouvement, il faut
citer un grand industriel de Mulhouse, Frédéric
Engel Dollfus, qui écrivait : « Il y a pour les industriels des devoirs qui ne se discutent plus : fonder
d'une façon inébranlable et définitive les institutions de prévoyance... Il faut choisir : ou continuer
des traditions conformes à nos sentiments ou accepter crûment la lutte et l'antagonisme nettement
accusé des intérêts avec les conséquences fatales
qu'il amène. Qui oserait hésiter ? » (1)

L'un des hommes qui propagèrent ces idées avec
le plus d'ardeur, Le Play (2), montra également la

---

(1) Cité par Benoît Malon, *Le Socialisme intégral.*

(2) Le Play (Frédéric), 1806-1882. Ingénieur en chef des mines, directeur de
l'École des mines. Le Play a publié des ouvrages économiques qui sont importants, à la fois par la méthode et par la doctrine. La méthode de Le Play consistait, non pas à formuler des théories, mais à observer minutieusement des
milieux restreints, certaines familles d'ouvriers, par exemple, pour tirer des
constatations faites des enseignements et des applications ; c'est après des examens de ce genre et de longs voyages qu'il publia les *Ouvriers européens* et les
Ouvriers des Deux-Mondes, recueils de 80 monographies. Sa doctrine consistait à
rétablir la paix sociale par une constitution plus solide de la famille : il rêvait la
formation de la *famille-souche*, où la mort du père ne romprait pas l'union, car
l'un des fils grouperait autour de lui ses frères et sœurs : à lui irait l'héritage
presque entier, mais il veillerait paternellement sur le sort des autres.

nécessité « de solidariser le bien-être de l'ouvrier avec la prospérité de la maison, de manière qu'on ne séparât point l'un et l'autre. »

Pourquoi des institutions patronales ont été fondées. — Les raisons qui ont déterminé ces créations sont les suivantes :

1° Le désir d'améliorer la situation des travailleurs. Un patron se dit : « Parmi les éléments de ma réussite sont les ouvriers : je ne crois pas qu'en leur payant simplement leur salaire et en les abandonnant ensuite à toutes les difficultés de la vie, j'aie accompli tout mon devoir.

2° La conviction qu'une élévation de salaire serait peu efficace. « Que ferai-je ? Le plus simple serait de payer un peu plus cher. Supposons que j'élève les salaires de 0 f. 50 ; chaque ouvrier recevra en plus 150 francs par an. Seulement, ne faut-il pas craindre qu'en touchant le samedi ces 3 francs supplémentaires, il ne les dépense avec le reste ? Par suite, la concession faite n'aurait guère d'utilité : on ne mangera pas mieux, on ne se logera pas plus largement, plus sainement et l'on ne fera pas plus d'économies. Ne serait-il pas préférable de consacrer la somme totale, que je veux ajouter, à des œuvres d'intérêt collectif : habitations à bon marché, institutions de prévoyance dont tous profiteront par le seul fait de l'organisation établie ? »

Et pour ces raisons, des institutions assez nombreuses ont été créées, entraînant quelquefois des dépenses considérables : telle maison peut démontrer que ces œuvres augmentent de 12 % le montant des sommes consacrées aux salaires, et l'on est fondé à croire que beaucoup de bien a été ainsi réalisé.

Malheureusement, après avoir exprimé la conviction que les hommes de cœur qui ont agi de cette façon ont droit à quelque reconnaissance (1), nous ne pouvons taire les vives critiques formulées soit contre le principe même de ces créations, soit contre certaines d'entre elles.

Critiques contre le principe des institutions patronales.

— On a attaqué ces œuvres dans leur principe en disant : 1º Dans ce système, l'ouvrier est traité en mineur, en grand enfant incapable par lui-même de prévoyance, d'initiative utile.

Cela est vrai, mais il faut reconnaître franchement que, jusqu'ici, faute d'avoir reçu l'éducation nécessaire, beaucoup de travailleurs ont en effet manqué des qualités requises pour parer aux dangers de l'avenir, pour agir par eux-mêmes, et qu'on leur a rendu service en agissant pour eux.

2º Des patrons qui ont fondé des œuvres de ce genre n'ont fait aucun sacrifice réel ; ils ont simplement donné à l'ouvrier un salaire supplémentaire qu'ils jugeaient mérité ; au fond, c'est lui-même qui paie tout cela. — A quoi l'on a répondu que, si ce fait diminue le mérite du patron, du moins la rétribution ainsi employée a eu souvent d'heureux effets.

Critiques contre certaines œuvres.

— On déclare que : 1º Des institutions soi-disant humanitaires ont en réalité servi à procurer des bénéfices à leurs fondateurs ; il en est ainsi pour bon nombre d'économats (voir ci-après), de logements loués ou vendus aux ouvriers.

---

(1) Nous trouvons la même opinion exprimée par un rapporteur du Congrès des associations ouvrières de production, et le témoignage ne paraîtra pas suspect: « Les patrons qui vont à la participation aux bénéfices, ceux qui veulent sérieusement abaisser les barrières qui séparent les classes et améliorer le sort de l'ouvrier sont une infime minorité, c'est entendu ; mais ils n'en sont que plus méritants, car, par état de milieu et entre chefs d'industrie, ils ont plus de difficultés que nous. » (Congrès de 1900.)

2° Certaines œuvres ont entraîné de nouvelles causes de dépendance pour le personnel, ont formé de lourdes chaînes qui l'attachent à l'usine pour longtemps, pour toujours même, parce qu'il craint de perdre le fruit des efforts, des sacrifices passés.

Par exemple, dit-on, la fondation d'une caisse de retraites est une chose excellente; mais, si les statuts déterminent qu'en cas de départ, il ne sera rien restitué, les ouvriers, même mal traités, s'en iront-ils au bout de 10 ou 15 ans? — Voici des maisons dont les travailleurs peuvent devenir propriétaires par des versements espacés d'année en année; mais, quand ils auront commencé à verser, qu'arrivera-t-il s'ils désirent changer d'établissement ?

Telle maison constitue par ses seuls apports une retraite à l'ouvrier, fort bien; mais le véritable bénéficiaire n'est-il pas le patron lui-même, qui s'assure un personnel particulièrement stable ? En somme, dans tout cela, le mieux-être n'est-il pas payé par le travailleur, d'une certaine partie de son salaire qui ne lui est pas donnée et, plus encore, de la diminution de sa liberté ?

3° Ailleurs enfin, et souvent, le patron apparait trop : partant de cette pensée qu'il doit tout diriger puisque l'idée vient de lui, ainsi que la totalité ou une grande partie des moyens d'action, il intervient en toutes circonstances; les ouvriers ont la conscience d'être en tutelle partout : dans les réunions de leurs sociétés où la discussion est peu libre, dans leurs habitations mêmes où ils croient qu'on les surveille.

Enfin, il faut bien dire que des institutions « philanthropiques » créées par certains patrons paraissent simplement des moyens de réclames : quand on voit des maisons faire célébrer par la presse des œuvres de ce genre et aussi des « fêtes de famille » où directeurs et employés sont réunis, il est difficile de ne pas éprouver de méfiances. D'ailleurs, dépenser chaque année quelques milliers de francs pour une de ces fêtes est peut-être moins méritoire que l'habitude de payer tout simplement le « juste salaire. »

Conclusion : conditions de succès. — Un membre de l'Académie des sciences morales parlait récemment avec amertume de l'hostilité témoignée aux patrons dans certains milieux : « Toute vertu, disait-il, tout mérite leur sont refusés. » En admettant que cette disposition soit aussi fréquente, il semble que, lorsque des hommes qui pourraient s'en abstenir créent des œuvres dont le but n'est pas toujours égoïste et dont les résultats peuvent être bons, on doit rendre justice à leurs efforts. Les meilleures choses servent parfois à des fins regrettables : les institutions patronales ne pouvaient échapper à cette loi, mais ce n'est pas une raison pour les condamner toutes.

Toutefois, des critiques précédentes on peut tirer un enseignement utile : les bonnes intentions des chefs de maisons ne suffisent pas; il faut, dans la création et le fonctionnement de ces œuvres, beaucoup de prudence, beaucoup de tact.

Il fut un temps où la classe ouvrière, facile à gouverner, les acceptait avec gratitude et sans méfiance; mais, de nos jours, elle est dominée par le souci de son indépendance; les patrons intelligents doivent comprendre qu'il s'agit pour eux de faire le bien, mais discrètement, en s'effaçant, pour ainsi dire. C'est un rôle singulièrement difficile à remplir.

Exemples d'institutions patronales. — Voici en quoi consistent les tentatives faites en vue d'améliorer les conditions du travail :

7.

1° **Introduction** de *modes de salaire plus équitables*
que la rémunération fondée exclusivement sur le
temps employé : en plus de ceux qui ont été indiqués, on peut mentionner les encouragements accordés parfois, surtout dans les usines américaines, aux
simples ouvriers qui trouvent des améliorations.

2° *Confort plus grand :* ici l'exemple, trop peu
suivi chez nous, nous vient des Etats-Unis. Dans un
certain nombre de grands établissements de ce pays,
les murs des ateliers sont en faïence émaillée, toutes
les fenêtres ont des rideaux ; les machines sont élé-
gamment peintes ; les ouvriers disposent de sièges à
dossiers, de tabourets pour les pieds. Aux ateliers sont
annexés des salles de bains, de rafraîchissemets,
un cabinet de toilette, une salle à manger, souvent
une bibliothèque, un jardin... Chez nous, de telles
installations paraîtraient luxueuses ; il serait du moins
très désirable qu'on prît plus souvent des dispositions
permettant aux ouvriers de consommer sur place des
repas chauds : faute de mesures de ce genre, ils n'ont
guère d'autre ressource que le cabaret, que la gargote.

Plusieurs maisons ont organisé des *économats,*
magasins d'approvisionnements qui, en principe,
présentent les avantages suivants : achetant en gros,
ils obtiennent les produits à meilleur compte, et, ne
visant pas à faire des bénéfices, ils peuvent vendre
des denrées de bonne qualité. Certains économats,
ceux surtout des ouvriers de chemins de fer, rendent
de grands services, mais des critiques parfois justifiées ont été adressées à d'autres : des patrons obligent leur personnel à s'approvisionner dans leurs
économats, et ne payent à la fin de la semaine que
la maigre différence entre le salaire et les dépenses,
de sorte que le père d'une famille nombreuse ne
touche rien. « Voilà vingt ans que je travaille dans
l'usine, disait un ouvrier, et je n'ai jamais reçu une

pièce de 20 francs. » Il y a abus encore quand, à la faveur de cette institution « philanthropique, » l'usine réalise des bénéfices, ou quand on vend à crédit, ce qui, par la dette contractée, enchaîne les acheteurs à l'établissement. Parfois, des fondateurs manquent d'habileté en intervenant trop directement dans la gérance, laissant soupçonner qu'ils tiennent à contrôler les dépenses de chacun. Pour toutes ces raisons, l'avenir des économats patronaux paraît devoir être médiocre.

3° La *question du logement* a préoccupé les chefs de grandes maisons : par des procédés souvent ingénieux, et généreux, ils ont cherché à procurer à leur personnel des demeures confortables et même à lui en faciliter l'acquisition (1).

4° Pour augmenter la *culture professionnelle et intellectuelle*, on a fondé des écoles, des cours d'apprentissage, d'autres pour les ouvriers, des bourses de voyages ou d'études.

5° Des œuvres diverses d'*assistance et de prévoyance* existent dans plusieurs maisons : crèches, garderies d'enfants, hôpitaux; caisses d'épargne où une subvention patronale maintient l'intérêt à 4 ou 5 % (2); livrets de prévoyance au compte de chaque ouvrier, les fonds étant constitués par un versement du directeur et par un prélèvement obligatoire sur le salaire. On s'est efforcé en quelques endroits de trouver des combinaisons permettant aux bénéficiaires de conserver tous leurs droits, même en cas de départ. Dans une de nos maisons françaises, on assure une rente minimum de 365 francs après 30 ans de services.

6° Y a-t-il moyen de *prévenir les conflits* ou de les

---

(1) Voir les notices publiées à l'occasion de l'Exposition de 1900 par les établissements Schneider et Cⁱᵉ du Creusot, et par la cristallerie de Baccarat.

(2) Certaines, comme à Anzin, fonctionnent le soir des jours de paie.

régler à l'amiable sans violences comme sans intervention législative ? — C'est pour y parvenir qu'en
Belgique, en Angleterre, aux États-Unis fonctionnent,
non ... .cès, des Comités mixtes de patrons et
d'ouvrie..., ... uns particuliers à une usine, les autres
étendant ...ur action à toute une région ou à un
métier : l'un d'eux, celui des Charbonnages de Marié-
mont et Bascoup (Belgique) est célèbre.

Dans une intéressante étude sur les Associations
ouvrières en Angleterre, par P. de Rousiers, on
parle comme il suit de ces comités (qui n'existent
pas en France) : « Le fait de traiter de graves intérêts avec les patrons, de régler avec eux un certain
nombre de questions initie les ouvriers aux difficultés de la direction industrielle, leur fait comprendre
le rôle important des patrons. Ils rencontrent chez
un grand nombre de ceux-ci le désir sincère d'améliorer la situation des travailleurs et souvent un
lien d'estime affectueuse et de gratitude naît des
rapports forcés dont un désaccord a été l'occasion. »

Le fondateur d'un Conseil de la bonneterie dit :
« Les hommes que les manufacturiers détestaient
le plus furent ceux que les ouvriers choisirent pour
les envoyer au conseil. Nous trouvâmes en eux cependant des gens pleins de droiture. »

LECTURE

Le salaire et les charges du travailleur

En avril 1904, la Compagnie des chemins de fer de Paris-Lyon-
Méditerranée a pris l'initiative d'une majoration de traitement en faveur
de ceux de ses agents qui sont chargés de famille. Voici un fragment
du texte de la décision.

« Des secours pour familles nombreuses sont alloués aux agents de
toute catégorie qui ont un grand nombre d'enfants. — Sont assimilés
aux enfants, pour l'établissement du droit au secours de famille :

« 1° Les petits-enfants, frères, sœurs, neveux et nièces de l'agent,
s'ils sont orphelins et entièrement à sa charge ;

« 2° Les père, mère, beau-frère, belle-mère, grand-père et grand'mère de l'agent, ainsi que les grand-père et grand'mère de sa femme, s'ils sont entièrement à sa charge. »

Cette réforme était ainsi appréciée, avec beaucoup de raison, par un publiciste :

« C'est, je crois, la première fois que l'humanité fait son entrée sur le marché du travail. Jusqu'à présent, le salaire était proportionné au travail fourni. Pour la première fois, il tend à se proportionner aux charges du travailleur dont jusqu'à présent on ne croyait pas pouvoir tenir compte.

« Cette tentative est intéressante, moins encore par les secours réels qu'elle va apporter aux pauvres familles que par les imitations dont elle va donner le signal. » (J. CORNÉLY, dans le *Siècle*.)

LIVRE III

L'ÉCHANGE

CHAPITRE PREMIER

GÉNÉRALITÉS. — VALEUR ET PRIX

Définition de l'échange. — Il y a échange toutes les fois qu'une chose est cédée contre une autre, considérée comme lui étant équivalente.

L'échange peut affecter des formes multiples, qui se ramènent à trois cas :

1º Je livre une chose pour une autre (du blé pour du vin, par exemple).

2º Je cède une chose pour qu'on me rende un service. (« Travaille pour moi : tu auras telle somme. »)

3º Je fais un travail pour quelqu'un qui, en retour, en accomplira un autre pour moi. (« J'irai couper ton blé, peut dire le cultivateur au cordonnier, mais tu me feras des souliers. »)

L'échange repose sur ce fait que les personnes en présence trouvent ou croient trouver leur avantage à

l'opération projetée. Je ne pourrais consommer mon
blé et je désirerais du vin ; si je rencontre quelqu'un disposé à céder du vin et qui ait besoin de
blé, nous serons heureux d'échanger nos produits ;
il suffira de nous entendre sur les quantités à donner
et sur les quantités à recevoir.

Valeur et prix. — Pour acquérir un livre, je
remets une certaine somme ; si les monnaies n'existaient pas, on me donnerait le livre soit contre un
produit quelconque, soit comme rémunération d'un
travail que j'aurais fait pour le propriétaire de ce
livre ; ce qu'il faut soit de monnaie, soit d'un produit quelconque, soit de travail pour se procurer le
livre représente la *valeur* qu'on lui attribue. La
valeur d'une chose ou d'un travail est donc la
quantité d'un autre produit ou la somme de travail
nécessaire pour obtenir que la chose soit cédée ou que
la tâche soit accomplie. — Le *prix* est la valeur
indiquée en monnaie.

La valeur d'usage et la valeur d'échange. —1° Il n'est
pas inutile, pour préciser les idées, que nous nous
posions une question. Comment concilier ce fait que
nous échangeons des produits seulement si nous les
considérons de valeurs équivalentes avec cet autre fait,
non moins certain, que chacune des deux parties en
présence tient plus à ce qu'elle acquiert qu'à ce
qu'elle cède ? N'y a-t-il pas là une contradiction ?
L'explication nécessaire se trouve dans cette remarque que toute chose peut être considérée comme
ayant deux valeurs :
D'une part, elle est plus ou moins vivement dési-
rée par un individu, ou, s'il la possède déjà, elle
est plus ou moins précieuse pour lui : elle présente
pour cette personne une certaine *valeur d'usage*.

D'autre part, elle a dans les transactions une valeur différente, dite *valeur d'échange*, c'est-à-dire que celui qui veut s'en rendre acquéreur est prêt, pour l'avoir, soit à donner une certaine somme, soit à faire un travail déterminé.

Ainsi, un diamant a une *valeur d'usage* considérable pour la femme qui veut s'en parer, mais cette valeur est nulle pour quelqu'un qui dédaigne les objets de luxe. Ce diamant a une *valeur d'échange* très élevée pour n'importe qui, du moins dans nos sociétés.

Quand deux choses sont cédées l'une pour l'autre, c'est qu'on juge égales leurs *valeurs d'échange*, mais c'est aussi que, pour chacun des acquéreurs, la valeur d'usage de l'objet livré est inférieure à la valeur d'usage de l'objet reçu : la femme élégante qui donne mille francs pour une perle admet que la perle vaut cette somme, et elle en désire plus vivement la possession que celle des mille francs.

Quels sont les éléments de la valeur ? — Cette distinction facilite la recherche des éléments de la valeur (1).

La valeur d'usage tient essentiellement à l'intensité du désir qu'on a d'une chose ou à la satisfaction qu'on éprouve à la posséder ; elle est donc infiniment variable selon les individus : des portraits de famille ont pour moi un grand prix ; un étranger ne dépenserait rien pour se les procurer.

(1) Si nous accordons dans ce qui suit une place assez étendue à l'examen de l'idée de valeur, c'est que les écoles économiques attachent toutes à cette notion une très grande importance, et les socialistes, en particulier, s'appliquent à en tirer des conclusions conformes à leur désir d'un nouveau mode de répartition. Les jugements suivants, venant de deux hommes dont les idées furent opposées, presque en tous points, prouvent l'intérêt des discussions sur la valeur : « La théorie de la valeur est à l'économie politique ce que la numération est à l'arithmétique. » (BASTIAT.) — « La valeur est la pierre angulaire de l'économie politique. » (PROUDHON.)

La valeur d'échange est composée de plusieurs éléments :

1° *La rareté*. — Le diamant coûte très cher pour cette raison ; que l'existence de mines nombreuses soit révélée ou que la pierre précieuse puisse être fabriquée artificiellement, sa valeur diminuera.

L'or est plus rare que le blé : c'est une des causes pour lesquelles un kilogramme d'or vaut 3.000 francs, tandis qu'on aurait un kilogramme de blé pour quelques sous.

Mais il ne suffit pas qu'une chose soit rare pour qu'on la paie un prix élevé : un mouton à cinq pattes pourrait fort bien ne pas trouver d'acquéreur.

2° *L'utilité* entre pour une grande part dans la fixation de la valeur : il est évident qu'en principe une chose doit valoir d'autant plus qu'on en a un besoin plus grand.

Seulement, si l'utilité est une condition fondamentale de la valeur d'une chose, si ce qui n'a pas d'utilité est sans valeur, l'utilité n'est pas toujours la mesure de la valeur. En effet, l'air et l'eau sont utiles, indispensables même : pourtant, on ne les paie guère. Toutefois, il ne faut pas exagérer : on dit quelquefois que l'air et l'eau n'ont aucune valeur, économiquement parlant : c'est oublier que, dans les villes, le loyer est plus élevé pour les maisons bien exposées, pour les appartements bien aérés, bien éclairés ; c'est oublier encore qu'on paie l'air et la lumière, par la contribution des portes et fenêtres. Quant à l'eau, dans les villes, on la payait jadis aux porteurs d'eau et on la paie aujourd'hui à des compagnies ou aux villes soit par une redevance particulière, soit dans le total des contributions versées à la commune.

D'autre part, des choses réellement peu utiles ont une grande valeur d'échange : le diamant en est un

exemple, auquel on pourrait ajouter ceux que fournissent tous les objets de luxe.

Donc, l'utilité n'est pas la seule cause de la valeur;
il faut tenir compte aussi de la rareté, dont il a été
parlé, et d'un nouvel élément : le travail.

3° *Le travail.* — Voici un bloc de marbre : il a une
certaine valeur; qu'un grand sculpteur en fasse une
statue : le marbre ainsi travaillé acquerra une valeur
beaucoup plus grande. Avec un morceau de fer, le
serrurier fait une clef; avec des barres de fer, il
fabrique une grille : le morceau et les barres de fer
sont transformés de telle sorte que les œuvres obtenues seront vendues beaucoup plus cher que la
matière première.

Et dans presque tous les cas, on voit intervenir le
travail pour donner de la valeur aux choses, même à
ce qui paraît n'en pas avoir : c'est lui qui en donne
au vent faisant tourner un moulin. Dans le choix
d'un emplacement avantageux, dans l'habileté à bien
exposer un immeuble, à bien l'aérer, il y a un effort,
un travail.

Toutefois, cet élément de la valeur, quel que soit
son rôle, ne fait pas la valeur à lui seul. Si la plupart
des écoles socialistes ont affirmé le contraire, leurs
raisons peuvent être fortement combattues. Et d'abord
pourquoi tiennent-elles tant à démontrer que la
valeur des choses peut être mesurée par le travail
qu'elles ont exigé? Parce que, dans ce cas, on aurait
pour déterminer la valeur une mesure assez simple
relativement; — en outre, cette base d'appréciation
serait très conforme à la morale : il est désirable
qu'un objet coûte d'autant plus qu'on y a travaillé
davantage. Mais des difficultés se présentent.

Des choses qui ont exigé une somme égale de travail se vendent à des prix inégaux : certaines parties
d'un bœuf sont payées plus cher que d'autres du

même animal; le vin d'un cru renommé se vend dix, vingt fois plus cher qu'un autre, pour lequel on a pris autant de peine.

D'autres fois, la valeur des choses vient presque entièrement de la nature ou des circonstances; la fertilité d'un sol, la plus-value d'un terrain bien placé dans une ville, etc. Sans doute il faudra plus ou moins de travail pour profiter de ces avantages, mais ce n'est pas le travail qui les crée ou qui peut leur servir de mesure.

La conclusion, c'est que la valeur d'une chose dépend non d'un seul, mais de plusieurs éléments : du désir qu'on a de cette chose, — voilà la part de l'*utilité*, — et des difficultés qu'on éprouve à se la procurer, — et ceci est la part de la *rareté* et du *travail*.

Causes des variations des valeurs.

— J'ai très faim et je désire acheter du pain; si une seule personne pouvait m'en fournir, il me faudrait subir ses exigences, même très rigoureuses. D'autre part, si un cultivateur était contraint de vendre son blé à un marchand, le seul qui s'offrît, celui-ci déterminerait à son gré le prix de vente. Mais, par suite de l'existence d'une multitude de contractants, les conditions des échanges sont beaucoup moins individuelles. *La valeur des choses est déterminée avant tout par une cause générale : le rapport entre l'offre et la demande.* Voici ce qui se passe : plus un produit est offert, plus le prix en diminue, le nombre des acheteurs restant le même; plus un produit est demandé, plus il sera vendu cher, si la quantité offerte ne change pas.

En veut-on un exemple courant ? Quand la fermière apporte son beurre au marché, elle a vite fait de voir si les autres vendeurs sont nombreux ou si les acheteurs affluent, et tout le monde sait comment elle élève ou abaisse ses prix, selon ce qu'elle a remarqué. Pensons aussi à ce qui se passe dans les années de mauvaises récoltes, lorsque les fruits sont rares, et dans les périodes, dans les lieux où l'argent fait défaut.

Cette formule célèbre que la valeur dépend du rapport entre l'offre et la demande, est incontestablement vraie; toutefois, il faut ajouter que :

1° *Elle ne saurait avoir une précision mathématique.*

On se tromperait en croyant, par exemple, qu'un produit se vendra nécessairement deux fois plus cher si le nombre de ceux qui le désirent vient à doubler, la quantité disponible ne changeant pas. En effet, s'il s'agit d'une denrée indispensable, comme le pain dans une ville assiégée, la valeur s'élèvera bien au-dessus du double; dans le cas contraire, l'augmentation ne sera pas très forte; ainsi, en pareil cas, le prix du vin ne doublerait pas, car, à la rigueur, on se passerait de cette boisson.

D'ailleurs, si le rapport entre l'offre et la demande agit sur la valeur, celle-ci exerce à son tour son influence, quand elle s'élève suffisamment : de nouvelles offres viennent de producteurs restés en dehors des premières opérations; de plus, le nombre des demandes diminue et enfin, si un produit coûte trop cher, on le remplace par un autre, moins bon sans doute, mais jugé suffisant.

2° *La demande n'exprime pas seulement la quantité isolément considérée, mais la quantité dans ses rapports avec la nature et la force du désir qui la fait rechercher et avec les difficultés qu'on éprouve à satisfaire ce désir.* Tout le monde peut désirer des chevaux, un hôtel; mais comme leur acquisition exige une somme élevée, le nombre des demandes diminue en proportion de la dépense.

L'offre n'exprime pas seulement la quantité offerte,

mais cette quantité combinée avec la difficulté ou la facilité de la production. Supposons que cent mille paires de bas soient offertes dans le monde, sur le marché — comme on dit, — cette quantité sera vite accrue, si le besoin s'en fait sentir, et le prix n'augmentera pas dans la proportion des demandes, parce qu'il est facile de fabriquer un plus grand nombre de paires de bas. S'il arrivait, au contraire, que la quantité de blé offerte fût inférieure d'un tiers à celle dont on a besoin, le prix du quintal s'élèverait de beaucoup plus du tiers, pour deux raisons : parce qu'on ne peut pas différer longtemps l'achat de sa nourriture et parce que la quantité de blé ne pourrait s'accroître.

D'autres exemples montrent aussi nettement qu'il faut tenir compte, en parlant du rapport entre l'offre et la demande, de la nature du produit et de la difficulté de se le procurer : comme on l'a vu, que, dans une ville assiégée, la quantité de vin disponible soit la moitié de ce qui serait nécessaire, les prix ne doubleront pas; mais, si la provision de blé est réduite dans la proportion indiquée, le blé (ou le pain) fera plus que doubler de valeur, car on ne peut s'en passer.

3° *Les prix oscillent autour des frais de production :* toutes les fois que les richesses circulent librement, c'est-à-dire quand il n'y a pas accaparement, monopole, elles ne peuvent se vendre longtemps au-dessous du prix de revient; autrement, les offres diminueraient, parce qu'elles entraîneraient des pertes. Les produits ne se vendront pas non plus d'une manière durable beaucoup au-dessus du prix de revient, car l'appât des bénéfices amènerait de nouvelles offres.

Utilité de l'échange. — Non seulement l'échange

est utile aux parties en présence, mais il a une grande importance sociale. En effet :

1° Chacun, au lieu de faire un peu de tout, peut se livrer au travail qui lui convient le mieux : plus il en obtiendra de résultats, plus il aura de moyens pour acquérir ce qu'il désire ; d'ailleurs, par la spécialisation, il devient plus habile et produit davantage.

2° Sans les échanges, des produits, les minerais par exemple, seraient en surabondance dans certaines régions et n'y serviraient à rien, pendant qu'ailleurs ils feraient défaut. Grâce à l'échange, des pays peuvent s'adonner au genre de production le plus avantageux et renoncer à obtenir à grands frais des produits qu'ils sont peu propres à fournir ; l'Angleterre, par exemple, augmentera ses élevages, les produits de ses manufactures ; en échange de ce qu'elle vend, d'autres lui enverront leurs vins ou leurs fruits.

3° Enfin, une solidarité de plus en plus étroite unit les individus et les peuples : chacun a besoin des autres. Même sans qu'on s'en doute, on subit ainsi le contrecoup d'événements qui paraissaient n'intéresser que les parties en présence : ainsi, comme nous l'avons déjà remarqué, la guerre du Transwaal, en causant des inquiétudes et des deuils dans l'aristocratie anglaise, a fait perdre une vingtaine de millions aux négociants en vins de Champagne et beaucoup plus à nos commerçants de la côte d'Azur. Et cette solidarité est un bien ; elle est favorable au progrès de l'humanité : rapprochant les peuples, elle contribue à diminuer les guerres.

LECTURES

1. Les prix : le coût de la vie au XIXᵉ siècle en France

Il est très difficile de déterminer avec précision dans quelle mesure ont varié au XIXᵉ siècle les prix de ce qui est nécessaire à l'existence ; il faudrait réunir une multitude de renseignements, tenir compte des milieux, des périodes, et aussi des variations de valeur de l'or et de l'argent, instruments des échanges.

Voici seulement quelques remarques : ces chiffres ne sont donnés qu'à titre d'indications :

1° Depuis une cinquantaine d'années, le prix du pain a légèrement augmenté (prix du kilo en 1850 : 0 f. 34 ; en 1900 : 0 f. 37) ;

2° Les prix des légumes, des pommes de terre, du beurre se sont élevés : l'hectolitre de pommes de terre valait de 3 f. 50 à 4 f. 50 en 1850 ; il se maintient entre 7 francs et 12 f. 50 ; le kilo de beurre a passé de 1 f. 60 à 2 francs (en moyenne) ;

3° Pour les œufs, augmentation aussi : prix du mille d'œufs en 1850, 52 francs, actuellement 82 francs ;

4° Le prix moyen du kilogramme de viande a passé depuis 1800 de 1 f. 05 à 1 f. 64 ;

5° Le vin, après une hausse due à la destruction des vignes par le phylloxéra (1877-1887) est revenu à peu près aux prix de 1850.

D'une manière générale, on peut dire que la dépense correspondant à une même alimentation a peut-être augmenté depuis 50 ans de 10 °/₀ pour les familles peu aisées dont le pain est l'aliment principal, de 20 °/₀ pour celles qui consomment plus de viande, de vin.

Le prix des loyers a presque triplé depuis 1840 ; sans doute cette augmentation correspond souvent à une amélioration du logement, mais elle pèse lourdement sur les petits budgets.

En revanche, le coût de l'éclairage et du chauffage a un peu diminué ; l'habillement coûte certainement moitié moins qu'il y a 100 ans.

Il semble qu'on puisse conclure que, depuis 1850, les dépenses se soient élevées de 25 à 30 °/₀ ; c'est, on l'a vu, un fait dont il faut tenir compte quand on examine la question de l'élévation des salaires.

2. De la valeur

La valeur, c'est le rapport de deux services échangés. L'idée de valeur est entrée dans le monde la première fois qu'un homme ayant dit à son frère : Fais ceci pour moi, je ferai cela pour toi, — ils sont tombés d'accord ; car alors pour la première fois on a pu dire : Les deux services échangés se valent.

Il est assez singulier que la vraie théorie de la valeur, qu'on cherche en vain dans maint gros livre, se rencontre dans la jolie fable de Florian, *L'Aveugle et le Paralytique* :

> Aidons-nous mutuellement :
> La charge des malheurs en sera plus légère.
> ... A nous deux
> Nous possédons le bien à chacun nécessaire :
> J'ai des jambes et vous des yeux.
> Moi, je vais vous porter; vous, vous serez mon guide ;
> Ainsi, sans que jamais notre amitié décide
> Qui de nous deux remplit le plus utile emploi,
> Je marcherai pour vous, vous y verrez pour moi.

Voilà la valeur trouvée et définie. La voilà dans sa rigoureuse exactitude économique, sauf le trait touchant relatif à l'amitié, qui nous transporte dans une autre sphère...

Nous sommes tous aveugles ou perclus en quelques points. Nous comprenons bientôt qu'en nous entr'aidant la charge des malheurs en sera plus légère. De là l'*échange*. Nous travaillons pour nous nourrir, vêtir, abriter, éclairer, guérir, défendre, instruire les uns les autres. De là les services réciproques. Ces services nous les comparons, nous les discutons, nous les évaluons : de là la *valeur*.

BASTIAT, Harmonies économiques.

3. Avantages sociaux de l'échange

Il faut que le mécanisme social soit bien ingénieux, bien puissant, puisqu'il conduit à ce singulier résultat que chaque homme, même celui que le sort a placé dans la condition la plus humble, a plus de satisfactions en un jour qu'il n'en pourrait produire en plusieurs siècles.

Ce n'est pas tout, et ce mécanisme social paraîtra bien plus ingénieux encore, si le lecteur veut bien tourner ses regards sur lui-même.

Je le suppose simple étudiant. Que fait-il à Paris? Comment y vit-il? On ne peut nier que la société ne mette à sa disposition des aliments, des vêtements, un logement, des diversions, des livres, des moyens d'instruction, une multitude de choses enfin, dont la production, seulement pour être expliquée, exigerait un temps considérable, à plus forte raison pour être exécutée. Et, en retour de toutes ces choses, qui ont demandé tant de travail, de sueurs, de fatigues, d'efforts physiques ou intellectuels, de transports, d'inventions, de transactions, quels services cet étudiant rend-il à la société? Aucun; seulement il se prépare à lui en rendre. Comment donc ces millions d'hommes qui se sont livrés à un travail positif, effectif et productif, lui en ont-ils abandonné les fruits? Voici l'explication. c'est que le père de cet étudiant, qui était avocat, médecin ou négociant, avait rendu autrefois des services, — peut-être à la société chinoise, — et en avait retiré, non des services immédiats, mais des droits à des services qu'il pourrait réclamer dans le temps, dans le lieu et sous la forme qu'il lui conviendrait. C'est de ces services lointains et passés que la société s'acquitte aujourd'hui ; et, chose étonnante ! si l'on suivait par la pensée la marche des transactions infinies qui ont dû avoir lieu pour atteindre ce résultat; on verrait que chacun a été payé de sa peine; que ces droits ont passé de main en main, tantôt se fractionnant, tantôt se groupant, jusqu'à ce que, par la consommation de cet étudiant, tout ait été balancé. N'est-ce pas là un phénomène bien étrange ?

BASTIAT, *Harmonies économiques.*

CHAPITRE II

LES COMMERÇANTS. — LES TRANSPORTS

I. — Les commerçants

Services rendus par le commerce. — De tout temps, le commerce a été une cause de progrès. Pour trouver des débouchés, les trafiquants de l'antiquité et du moyen âge s'en allaient au loin, portaient aux populations peu civilisées les produits des autres, et par eux se nouaient les premières relations entre pays que séparaient de grandes distances.

Laissant de côté ce rôle général du commerce dans l'histoire, il y a lieu de se demander quels services il rend au point de vue économique. On en a nié l'utilité, en disant que *le commerçant n'accroît pas la production.* C'est oublier d'abord qu'une profession est nécessaire, lorsqu'elle procure certaines facilités, et qu'en outre, pour être utilisées, les choses doivent être mises à la portée de ceux qui en ont besoin.

Sans doute, en certains cas, le producteur, le cultivateur, le fabricant, peut vendre directement au consommateur, mais le plus souvent il est avantageux de recourir à un intermédiaire, le commerçant.

En effet :

1° Le producteur, s'il devait vendre au détail,

serait obligé d'avoir de très nombreux dépôts et de compliquer sa comptabilité; il serait à la merci d'une clientèle très incertaine, très variable; il ne saurait jamais exactement ce qu'il lui faudrait fabriquer ou récolter, et il perdrait beaucoup de temps à détailler.

2º Le commerce est une forme de la division du travail : l'agriculteur et l'industriel n'ont pas à s'occuper de certaines opérations qu'effectue seul le négociant.

3º Le *commerçant en gros*, celui qui achète et vend par grandes quantités, s'informe des besoins, fait venir, même de loin, les produits nécessaires; il ordonne les transports et une sorte d'équilibre s'établit grâce à lui, dans la vie économique.

4º Le *commerçant* vendant *au détail* met à la disposition de tous les petites quantités qui suffisent au public; il conserve les produits, et souvent les porte aux clients.

Tous ces actes constituent autant de *services* rendus, et il est juste qu'ils soient rémunérés.

Commerçants en gros et détaillants. — Dans la plupart des cas, le producteur recourt aux commerçants en gros; c'est ce que font, non seulement le grand industriel ou le grand agriculteur, mais aussi l'artisan établi à son compte et le petit cultivateur, parce qu'ils ont ainsi la certitude d'un écoulement à peu près continu de leurs produits.

Achetant à des professionnels, vendant aux détaillants, autres professionnels, les négociants en gros ne peuvent guère réaliser de bénéfices exagérés, sauf quand ils réussissent à *accaparer* un produit ou quand ils abusent de leur situation vis-à-vis de gens mal informés ou obligés d'accepter leurs conditions, même peu justes : tels les paysans, les pêcheurs.

Tout le monde sait *qu'entre les prix de gros et les prix de détail, l'écart est souvent considérable,* ce qui s'explique par les raisons suivantes :

1° Le nombre des intermédiaires entre l'acheteur au détail et le producteur s'est accru.

2° L'acheteur en gros est un professionnel au courant des cours ; le public les ignore. Le détaillant a soin de passer sous silence le plus longtemps possible la baisse qui peut survenir ; ce n'est qu'à la longue que sa clientèle en est informée et en profite ; — encore n'en bénéficie-t-elle presque jamais en totalité, car elle ne sait pas exactement dans quelle mesure la diminution de prix se produit sur tel ou tel article ; c'est ce que nous pouvons vérifier quotidiennement à propos du prix de la farine, du pain, de la viande ;

3° Le public ne peut pas toujours vérifier rigoureusement la qualité des marchandises : on réussit souvent à lui vendre comme bons des produits médiocres.

4° Par indolence, par ignorance, souvent aussi par une sorte de crainte ou d'amour-propre, le client au détail ne discute pas, comme ne manque jamais de le faire l'acheteur en gros.

5° Le commerce exerce un attrait particulier : beaucoup de gens, qui ne sauraient guère faire autre chose, entreprennent de tenir de petits magasins. Sans doute il est bon pour le consommateur que la concurrence entre marchands empêche une hausse excessive des prix. Mais, lorsque les concurrents sont trop nombreux (et c'est là le fait ordinaire), comme chacun d'eux s'approvisionne par petites quantités, il paie cher ; comme il vend peu, il doit demander des prix élevés et, s'il est peu consciencieux, il trompe sur la qualité.

6° Souvent le petit détaillant, pour attirer la clientèle, accepte de vendre à crédit. Il est ainsi amené à élever ses prix pour se couvrir de l'intérêt de son capital et des risques qu'il court.

Toutes ces raisons expliquent que, malgré la sympathie à laquelle, personnellement, beaucoup de détaillants ont droit, malgré les services que plusieurs rendent surtout·dans les petites localités, le petit commerce soit peu recommandable, comme onéreux pour la masse des consommateurs.

Le grand commerce de détail. — Depuis une soixantaine d'années, de *grands magasins* se sont créés et chaque génération en voit s'ouvrir de plus considérables. Ils sont caractérisés par certains traits, qui correspondent presque tous à autant d'avantages sociaux :

1° Les grands magasins, grâce à la nombreuse clientèle qu'ils ont su attirer et qu'ils savent retenir, écoulent rapidement un stock donné de marchandises. Renouvelant dans l'année plusieurs fois leur capital, ils peuvent se contenter d'un bénéfice moindre et cependant gagner plus que le petit commerçant dans un temps donné. Exemple : A, petit commerçant, a un stock de marchandises de 100.000 francs. Il met un an à le vendre, et il a vendu avec 10 % de bénéfices ; profit, 10.000 francs.

B, patron d'un « grand magasin, » très achalandé, écoule son stock en 3 mois avec 8 % de bénéfices au lieu de 10, mais il le renouvelle chaque trimestre. Il aura gagné, tout en vendant moins cher, 8×4 ou 32 %, au lieu de 10.

Le bon marché est encore facilité aux propriétaires des grands magasins par les achats et les ventes en gros, par la réduction des frais généraux qui, on le sait, ne sont pas proportionnels au chiffre d'affaires, mais diminuent relativement, à mesure que celui-ci augmente.

2º *La qualité* des produits : les grandes maisons ont besoin d'une réputation excellente; sans doute il leur faut des marchandises pour toutes les bourses; mais, selon le prix qu'il consent, l'acheteur sait que son acquisition est médiocre, passable ou bonne. De plus, les produits, plus souvent renouvelés que dans les petites maisons, ont plus de fraîcheur.

3º *La vente à prix fixe*, supprimant les marchandages qui font perdre son temps au client et l'exposent à être dupé, ainsi que les signes mystérieux indiquant un prix qu'on modifiera selon « la mine » de l'acheteur. L'honnêteté trouve donc son compte à l'existence des grands magasins.

4º *La réunion de marchandises très diverses*, ce qui évite encore de grandes pertes de temps.

5º *Le paiement au comptant*, qui oblige l'acheteur à mesurer ses dépenses à ses ressources.

Pour ces diverses causes, les grands magasins se développent, leur nombre augmente sans cesse, et beaucoup fondent des succursales.

A Londres, un bazar fait chaque année 55 millions d'affaires ; un autre, à Chicago, en fait pour 90 millions ; à Berlin, un troisième atteint le chiffre de 40 millions. A Paris le *Louvre* et le *Bon Marché* font annuellement de 150 à 180 millions d'opérations.

Les voyageurs de commerce

Rôle général. — Un très grand nombre d'établissements industriels et commerciaux ont des représentants qui voyagent pour faire connaître leurs produits. A première vue, on pourrait croire que ce personnel est devenu moins nécessaire à cause de la multiplication des moyens de communication : poste, télégraphe, téléphone. On se tromperait : la nécessité de trouver de nouveaux débouchés, de conserver les anciens clients, la rivalité toujours plus vive entre maisons se livrant aux mêmes travaux donnent aux représentants commerciaux une importance sans cesse grandissante.

Certes, l'envoi de prospectus, de circulaires, de lettres particulières est un moyen de faire connaître des produits, mais les prospectus ne sont pas assez précis, assez explicites ; — d'ailleurs, on ne les lit pas toujours : il y en a trop ! — Les lettres, si détaillées qu'elles soient, restent souvent insuffisantes. L'action du voyageur est bien autrement directe et efficace : il montre des échantillons, il explique, il persuade, il répond aux objections ; il défend sa maison contre les maisons rivales, fait ressortir les avantages de sa marchandise, recherche les catégories de produits qui conviennent le mieux, consent des concessions. De ses tournées, il rapporte à son patron d'utiles indications sur les modifications nécessaires dans la qualité ou dans la forme des marchandises, des renseignements sur les produits qui se vendent bien, sur ceux dont il vaut mieux abandonner la vente, sur la manière d'agir des concurrents ; un voyageur habile rend donc des services considérables.

Il est d'ailleurs évident que l'emploi des voyageurs de commerce grève la vente de frais élevés : ils ont des appointements fixes, des frais de voyage et de séjour, et un tant pour cent sur les affaires qu'ils font.

Les représentants de commerce à l'étranger. — A mesure que les relations commerciales sont rendues plus difficiles par l'éloignement, le rôle des représentants de commerce devient plus important. Si par des prospectus, qu'il est utile de rédiger dans la langue du client, le fabricant ou le commerçant peut attirer l'attention sur sa maison, il lui est encore bien plus avantageux d'avoir un voyageur qui lui rendra les services que nous venons d'indiquer : c'est pour l'exportation surtout qu'il faut être bien rensei- gné sur les besoins, les goûts, les habitudes de la clientèle, le mode de paiement en usage, sur les agissements des concurrents.

De l'avis de tous, l'habileté des voyageurs de com- merce allemands est une des grandes causes du succès des maisons qu'ils représentent; nos consuls signalent partout la présence de ces agents, même dans des régions que d'autres dédaignent; ils affir- ment leur persévérance, leur adresse à satisfaire les désirs des acheteurs, sans vouloir imposer leurs pré- férences propres.

Parmi les conseils qu'ont souvent répétés nos consuls, il n'en est pas sur lesquels ils insistent davantage que celui d'avoir des représentants de commerce en pays étrangers.

Si une maison de moyenne importance juge trop élevés les frais d'entretien d'un voyageur, qu'elle recoure à une manière de faire fréquemment employée en Allemagne : qu'elle s'associe à d'autres vendant des produits différents des siens et qu'il y ait un représentant commun pour ces divers établissements.

Les Foires

Les foires. — Les foires, grands marchés qui se tenaient une ou plusieurs fois par an dans certaines villes, occupaient jadis une place considérable dans la vie économique.

Comme les communications étaient difficiles, les populations attendaient l'époque des foires pour faire leurs achats; elles savaient qu'alors des mar- chands venus de très loin apporteraient les produits les plus divers; la réunion de plaisirs variés était un attrait de plus; enfin, on ne faisait payer aux forains que des taxes légères.

Peu à peu, le progrès des transports a rendu les foires moins nécessaires : par toutes sortes de moyens, le commerçant se met aujourd'hui en relations avec les acheteurs. Les foires si célèbres de la Champagne, de Beaucaire, le fameux *Landit* de Paris, — l'une des deux foires annuelles de la capitale, — ne sont plus que des souvenirs; même les grandes réunions qui se tiennent encore dans des villes russes, comme Nijni-Novgorod, ont perdu de leur importance. Nos foires n'ont plus guère qu'un intérêt restreint et tout local.

Et pourtant, il se peut que, sans jamais retrouver le pittoresque d'autrefois, les foires reprennent de l'importance. C'est un fait intéressant que la persistance des foires en Allemagne ; celles de Leipsig continuent de provoquer des transactions considérables ; des négociants viennent de partout et apportent une masse d'échantillons ; 25.000 à 30.000 commerçants s'y rencontrent, et les Allemands trouvent là l'occasion de faire connaître leurs produits.

Une grande raison du succès de ces réunions, c'est qu'on y voit des marchandises de toute sorte ; des acheteurs nombreux y sont groupés, tandis qu'ailleurs il faut, pour visiter la clientèle, faire de longs trajets, perdre beaucoup de temps ; à Leipsig, en une demi-journée, on fait son choix, on voit de nombreux acheteurs : que de courses il faudrait faire à Paris pour obtenir le même résultat !

II. — Les transports

Importance des moyens de transport. — La question des transports est une des plus importantes parmi celles qui concernent l'échange des produits : la multiplication, le bon marché, la vitesse des moyens de transport ont transformé la vie économique de notre temps. L'homme, jadis « plante qui meurt sur la terre natale, » va maintenant au loin ; les produits se répandent ; chaque région, assurée de trouver dans un pays étranger ce qui lui est nécessaire, peut s'adonner à la production qui lui paraît la plus avantageuse ; les chemins de fer éveillent les populations longtemps endormies des villages les plus reculés. Seulement, cette extension n'a pu se faire sans causer des inquiétudes : les producteurs nationaux se sont émus de la concurrence étrangère. De là cette contradiction, au premier abord singulière : on multiplie les moyens de communication entre les peuples et l'on dresse entre eux des barrières, en établissant des droits de douanes.

Conditions que doivent présenter les moyens de transport. — Il est désirable qu'un pays dispose d'un ensemble de moyens de transport réunissant les conditions suivantes :

1º *La vitesse*, pour permettre les déplacements rapides, souvent nécessaires dans la vie commerciale, et attirer les étrangers qui ont de grands voyages à faire ;

2º *Le bon marché* : il faut réaliser toutes les économies possibles sur le prix de revient des produits. Les frais de transport en sont un élément important : un gain de quelques centimes par unité et par kilomètre dans l'expédition des marchandises, soit par des tarifs favorables, soit par une réduction de distance, peut être une cause de supériorité.

Or, deux moyens sont particulièrement avantageux : l'envoi par canaux ou rivières et le transport par mer : ainsi, le premier coûte 20 ou 25 % moins cher que la circulation sur voies ferrées. Par suite, on s'explique que de grands efforts soient faits en beaucoup de pays, notamment en Allemagne, pour développer la marine, pour améliorer les ports et les voies navigables, et l'on comprend combien il est désirable que la France consente des sacrifices semblables.

Parmi les exemples qui prouvent la nécessité d'un bon « outillage national, » on peut citer celui-ci : le séjour d'un navire à vapeur dans un port lui revient de 1.200 à 1.500 francs par 24 heures. Si un port ne dispose que de moyens médiocres, il sera bientôt abandonné. Aussi, est-ce par centaines de millions que se chiffrent les dépenses faites pour de grands ports, depuis une vingtaine d'années ; malheureusement, ce sont surtout des pays étrangers qui s'imposent ces sacrifices.

3° Les moyens de transport devraient être *organisés de façon à unir leur action, à s'entr'aider* : la rivalité qui se produit chez nous en certaines régions entre compagnies de chemins de fer et canaux est un mal, quand elle occasionne une gène dans le trafic ; l'Allemagne offre au contraire de nombreux exemples de coordination des efforts.

4° Les *tarifs* doivent être combinés de façon à servir les intérêts généraux du pays. Supposons qu'en France le prix de transport, par kilomètre, d'une tonne de houille soit supérieur au tarif allemand : ce sera pour nos industriels une cause d'infériorité ; car, même en ne tenant compte que des frais de transport, les houilles françaises leur reviendront plus cher que les houilles allemandes à leurs rivaux.

Les tarifs et les itinéraires des compagnies de chemins de fer et de navigation donnent lieu à des questions très complexes.

« Le mélange d'intérêts internationaux fait de la conduite d'un réseau de chemins de fer une véritable question de délicate diplomatie. » (M. Dubois.)

Bien des plaintes ont été formulées contre les conditions des transports en France. Voici, à titre de renseignements, quelques-unes de ces critiques.

1º Pour expédier des marchandises en petite vitesse de Londres à Manchester (297 kilomètres), il faut un jour; il en faudrait quatre pour les transporter de Roubaix à Rennes (223 kilomètres). Les marchandises sont envoyées en 4 jours de Hambourg à Mulhouse (852 kilomètres), en 13 jours de Roubaix à Bordeaux (840 kilomètres).

« Il faut le même temps pour expédier des produits de Roubaix à Marseille (1.118 kilomètres) que pour en envoyer de Roubaix à Chicago (5.268 kilomètres), dont 4.000 sur mer. » (*Réforme économique*, 1902.)

2º « Nos tarifs sont trop élevés : maîtresses du trafic intérieur, nos compagnies le frappent de charges considérables ; obligées de s'entendre avec les étrangers pour le trafic international, elles transportent trop souvent les produits étrangers à meilleur compte que les produits français. » (P. Foncin.)

LECTURES

1. *Grands magasins*

Rien n'est plus faux que de représenter le grand magasin comme pouvant à son gré, soit abaisser les prix pour ruiner ses concurrents, soit les exagérer pour grossir ses bénéfices. Toutes ces maisons de nouveautés faisant de nombreuses annonces, le public féminin qui forme les gros bataillons de leur clientèle compare sans cesse leurs catalogues les uns aux autres ; aucune d'elles ne pourrait majorer une marchandise, sans en voir cesser aussitôt le débit. Bien mieux : poursuivant à l'envi les uns des autres la dernière limite des concessions à faire, les chefs de comptoirs sont exactement au courant du prix de vente de leurs spécialités dans chacun des magasins rivaux.

Le *Louvre* offre-t-il pour 1 f. 50, à la quatrième page des journaux, le mètre de tel tissu de coton, le *Bon Marché*, qui fait sa publicité le lendemain, portera le même madapolam à 1 f. 40 et le *Louvre* ripostera parfois le surlendemain en le cotant 1 f. 35. Il n'est pas rare de voir certains prix corrigés ainsi, alternativement, à quelques jours d'intervalle. Pour se rendre compte de la marchandise à laquelle correspondent ces prix, les chefs de comptoirs du *Bon Marché* font souvent acheter au *Louvre*, ainsi que ceux du *Louvre* au *Bon Marché*, quelques décimètres des étoffes sur lesquelles porte principalement la bataille, afin de pouvoir répondre à la cliente qui objecte une différence de 5 ou 10 centimes avec le prix d'une autre maison : « Madame, ce n'est pas le même article. »

... Le bénéfice net varie sur chacun des articles d'un même rayon, suivant sa part de frais généraux. Pour livrer un bahut de cuisine de 10 francs à l'extrémité de Neuilly, le *Louvre* mobilisera un omnibus et deux chevaux, montera le meuble au quatrième étage et essuyera peut-être des reproches très vifs, parce que ses porteurs ont frôlé de trop près la peinture de l'escalier. Une cliente se fait envoyer à domicile un plateau de 95 centimes : elle est absente et l'on prie le garçon de repasser pour la facture. Le même garçon reviendra quatre ou cinq fois avant d'être payé ! Nul doute que, dans tous les cas de ce genre, il y ait perte pour le magasin.

Le dépouillement de la correspondance devant se faire avec rapidité, 250 commis sont chargés d'ouvrir et de distribuer entre les divers services les lettres qu'on étale devant eux. A mesure que ces missives remontent des rayons, où elles ont été envoyées pour l'exécution, on formule les réponses ; s'il s'agit d'une demande de conseils, des femmes sont chargées de les donner et de diriger les clientes, indécises entre le rouge écrevisse et le rouge tour Eiffel. Ce n'est pas une mince besogne que de confectionner les échantillons nécessaires : environ 200 millions par an. Six machines sont chargées d'en couper 32.000 à l'heure.

Nul n'use plus largement de la réclame que le magasin de nouveautés où elle revêt mille formes ingénieuses : ce sont les 500 petits ballons à grelots, quotidiennement distribués, qui coûtent au *Louvre* 50.000 francs par an ; c'est le buffet gratuit qui représente une somme égale ; ce sont les 25.000 bouquets de violettes offertes aux clientes du *Printemps*, lorsque son *patron*, le 20 mars, succède à l'hiver, ou encore les primes gratuites que donne la *Samaritaine* à ses acheteurs du vendredi, afin de corser la vente de ce jour néfaste, en combattant les superstitions antiques qui taquinent encore ce siècle.

G. d'Avenel, *Le Mécanisme de la Vie moderne*,
Première série. — Armand Colin et Cie, éditeurs.

2. Quelques renseignements sur le commerce français à l'étranger

On ne saurait se dissimuler que de grands efforts s'imposent à nous. « Si l'on considère l'activité des quatre plus grandes nations commerçantes au cours des quinze dernières années, on voit que l'augmentation de nos exportations a été de 18 % pour la France, de 29 % pour l'Angleterre, de 69 % pour l'Allemagne, de 87 % pour les États-Unis. » (Aimond.)

De l'étude des rapports de nos consuls à l'étranger, on peut détacher de très utiles observations. En voici quelques-unes :

1° *Nous n'avons pas encore renoncé à la fâcheuse habitude d'attendre le client :* beaucoup de Français, restant convaincus de la supériorité de leurs produits, ne se dérangent pas, et d'autres, plus actifs, prennent leur place ;

2° *Traiter les affaires par correspondance* (ce qui ne suffit pas dans le pays même) *est tout à fait insuffisant au dehors :* il faut, ou fonder en pays étrangers des dépôts, ou y avoir des représentants, parlant la langue du pays et qui se rendent sur les lieux à époques fixes.

« Beaucoup de nos commerçants comptent encore trop sur la vertu de la correspondance. » (Consul français au Canada, 1902.)

« La profusion des circulaires, prospectus, albums, même les mieux faits, n'aboutit plus à rien. La clientèle dans toutes les spécialités a pris l'habitude d'être visitée, recherchée, consultée. » (Consul à Naples, 1902.)

« Rien n'est vendu sans effort et, pour une fois que le client vient chercher la marchandise, il est dix occasions de vendre qu'on manque, si l'on ne la lui propose pas. » (Consul aux Etats-Unis.)

« Au Canada, l'exportation des aciers en barre français a passé de 20.000 à 45.000 francs d'une année à l'autre ; un des chefs d'une grande aciérie a visité le pays et fait connaître la qualité de nos aciers. » (Consul au Canada.)

« Se trouve-t-il en France un groupe d'exportateurs disposés à tenter un effort, à consentir quelques sacrifices en vue de faire étudier par un homme compétent les avantages qu'ils pourraient retirer de la création de magasins ou dépôts ? » (Consul en Russie, 1903.)

3° *Il faudrait consulter non pas nos goûts, mais ceux du client.*
« Nos habitudes paraissent répugner décidément à avilir par trop les prix sur certains articles courants, même les plus ordinaires... Au

contraire, ce que les Allemands semblent rechercher avant tout et souvent à des risques énormes, c'est de vendre beaucoup, pas cher et à des délais de crédit invraisemblables. » (Consul à Naples, 1903.)

4° *Les usages spéciaux du pays devraient être connus.* « Nous semblons ignorer que les négociants russes n'acceptent jamais de traiter à vue. Il résulte souvent de cette ignorance des malentendus et des froissements regrettables. » (Consul en Russie, 1901.)

« Il faudrait créer des succursales à Londres, envoyer des catalogues rédigés en anglais, avec les mesures anglaises et les prix en monnaie anglaise. » (Consul à Londres, 1901.)

Enfin, on signale avec raison :

Que beaucoup de journaux étrangers font une grande place aux questions d'exportation et y intéressent le public, tandis que les nôtres n'en parlent pas ;

Que de grandes villes étrangères ont créé des offices de renseignements à l'usage des exportateurs ;

Qu'enfin, d'une manière générale, nous souffrons des conséquences d'un préjugé : « Nous en sommes encore, dit M. Siegfried, ancien ministre du commerce, à penser que le commerce est si peu de chose qu'il n'est besoin d'y préparer personne et qu'il lui suffira toujours des fruits secs de certaines professions. »

CHAPITRE III

LA MONNAIE

Définition. — On peut, à la rigueur, concevoir l'échange d'un produit contre *n'importe* quel autre; par exemple, rien n'empêche d'échanger une quantité quelconque de blé contre des chaussures, un vêtement pour un animal; dans les tribus sauvages s'effectuent de semblables marchés. Mais ce mode d'échange, qui s'appelle le *troc*, présente bien des difficultés; il faut rencontrer quelqu'un qui puisse céder ce qu'on désire, et qui, de plus, ait besoin précisément de ce qu'on possède. Je voudrais acheter des chaussures; il serait facile de trouver un cordonnier, mais, si c'est avec du blé que je puis payer, le marchand voudra-t-il accepter ce produit; n'a-t-il pas besoin d'autre chose? Encore est-il à remarquer que ce cas est relativement simple : on peut proportionner la quantité de blé à la valeur d'un produit, mais que faire si, pour payer, je ne disposais que d'animaux?

Toutes ces complications ont fait rechercher un moyen de faciliter les échanges, et celui qu'on a trouvé consiste dans l'adoption d'un produit qui servira pour tout payer. Le cultivateur livrera son blé contre ce produit, qui sera reçu par le bottier, et celui-ci à son tour pourra l'utiliser pour ses achats. Le produit adopté constitue la monnaie. La *monnaie* est donc, selon l'expression de Mirabeau, « un *objet*

*revêtu de la confiance publique et qui sert de com-
mune mesure à tout ce qui se vend. »*

**Raisons de l'emploi des métaux précieux comme mon-
naies.** — La monnaie adoptée a varié selon les temps
et diffère encore selon le degré de civilisation : on
s'est servi, on se sert encore parfois, comme monnaie, d'animaux, de bijoux, de coquillages, de blé,
de barres de sel ; mais, chez la plupart des peuples,
les *métaux précieux* sont adoptés comme instruments
des échanges. Aux avantages qui les firent choisir
tout d'abord, couleur et éclat agréables, malléabi-
lité, s'en joignent de plus importants : ils possèdent une grande valeur sous un faible volume ; la
durée en est presque illimitée, par suite de leur
dureté et de leur inaltérabilité ; — ils sont partout
identiques à eux-mêmes (il y a bien de l'or rouge et
de l'or jaune, mais ces différences n'influent pas sur
la valeur) : or, une mesure doit être uniforme ;
on peut diviser facilement les lingots, en faire des
pièces très petites, et, de plus, chaque partie a une
valeur exactement en rapport avec son poids, tandis
que d'autres corps précieux, le diamant par exemple, perdent de leur valeur quand on les morcelle.

On sait qu'il a fallu joindre aux monnaies d'or
et d'argent des pièces faites de métal moins coûteux : cuivre, nickel ; c'est que les métaux précieux
ont trop de valeur pour servir au paiement de sommes minimes : la pièce d'argent de 0 f. 50 est déjà
très petite ; que serait celle de 0 f. 05 ?

**Comment on en est arrivé aux formes actuelles de
monnaies.** — Au début, on n'eut pas de monnaies
comme les nôtres : 1° on pesa les lingots (1) ; 2° pour

(1) Aujourd'hui encore, c'est ainsi qu'on procède souvent en Chine : le
Chinois qui se propose de faire un certain nombre d'achats un peu coûteux

éviter cette opération, on fabriqua des lingots d'un poids et d'un titre déterminés; 3° pour empêcher la diminution de poids et de titre, certains signes (parfois des cachets) garantirent la valeur; 4° des réductions s'opéraient frauduleusement dans les parties non gravées : or, imagina de donner aux pièces la forme de disques portant des signes, des inscriptions sur toutes les faces : pour en diminuer la valeur, il faudrait rogner partout, et la disparition des signes inscrits révélerait la fraude.

Rôle des gouvernements. — Les gouvernements ont un rôle important dans les questions monétaires :

1° Ils déterminent les conditions de poids, de titre auxquelles les pièces doivent satisfaire ; 2° ils fabriquent eux-mêmes les monnaies et en garantissent la valeur; 3° ils en décrètent le *cours forcé*. Par suite de ces mesures, les monnaies circulent dans tout le pays et sont acceptées par tous.

Les gouvernements ont longtemps abusé de leur pouvoir d'attribuer une valeur aux monnaies. Les uns rognèrent les pièces, tant et si bien que la livre d'argent, ainsi appelée parce que, au temps de Charlemagne, elle pesait vraiment une livre (alors, 408 grammes) ne correspondait plus qu'à un poids de 5 grammes en 1789 ; d'autres firent de la fausse monnaie ; d'autres changèrent les valeurs.

Monométallisme et bimétallisme. — En France, un créancier est obligé de recevoir en paiement soit de l'or, soit de l'argent ; en Angleterre, en Portugal et dans les pays scandinaves, les paiements en argent peuvent être refusés; dans l'Inde, au contraire, c'est de l'argent, non de l'or, qu'il faut donner. On

emporte un lingot qui a la longueur et l'épaisseur d'un fil de laiton, de façon qu'on puisse le couper facilement.

exprime ces faits en disant qu'il y a des pays *bimétallistes*, d'autres *monométallistes* (or ou argent), et l'une des questions principales relatives aux monnaies est celle de l'adoption du monométallisme ou du bimétallisme.

Qu'en faut-il penser?

1° Évitons d'abord une erreur : quand on dit d'un État qu'il est monométalliste-or, par exemple, on n'entend pas que tous les paiements s'y font exclusivement en or, car, pour les petites sommes, l'argent est indispensable, mais l'argent ne peut y servir au-dessus d'une limite fixée.

2° Pourquoi des pays admettent-ils que l'or et l'argent doivent être reçus l'un et l'autre? Parce que l'emploi de deux métaux accroît le numéraire disponible et, par suite, facilite les échanges. Mais des inconvénients existent qui ont déterminé certains États à ne plus donner qu'à un métal, — l'or presque toujours, — le pouvoir de libérer des dettes. Voici, en effet, ce qui se passe avec le bimétallisme : notre régime monétaire en offre de curieux exmples.

Les paiements, décrète-t-on dans un État bimétalliste, s'effectueront soit en or, soit en argent. Il est nécessaire de fixer immédiatement les quantités, en poids, d'or et d'argent dont les valeurs seront considérées comme équivalentes : chez nous, en 1803, tenant compte des prix de ces deux métaux, on décida qu'une pièce de 5 francs en or pèserait 1 g. 613, qu'une pièce de 5 francs en argent pèserait 25 grammes et l'on établit le rapport fondamental de la valeur des deux métaux : rapport de 1 à 15,5.

La situation paraît très simple; mais, en réalité, des difficultés surgiront, et voici pourquoi : les métaux employés comme monnaies n'échappent pas à la loi générale des produits, des marchandises, et leurs valeurs varient. Qu'on trouve de nouvelles mines d'or ou d'argent, et l'or ou l'argent vaudra moins que par le passé; comme il est invraisemblable que les deux métaux varient à la fois, dans le même sens et dans la même proportion, que deviendra le rapport légal de leurs valeurs ?

Mais, dira-t-on, cela importe peu : le public ne s'inquiète guère du cours des métaux précieux; il lui suffit d'avoir, pour les monnaies, la garantie du gouvernement. Nous allons voir, en France même, certains faits qui modifieront cette opinion.

Changements survenus dans notre système moné-taire (1). — Vers 1850, la découverte de mines en Californie et en Australie augmenta beaucoup la quantité d'or en circulation et *la valeur de l'or diminua.* La spéculation suivante se produisit. Supposons que le kilogramme d'or ne vaille plus que 3.000 francs, au lieu de 3.100 ; en apportant à la Monnaie de Paris ce kilogramme, on reçoit 3.100 francs ; l'opération est aussi simple que fructueuse. De plus, on demandera que les paiements soient effectués, non en or, métal

(1) A ce sujet, il est bon de connaître la loi économique de Gresham, Gresham, ministre de la reine Elisabeth, ayant remarqué qu'à la suite de la frappe de pièces d'or, les nouvelles monnaies ne circulaient presque pas, réfléchit à ce fait, et il se l'expliqua en songeant que les gens portés à thésauriser recherchaient les pièces neuves, de telle sorte que les autres pièces servaient presque seules dans les échanges, et il formula ce principe : « Si un pays a deux monnaies d'inégale qualité, la mauvaise monnaie chasse la bonne. »

De notre temps, la loi de Gresham se trouve appliquée non seulement quand il s'agit de pièces neuves ou de pièces usées, mais dans des circonstances plus importantes :

1° Quand un Etat met en circulation une monnaie métallique et une monnaie de papier ; si celle-ci n'inspire pas confiance, c'est précisément elle qui reste dans le pays, parce que les étrangers exigent le paiement en métal, ce que les nationaux ne peuvent faire.

2° Si de deux métaux servant de monnaies, l'un vient à augmenter de valeur et à dépasser sa valeur fiscale, il arrive qu'il disparaît presque en totalité du pays : d'une part, en effet, les étrangers veulent être soldés en bonne monnaie; d'autre part, on *achète* cette dernière pour la *revendre* au poids : curieuse opération qu'on s'explique facilement en pensant que, s'il arrivait que l'or d'une pièce de 20 francs valût plus de 20 francs, on aurait intérêt à vendre la pièce comme lingot.

déprécié, mais en argent, surtout si l'on a (et tel est le cas de beaucoup de maisons anglaises) des achats à faire dans l'Inde, qui vit sous le régime du monométallisme-argent. C'étaient surtout les banquiers qui faisaient ces opérations, et des sommes considérables d'argent étaient envoyées hors de France. Pour arrêter la fuite de la monnaie d'argent et n'être pas obligé d'effectuer les petits paiements avec des pièces de cuivre, lourdes et incommodes, la France s'entendit avec d'autres pays (Belgique, Italie, Suisse, Grèce) (1) pour décider que les pièces d'argent, sauf celles de 5 francs, ne seraient plus qu'au titre de 835/1.000, ce qui leur donnerait une valeur nominale *au-dessus* de leur valeur réelle : désormais les pays étrangers ne les rechercheraient plus ; — on décidait aussi que ces pièces auraient cours légal jusqu'à 50 francs seulement (100 francs dans les versements aux caisses publiques).

Depuis 1875, c'est l'*argent* qui *a baissé de valeur* et dans des proportions considérables : le kilogramme d'or vaut actuellement plus de 40 kilos d'argent. De nouvelles spéculations se faisaient : avec un kilogramme d'or d'une valeur de 3.100 francs, on achetait sur le marché des métaux 40 kilos d'argent. On les portait à la Monnaie qui donnait en échange $200 \times 40 = 8.000$ francs. Cette fois, les pays de l'*Union latine* prirent une mesure radicale : ils suspendirent complètement la frappe de la monnaie d'argent pour le compte des particuliers.

Conclusion. — Afin d'éviter toutes ces complications, pourquoi ne pas adopter le régime monométalliste ?

Deux raisons s'y opposent :

---

(1) Cette union fut nommée l'*Union latine*.

1° L'emploi de plusieurs métaux comme monnaie présente deux avantages : les moyens d'échange en sont accrus; les variations de valeur d'un métal, ne portant pas sur tout le numéraire à la fois, se font moins sentir.

2° L'adoption du monométallisme-or amènerait en France un trouble économique grave : l'argent subirait une nouvelle dépréciation.

La Banque de France serait fort atteinte, car elle a dans son encaisse métallique plus d'un milliard en argent (1).

LECTURE

La richesse d'une nation ne consiste pas dans l'argent qu'elle possède

En général, on n'a qu'une idée très fausse de la richesse, et conséquemment, du meilleur état possible d'une nation. Nombre de gens, par le terme de richesse, n'entendent autre chose que de l'argent; ils se persuadent que l'argent est le principe et la mesure de la prospérité d'une nation. Il est pourtant vrai qu'avec plus d'argent on peut être plus pauvre. On ne consomme point l'argent en nature; une richesse en argent ne se réalise que par l'échange qu'on en fait contre des choses usuelles : cette richesse n'est donc point une richesse absolue, une richesse par elle-même; elle n'est au contraire qu'une richesse relative, une richesse dont la valeur dépend absolument de la quantité de choses usuelles qu'on peut se procurer en échange de son argent.

Une autre preuve encore que l'argent n'est ni le principe, ni la mesure de la prospérité d'une nation, c'est que l'argent ne multiplie point les choses usuelles, mais les choses usuelles multiplient l'argent, ou du moins lui impriment un mouvement qui tient lieu de multiplication : un seul écu, qui change de main cent fois, équivaut à cent écus et rend les mêmes services; car il est parvenu successivement à représenter une valeur de cent écus en marchandises...

(1) On estime que le numéraire employé dans les échanges représente près de 50 milliards, dont 28 milliards d'or. Par rapport à sa population, la France est le pays qui possède le plus de monnaie : 5 milliards en or et 3 milliards en argent. L'Angleterre, où le commerce est beaucoup plus considérable, n'a guère que 2 milliards et demi d'or et un demi-milliard en argent; en revanche, la circulation des effets de commerce et de crédit y est bien plus active qu'en France.

Qui ne sait que l'argent n'est qu'un moyen d'échange? Que tous
les jours même on le supplée par le crédit et le papier, de manière
que les plus grandes affaires dans le commerce se font sans argent?
Mais, tandis qu'il est divers expédient qui suppléent l'argent, il n'en
est aucun pour suppléer les productions : quelle est donc la véritable
richesse, ou de la chose dont on se passe très bien, ou de celle dont
on ne peut se passer?...

Il est donc évident que ceux qui, pour apprécier la richesse d'une
nation, ne font attention qu'à la quantité d'argent qu'elle possède,
prennent l'effet pour la cause; car une richesse en argent n'est que
l'effet d'une richesse en productions, converties en argent par le
moyen des échanges. Entre ces deux sortes de richesses, il est une
grande différence; la richesse en argent, séparée de la source qui la
reproduit pour vous, se dissipe par vos dépenses, de sorte que vous
ne pouvez en jouir sans vous appauvrir; elle n'est ainsi que passagère,
au lieu que la richesse en productions se nourrit et se perpétue par la
consommation même, tant que cette consommation n'est point de
nature à altérer les causes naturelles de la reproduction.

MERCIER DE LA RIVIÈRE (1).

(1) MERCIER DE LA RIVIÈRE (1720-1793) fut un des plus importants économistes
de l'école des Physiocrates, qui plaçaient dans l'agriculture le fondement de la
richesse. Son principal ouvrage a pour titre : *De l'ordre naturel et essentiel dans
les sociétés politiques* (1767).

CHAPITRE IV

LE CRÉDIT

Définition du crédit. — Tel particulier ne paie ses fournisseurs qu'à la fin de chaque mois; un commerçant n'achète pas au comptant : il s'engage par écrit à solder une facture trois mois après avoir reçu la marchandise; un propriétaire, qui a besoin d'argent, en emprunte, consentant, comme garantie, hypothèque sur un immeuble qui lui appartient; une entreprise industrielle se crée et demande au public de souscrire certaines sommes qui seront remboursées aux ayants droit et pourront leur rapporter un intérêt, des bénéfices : dans tous ces cas, il y a eu des opérations, dites de *crédit*, parce que des gens ont fait à d'autres des avances de marchandises ou d'argent, parce qu'ils ont eu *confiance* soit dans des promesses, soit dans des garanties diverses. Le *crédit* est donc l'ensemble des opérations par lesquelles le propriétaire d'un capital ou d'une marchandise les livre contre une promesse de remboursement ou de paiement (1).

Les opérations de crédit. — Le crédit a de nos

(1) Le mot *crédit* a d'autres sens. Il désigne aussi le délai de paiement accordé à un débiteur, et, d'autre part, dans les expressions comme celle-ci : « le crédit d'un commerçant, » il indique la confiance qu'inspire une personne et qui fait qu'elle trouvera à acheter à terme ou à emprunter.

jours un rôle considérable : l'énumération des opérations et des titres de crédit en est la preuve.

I. Opérations ayant un caractère particulièrement commercial : 1° Une ménagère ne fait pas ses achats au comptant : on lui consent un crédit sans lui demander aucun engagement écrit.

2° Un débiteur s'engage par écrit à verser une certaine somme qu'il doit : cet acte est une *reconnaissance*. — Le créancier peut demander que le paiement soit fait à lui-même ou à telle personne qu'il désigne : la pièce rédigée à cet effet par le débiteur est un *billet à ordre* (« Je payerai à M. X. ou à son ordre la somme de...»). — Au lieu d'un billet à ordre, on peut rédiger un écrit dans lequel le créancier invite le débiteur à payer (« Veuillez payer à M. X. ou à son ordre la somme de... »). Le billet ainsi conçu est une *lettre de change* ou *traite*.

II. Crédit sur garanties matérielles. — 1° *Prêt sur gage*. — Vous me prêtez de l'argent sur ma montre, que vous conservez comme garantie. Vous me la rendrez quand je rembourserai, en payant de plus, si nous en sommes convenus, des intérêts. Ce genre de prêts sur gages s'effectue en grand dans les *Monts-de-Piété*.

Les prêts des *Monts-de-Piété* sont sollicités surtout par des personnes gênées, mais d'autres ont une importance commerciale : de vastes établissements, dits *magasins généraux*, reçoivent en dépôt, moyennant rétribution, des marchandises. D'une part, ils épargnent aux commerçants l'obligation de posséder des immeubles coûteux ; de l'autre, ils leur fournissent le moyen de crédit suivant : ils leur délivrent deux pièces, *récépissé* et *warrant*, indiquant la nature, le poids et la qualité des marchandises

déposées ; le dépositaire qui désire de l'argent trouvera ainsi à en emprunter : il lui suffit de remettre le
warrant seul à son prêteur ; celui-ci aura comme
garantie la marchandise, qu'on ne pourra retirer
qu'en présentant à la fois le récépissé et le warrant.

2° *Prêt sur hypothèque.* — Je désirerais disposer
de 5.000 francs ; pour les avoir, je m'adresse à un
notaire ou à un particulier, en offrant de constituer à
la personne, qui consentira le prêt, une hypothèque
sur ma maison : si au terme convenu la somme
prêtée n'est pas remboursée, le prêteur aura le droit
de faire vendre l'immeuble et de prélever sur le
prix de vente ce qui lui sera dû.

Un grand établissement, le *Crédit foncier*, fondé
en 1852, a la spécialité de ces avances, faites sur des
immeubles, surtout pour la construction de maisons.
Il a adopté un système de remboursement extrêmement ingénieux : il prête à de très longues échéances,
et l'on s'acquitte par des annuités, qui comprennent
le capital et les intérêts.

III. Opérations de banque. — Quel est le rôle d'un
banquier ?

1° Il reçoit des *dépôts*, c'est-à-dire des sommes qui
lui sont remises, parce qu'elles sont plus en sûreté
chez lui, ou parce qu'il en paiera l'intérêt.

2° Il prête sur *titres* : il n'est pas toujours facile ou
avantageux de vendre les titres qu'on possède ; si l'on
a besoin d'argent, le banquier avancera, moyennant
intérêt, une somme inférieure à la valeur du gage,
par exemple, 70 ou 80 francs sur un titre de 100 francs.

3° Il *escompte* les effets de commerce, c'est-à-dire
qu'il les paie avant l'échéance, en prélevant un intérêt
et la rétribution du service rendu.

4° Il établit, il « ouvre » des *comptes courants* : les
personnes en relations fréquentes avec lui ont un

compte ouvert à sa banque; tantôt elles versent de l'argent à leur compte, tantôt elles se font délivrer les sommes dont elles ont besoin.

5° Il délivre des *chèques* : une personne qui a des paiements à faire ou qui, allant en voyage, préfère ne pas emporter d'argent, confie à une banque une certaine somme, jusqu'à concurrence de laquelle il lui est délivré des ordres de payer, des chèques.

6° Il opère des *virements de comptes* : B doit 1.000 francs à C; C doit 500 francs à B. Sans doute, il suffirait à B de verser la différence ; mais, si tous deux ont des comptes dans la même banque, on n'aura qu'à porter à leur actif ou à leur passif les sommes dont il s'agit, et tout déplacement de fonds sera inutile.

Des applications importantes et curieuses ont été faites de ce procédé : la plus remarquable est réalisée au *Clearing House* de Londres.

Nous avons supposé qu'il n'y avait en jeu que deux personnes et une seule banque : on peut agrandir le circuit, supposer des milliers de commerçants et tout un groupe de banquiers. Ceux-ci se substitueront à leurs clients, feront les différences le plus souvent possible, chaque soir par exemple; les solderont à des époques déterminées : même ces règlements en monnaie pourront ne s'effectuer que très rarement; et ainsi, on n'aura presque pas besoin de numéraire.

Les représentants des banques de Londres se réunissent tous les soirs au Clearing House. Chacun inscrit ce que réclame sa maison, remet aux autres les indications qui les concernent, en reçoit celles qui intéressent sa banque et l'on arrête le solde de chaque établissement. Les maisons débitrices n'ont pas besoin de régler en numéraire; comme toutes ont des comptes à la Banque d'Angleterre, elles paient en chèques. Et la Banque elle-même ne donne que rarement son or ou ses billets : elle se borne à faire des *virements*. Le Clearing House de Londres opère ainsi des « compensations » s'élevant à 200 ou 250 milliards par an ! .

IV. **Emission d'emprunts** (avec ou sans l'intermédiaire de banques). — 1° Une *société* se constitue pour exploiter une mine, pour tirer parti d'une invention : elle fait appel au public, lui demande de souscrire des sommes déterminées. Souvent, les parts peuvent ne pas dépasser 100 francs : la petite épargne est ainsi attirée. Les souscripteurs ont le choix entre deux modes de participation : ils seront ou des *actionnaires*, ayant droit à un intérêt fixe et, en plus, à une part des bénéfices, selon qu'ils sont plus ou moins hardis et désireux de gains élevés ; alors, ils courent les chances et les risques de l'entreprise, — ou, plus modestement, des *obligataires*, recevant un intérêt fixe et ne subissant pas les pertes. D'autre part, les titres sont soit *au porteur*, ce qui permet de les transmettre sans formalités, soit *nominatifs*, ce qui constitue une garantie en cas de perte ou de vol.

2° Les *communes*, les *départements*, l'*Etat* contractent aussi des emprunts.

De l'ingéniosité de certains procédés employés dans les opérations de crédit. — Essayons de nous rendre compte de ce qu'il y a d'habile et d'heureux dans différents procédés de crédit :

1° On avance un capital : dans la plupart des cas, ce n'est pas pour être agréable à l'emprunteur, mais parce qu'on sait devoir toucher un *intérêt*.

2° Prêter, faire crédit, c'est souvent courir un risque ; aussi, la loi s'applique-t-elle à *rassurer le créancier* : il peut exiger des garanties : en cas de non paiement, il fera vendre les biens de son débiteur; — il opérera une *saisie-arrêt* sur des sommes que celui-ci doit recevoir; il fera déclarer en faillite le commerçant qui n'exécute pas ses engagements, etc.

3° Parfois on ne pourrait prêter ou vendre à terme sans de grands embarras : un effet qui m'est dû ne·sera exigible qu'au premier janvier; que faire, si j'ai besoin d'argent avant cette date? La difficulté a été résolue : *je puis faire escompter le billet;* ou encore, j'écrirai au « dos » la mention : « Payez à l'ordre de ... (ici le nom d'un de mes créanciers); » celui-ci ira chez un banquier ou passera le billet à l'ordre d'un de ses fournisseurs; la lettre de change circulera ainsi de mains en mains, d'une ville à d'autres villes très éloignées, jusqu'au jour de l'échéance. Et tout se fait avec le minimum de formalités : quelques mots à inscrire, et cela suffit!

Services rendus par le crédit. — 1° *Le crédit favorise l'épargne :* il l'encourage par la certitude d'emplois nombreux et qu'on peut espérer profitables. Pour leurs épargnes, nos aïeux n'avaient que la ressource du « bas de laine » ou de la cachette improductifs, tandis que nous avons le choix entre les placements fructueux. De nos jours, les petites économies même trouvent à fructifier, car le plus souvent, lors des emprunts, des émissions d'actions et d'obligations, on peut souscrire des sommes assez faibles : 100 francs par exemple.

2° Les capitaux sont placés *dans les conditions les plus favorables* pour la production. Souvent les capitalistes n'ont pas le temps ou les dispositions nécessaires pour fonder des entreprises, tandis que des gens très aptes à tirer le meilleur parti des capitaux disponibles : ingénieurs, inventeurs, etc., manquent de ressources : les premiers prêtent de l'argent aux seconds, et ceux-ci peuvent obtenir d'excellents résultats en réunissant des sommes qui séparément seraient peu utiles; c'est ainsi que la plupart des grands travaux contemporains ont été possibles (établissement de voies ferrées, percement de l'isthme de Suez, etc.).

3° Le crédit permet *la production, l'échange ininterrompu*. Si toutes les opérations se faisaient au comptant, chaque producteur devrait attendre le moment où ses produits seraient écoulés pour acheter de nouvelles matières premières, pour payer ses ouvriers.

4° *Le crédit rend disponible une certaine quantité de numéraire*, qui peut être utilisée autrement.

5° Il est enfin une *merveilleuse extension de l'échange*: songeons qu'il n'y a en Angleterre que trois milliards de monnaie, alors qu'au Clearing House de Londres seul, se traitent annuellement plus de 200 milliards d'affaires !

Inconvénients et dangers du crédit. — 1° Il est une forme de crédit presque toujours funeste : nous voulons parler de *celui qui est fait au consommateur*. Sans doute, exceptionnellement, on rend service à quelqu'un en lui accordant un délai pour payer ; on lui permet ainsi de passer un moment difficile (1); mais,

(1) On ne saurait passer ici sous silence les maisons de vente à crédit, ou vente à *tempérament* qui, moyennant le versement d'une première somme, peu élevée, délivrent une quantité de marchandises d'une valeur bien supérieure, l'acheteur devant ensuite se libérer de sa dette par une série de petits paiements périodiques. Dans les grandes villes, les gens peu aisés, les ouvriers ont volontiers recours à ces maisons. On peut dire, en faveur de ce genre d'opérations, qu'elles permettent à beaucoup de ménages de se pourvoir d'un mobilier, de se créer un intérieur qu'ils n'auraient jamais eu sans cela : qu'en outre le paiement à tant par semaine, à tant par mois contraint à l'économie, par la nécessité d'être prêt à s'acquitter au jour de l'échéance. Quelque justes que puissent être ces observations, elles n'infirment pas ce qui est dit plus haut, d'une manière générale, des inconvénients que le crédit au consommateur peut aussi présenter.

n général, ce crédit est préjudiciable: il porte à faire
les acquisitions peu utiles, à prendre des engagements dont on ne mesure pas toutes les conséquences;
l'oblige à accepter, sans rien dire, des produits
médiocres; il prépare des actes de déloyauté, des
mensonges; il crée souvent enfin une vraie servitude.

2° *Le crédit à la production risque d'être dangereux* : — pour l'emprunteur, quand les avances faites
n'ont pas amené le succès d'une affaire, quand l'intérêt est trop élevé; — pour les prêteurs, souscripteurs,
fournisseurs qui n'ont pas toujours des renseignements certains sur les personnes auxquelles ils ont
accordé des délais. De nombreuses banques, des
sociétés plus nombreuses encore font de mauvaises
affaires; des entreprises sont atteintes par l'insuccès
d'autres maisons avec lesquelles elles avaient des
relations et par des événements dont elles ne sont
pas responsables : guerres, crises, etc.

Qu'en conclure? Renoncer au crédit? ce ne serait
ni intelligent ni possible; s'informer avec soin, faire
preuve de prudence, voilà ce qui s'impose.

Au nombre des dangers du crédit dans la vie courante, il faut signaler le suivant : il arrive que, pour
rendre service à un ami gêné, on consent, faute d'argent disponible, à prendre l'engagement de verser,
à une date fixée, une certaine somme si cet ami, qui
la doit, ne la paie point. Imprudence souvent fatale :
sait-on si, le moment venu, on aura les moyens de
payer? *Si vous le pouvez, aidez les autres de votre
bourse, mais ne les aidez jamais en engageant l'avenir.*

Importance d'une signature commerciale. — On ne
saurait trop réfléchir avant d'apposer sa signature
sur un effet de commerce. Le non paiement entraîne
des conséquences graves : conséquence morale : la
perte de la confiance, du *crédit;* — conséquences

matérielles : tous ceux dont les noms sont inscrits sur les effets commerciaux sont solidairement responsables ; celui qui ne paie pas voit dresser contre lui un acte d'huissier, dit *protêt*, sommation de payer qui disqualifie le commerçant et peut entraîner la *faillite*.

LECTURE

L'extension des grands établissements de crédit et la disparition des petites banques

« Les banques constituées par actions ont pris à la fin du XIXᵉ siècle un développement considérable ; elles étendent maintenant leurs rameaux sur toute la surface d'un pays et fondent même des succursales sur des places étrangères. En 1904, les cinq grandes banques françaises par actions (1) possédaient un capital d'un milliard. Les petites banques locales disparaissent successivement devant les agences des grandes sociétés de crédit : les unes sont absorbées, les autres cessent leurs affaires sans être remplacées. » (BOURGUIN, *Les Systèmes socialistes et l'Évolution économique*, p. 140. — A. Colin et Cⁱᵉ, éditeurs.)

« Les banquiers de chefs-lieux sont en train de disparaître. Il en est qui méritent d'être regrettés. Ils ont droit à un souvenir reconnaissant, ces prêteurs héréditaires et respectables, pères des commerçants du cru, les aidant volontiers de leurs conseils, les tirant au besoin d'un mauvais pas, lançant et commanditant des jeunes gens capables et sans ressources. C'est une pièce de l'ancien mécanisme social qui se renouvelle et se transforme en un mécanisme plus dur, plus banal et plus parfait. Le vice de ces maisons patriarcales et chancelantes était de majorer inconsciemment (2) le taux de l'intérêt. Elles achetaient l'argent des dépôts jusqu'à 6 %, et le vendaient de 10 à 12 % à l'épicier, au marchand de tissus et de meubles. Le crédit obtenu à ce prix soutient aujourd'hui le commerçant qui y recourt comme la corde soutient le pendu... Or le plus clair des bénéfices du petit banquier n'avait pas d'autre source. » (G. D'AVENEL, *Le Mécanisme de la vie moderne*, première série, A. Colin, édit.)

Bienfaits du crédit

Les bienfaits du crédit procèdent de ce seul fait qu'il active le ser-

____

(1) Banque de France, Crédit Lyonnais, Société Générale, Crédit Industriel, Comptoir d'Escompte.

(2) « Inconsciemment » n'est peut-être pas le mot exact pour tous les cas.

vice des capitaux. Il les ramène sans cesse vers des emplois féconds ; il abrège le temps de leur inertie, de leur sommeil, et multiplie en quelque sorte leur puissance reproductive. C'est ce qu'on
exprime ordinairement par ce mot énergique, *activité de la circulation*, mot bien connu, quoique rarement compris dans sa portée.

Si l'on veut se représenter, par un exemple frappant, toute la
différence qu'il y a entre un état de choses où le crédit règne, et un
autre d'où ce crédit est absent, on n'a qu'à se transporter par la
pensée à un de ces moments, comme tout le monde en a pu voir, où
tout à coup la confiance se retire, où le commerce s'embarrasse, et
qu'on appelle des crises commerciales. Ces crises sont souvent produites, chacun le sait, par des événements subits, inattendus, n'ayant
d'ailleurs aucun rapport direct avec le commerce. Qu'arrive-t-il
cependant? Du jour au lendemain, les transactions sont suspendues,
la circulation des produits est arrêtée ; plus de vente ; les magasins
s'encombrent, et bientôt la production elle-même se ralentit. D'où
vient alors une décomposition si étrange et si prompte ? Pourquoi,
par exemple, cet extraordinaire et si rapide décroissement de la vente,
quand il semble qu'en si peu de temps les besoins n'aient pas
changé? Il est évident que tout ce désordre n'a pas alors d'autre
cause que l'affaiblissement de la confiance et la disparition du crédit.
Par le vide que le crédit laisse en se retirant, qu'on juge de la place
qu'il occupait.

Ainsi, l'effet actuel de l'introduction du crédit dans les relations
commerciales est d'augmenter, sinon la somme des valeurs qu'un
pays possède, au moins celle des valeurs actives. Voilà l'effet immé-
diat. Il est déjà grand, on l'a vu ; mais l'effet prochain ou subséquent
sera plus grand encore, car, par cela même que tant de valeurs oisi-
ves ont été rendues au travail, que la puissance productive s'est
accrue, ainsi que la facilité de vendre ses produits, chaque industriel
aura donné à sa production un plus large essor. On aura vu en même
temps de nouveaux producteurs s'établir en plus grand nombre à
côté des anciens, encouragés tout à la fois par la facilité de se procurer des instruments, et par le surcroît général de la demande. Il se
trouvera donc le lendemain, dans les magasins, dans les ateliers,
plus de produits qu'il n'en existait la veille. Et la même cause agissant toujours, ces produits s'écouleront encore avec une rapidité
croissante, pour aller concourir à en former d'autres à leur tour.
L'effet se multipliera de proche en proche, et s'accroîtra pour ainsi
dire suivant une progression géométrique...

Ce n'est pas tout. Par cela même que le crédit met en valeur les
capitaux dormants, il donne de l'emploi aux hommes ; il utilise à la
fois les bras et les intelligences. C'est peut-être là, du reste, le plus
précieux de ses bienfaits. Combien d'hommes, dans un pays tel que
la France, qui languissent inoccupés ! Combien d'autres dont les bras

s'emploient, faute de mieux, à des travaux misérables, misérablement rémunérés! sans parler de ceux qui, doués d'une intelligence propre à diriger le travail des bras, ou à le féconder par des inventions utiles, ne trouvent, intelligences déchues, qu'à employer leur force brutale et physique. Ils consomment peu, ces hommes, mais, hélas! ils produisent moins encore, à charge à la société comme à eux-mêmes. Quand on y regarde bien, quelle immense déperdition de forces vives! Quel effrayant désordre! quel lamentable gaspillage de toutes les ressources d'une nation! Vienne le crédit, et ce désordre cesse. Capitaux, bras, intelligences, tout s'utilise, tout s'emploie, et chaque chose et chaque homme reçoit à l'instant l'emploi le plus utile et le mieux approprié à sa nature.

COQUELIN (1803-1852) (1).

(1) COQUELIN fut un des économistes qui, avec Bastiat, luttèrent pour le libre échange. Son principal ouvrage a pour titre : *Le Crédit et les Banques.*

CHAPITRE V

LES BOURSES

Rôle des Bourses. — Pour que la loi de l'offre et de la demande produise son plein effet, pour qu'il y ait une régularité, au moins relative, dans les prix, il faut qu'il existe beaucoup d'acheteurs et de vendeurs, qu'ils soient mis en présence les uns des autres et que les cours soient connus. Pendant long-temps, ces conditions étaient plus ou moins réunies dans les *foires*. Mais à notre époque les réunions d'acheteurs et de vendeurs en gros se tiennent surtout dans des établissements appelés *Bourses*, dont les principales sont (1) : *pour les marchandises*, celles de Liverpool, le Havre (café), New-York (cotons), Londres et Buenos-Ayres (laines brutes), Anvers et Roubaix (laines peignées), Londres et Hambourg (produits exotiques de toute sorte) ; — *pour les valeurs mot ilières*, le Stock Exchange de Londres où sont cotés plus de 3.000 titres représentant un total de 200 milliards ; la Bourse de Paris, qui cote plus d'un millier de valeurs, s'élevant environ à 150 milliards.

Dans les Bourses, vendeurs et acheteurs viennent de points très divers ; les offres et les demandes sont formulées à haute voix ; les principaux cours

(1) Au sujet des *Bourses du travail*, voir ci-après, l. V, ch. vi.

sont publiés lors de la clôture et les absents peuvent
être ainsi exactement renseignés.

Quelques opérations de Bourse. — Il se fait dans
les Bourses une multitude d'opérations, les unes *au
comptant*, les autres *à terme*, celles-ci portant sur des
marchandises ou des valeurs livrables et payables à
une époque fixée. Voici un aperçu très sommaire de
ces dernières.

1° Les marchés à terme portent toujours sur des
quantités importantes (1.500 francs de rente 3 %,
25 actions des sociétés anonymes, etc., et sur les
multiples de ces minima).

2° Au moment de l'échéance ou *liquidation*, on a
le choix entre trois partis : ou *exécuter* l'opération,
c'est-à-dire prendre livraison ; — ou *liquider* : c'est
le cas de l'acheteur qui a revendu pour cette date ;
son achat passe à un autre ; quant à lui, il a une
différence ou à recevoir ou à payer, selon que les
cours ont monté ou baissé ; — ou se *faire reporter* au
terme suivant ; c'est ce qu'on fait, quand on espère
une hausse.

3° Il faut mentionner les *marchés à prime*, par lesquels une des parties se réserve le droit de résilier
le contrat, en versant un dédit convenu. C'est la
veille de la liquidation (à 1 heure et demie) que l'acheteur doit déclarer s'il *lève la prime*, c'est-à-dire s'il
maintient le marché ou s'il l'*abandonne* : c'est la
réponse des primes. Le cours adopté alors a une
importance considérable, car il détermine le maintien ou la résiliation de milliers d'affaires.

Dans les Bourses des valeurs, il faut recourir à
des intermédiaires spéciaux, les *agents de change* (1),

---

(1) Les agents de change sont officiellement reconnus ; mais d'au... es intermédiaires sont tolérés, en particulier les *coulissiers*. A propos des agents de change,
signalons une dénomination assez curieuse. Comme ces charges coûtent fort cher,

tenus de verser un fort cautionnement (250.000 francs
à Paris) et solidairement responsables ; ils ne peuvent, d'après la loi, opérer pour leur compte et ne
traitent les affaires qu'entre eux.

Utilité de la spéculation. — Spéculer, c'est d'une
manière générale, faire des achats ou des ventes, non
pour obtenir ou céder réellement une marchandise
ou un titre, mais en vue de revendre ou de rache-
ter, en bénéficiant d'un écart dans les cours. En principe, ce genre d'opération a son utilité. En effet :

1° Beaucoup d'entreprises nécessaires n'ont pu
être constituées que de cette manière, par des financiers qui ont émis, acheté, vendu des actions, et
intéressé le public à certaines affaires : ainsi, il y
a quelques années, ont été « lancées » les entreprises d'électricité.

2° La spéculation atténue les écarts brusques des
cours, qui jetteraient la panique ou susciteraient des
engouements exagérés : souvent, celui qui spécule
achète dans les moments de baisse et vend quand
la hausse se produit.

3° En ce qui concerne les marchandises, les achats
à terme donnent au producteur ou au commerçant
la sécurité nécessaire. Ainsi, un industriel promet
pour une date assez éloignée une livraison, dont il
fixe le prix d'après celui des matières premières ;
il est donc nécessaire que ce prix ne soit pas mo-
difié ; d'autre part, se procurer immédiatement les
matières dont il a besoin entraînerait pour l'industriel
une avance de fonds : en achetant à terme, il évite
d'immobiliser ses capitaux et se garantit contre tout
risque.

parfois plusieurs personnes s'associent pour en acquérir une. L'une d'elles est
titulaire de la charge : aux autres, on donne souvent le nom de *quart d'agent
de change.*

Abus et dangers de la spéculation. — Même obtenue par des moyens honnêtes, la réussite dans les
spéculations ne mérite pas toujours une approbation sans réserve, pour une raison qu'il y a plus de
cent ans, le chancelier d'Aguesseau indiquait déjà :
« Une journée d'agiotage, dit-il, est souvent plus
lucrative que des années de peine et d'application. »
Et il est curieux qu'un milliardaire contemporain,
qui dut voir de bien près cette sorte d'opération,
écrive : « Le spéculateur est un parasite. Quand il
réussit, il commet un vol, puisqu'il reçoit son argent
sans avoir rendu de service. Quand il per', il est
volé à son tour. » (1)

La spéculation entraîne pour celui qui s'y livre de
gros risques, et des « kracks » retentissants se produisent souvent. Nous ne pouvons qu'indiquer ici
quelques-uns des moyens peu honnêtes employés
par des professionnels de la spéculation. On émet
des actions qui ne correspondent à aucune valeur
réelle ; on crée des syndicats de garantie, qui ne
garantissent rien. Pour influer sur l'opinion, on tire
parti de tous les faits de quelque importance ; on
s'applique à rendre plus difficile la situation politique ; on répand de faux bruits. On « étrangle » les
cours par des articles de journaux, par l'achat d'une
masse de titres qu'on vend, même à perte, afin de les
déprécier, et qu'on rachète quand le prix est jugé
assez faible. Des marchés à terme s'effectuent entre
des gens ne possédant ni un titre, ni une marchandise, mais qui comptent réaliser des bénéfices, grâce
aux différences des cours. Une multitude de circulaires et environ 400 publications spéciales sont adressées par les financiers et, comme il est naturel, les
plus dangereuses contiennent des déclarations d'hon-

(1) CARNEGOIR, *L'Empire des affaires.*

nèteté, auxquelles les esprits simples se laissent prendre.

Aussi tous ceux qui ne sont pas des professionnels et dont les ressources sont modestes ne montreront-ils jamais trop de méfiance à l'égard de toutes ces offres.

Comment d'ailleurs ne pas faire, à ce propos, la réflexion que voici : des gens nous demandent de leur confier nos fonds en nous promettant des bénéfices énormes. S'ils disaient vrai, si les affaires qu'ils nous vantent étaient si extraordinairement avantageuses, quel besoin auraient-ils de nous ? Il leur suffirait d'avoir quelques louis en poche pour devenir rapidement millionnaires.

LECTURE

La Bourse de Paris.

A midi, les agents de change se réunissent dans une pièce de la Bourse qui leur est réservée : ils traitent par avance les affaires à un certain cours. Ils se réuniront de nouveau à 3 heures, à la fin des négociations de la journée, pour rédiger la « cote officielle, » qui contient le premier, le dernier, le plus haut et le plus bas des cours, établis d'après les affaires notées sur les carnets.

Une cloche annonce à midi et demi et à 3 heures le commencement et la clôture des opérations pratiquées *officiellement*, mais, de midi à 4 heures, d'autres sont effectuées, en dehors des agents de change, par les coulissiers, par les remisiers et par des courtiers de toute sorte. Les premiers sont pour les agents de change des concurrents assez gênants : ils existent en vertu de ce principe qu'à la rigueur deux individus quelconques peuvent contracter des achats et des ventes, sans recourir aux offices d'un courtier officiel. Ils ont commencé par négocier, pour autrui, des valeurs refusées ou dédaignées par les agents de change ; ceux-ci leur ont cherché plusieurs fois querelle en justice, puis, ont fini par les tolérer, et les coulissiers ont étendu leur champ d'action à presque toutes les affaires de Bourse. Ils ont nommé des Chambres syndicales, qui écartent autant que possible les courtiers trop suspects et exigent des postulants la possession d'un capital de 100,000 francs pour être agréés comme coulissiers en rentes et celle d'une somme de 500,000 francs pour opérer sur les valeurs à terme : conditions qui semblent nécessaires, quand on songe que les affaires entre coulissiers, n'étant pas reconnues, ne peuvent reposer que sur la confiance des parties entre elles. Les grandes maisons de la coulisse ont autant d'importance que les charges d'agents de change.

Les remisiers sont comme des intermédiaires entre ces derniers et le public : les agents étant privés du droit de rechercher des clients, et de la faculté de renseigner sur les affaires de spéculation, ne pouvant d'ailleurs suivre de près les intérêts de leurs commettants, les remisiers remplissent cette triple tâche : ils offrent à la clientèle les indications nécessaires, choisissent l'agent de change ou le coulissier, transmettent rapidement les cours, en surveillent, mieux qu'un particulier, les nombreuses fluctuations et peuvent saisir les occasions favorables.

Dès midi, dans les rues avoisinant la Bourse, on entend une rumeur confuse ; en débouchant sur la place, on voit une foule qui s'agite et crie sous le péristyle ; et l'étranger qui s'approche et qui entre dans le palais est de plus en plus assourdi par les centaines d'appels qui se croisent. Dans les jours de grande animation, il a quelque raison de se demander s'il n'est pas entouré de forcenés. Qui n'a pas contemplé ce spectacle peut en avoir quelque idée, en imaginant ce qu'il verrait et entendrait s'il assistait à un ensemble de ventes publiques à la criée, se faisant en même temps, sur un espace restreint et dans lesquelles il s'agirait de réaliser de gros bénéfices ou d'éviter des pertes considérables.

On finit avec un peu d'attention par trouver un certain ordre dans cette mêlée. Au milieu d'une salle immense, un espace est parqueté, (tandis que le reste est dallé) : c'est le *Parquet*, entouré d'une grille . hauteur d'appui ; les agents de change s'y tiennent. La partie centrale est occupée par une balustrade circulaire ou *corbeille*, autour de laquelle les agents, pouvant se voir, et s'entendre, à travers l'espace vide, achètent et vendent pour leurs clients. Des emplacements spéciaux sont réservés à ceux de leurs commis qui relèvent les opérations ; des employés vont constamment de la corbeille à l'emplacement occupé par le public ; des télégraphistes apportent des dépêches ; des gardes du Palais se rendent de l'un à l'autre, remettant les instructions ou courant en chercher.

Près de là, les « coulissiers de la rente, » le « marché du comptant, » les remisiers occupent des parties déterminées de la salle.

Sous le péristyle, se tiennent, à des endroits différents, les groupes des valeurs à terme, du comptant, de l'Extérieure, et les courtiers de change qui se chargent de négocier les lettres de change : en général, ce sont des personnages d'importance secondaire dans le monde de la Bourse où ils sont quelquefois désignés par la pittoresque appellation des « Pieds humides. »

La Bourse officielle prend fin à 3 heures; mais, en dehors des agents de change, beaucoup de boursiers restent jusqu'à 4 heures, et les coulissiers se réunissent de nouveau dans le hall du Crédit lyonnais de 8 heures 3/4 à 9 heures 3/4 pour ce qu'on appelle la *Petite Bourse.*

Pour finir, on peut présenter une remarque qui a sans doute quelque intérêt. Le monde des boursiers a mérité bien des accusations, mais il faut reconnaître que la bonne foi y joue pourtant un rôle considérable : des opérations très importantes s'y effectuent sur une simple inscription ; les engagements proprement dits ne sont rédigés qu'après Bourse ; sur le moment, on se contente de les noter : par quelques mots simplement inscrits au crayon sur un carnet, une maison de Banque se reconnait débitrice de centaines de mille francs.

CHAPITRE VI

LE BILLET DE BANQUE

Définition. — **Comment le billet de banque joue le rôle de monnaie.** — Quelqu'un me doit cent francs. S'il offrait d'acquitter sa dette en me remettant un billet de banque, j'accepterais sans aucune inquiétude; au contraire, j'hésiterais peut-être à recevoir en paiement un effet de commerce quelconque : je pourrais objecter que l'effet n'est pas payable dès maintenant, qu'un banquier prélèverait sur le montant un certain escompte et surtout que, le débiteur m'étant inconnu, j'ignore s'il fera honneur à sa signature, etc. Quels caractères propres au billet de banque le font donc circuler aussi facilement que la monnaie proprement dite?

En réalité, c'est un *effet de commerce* : la Banque de France s'engage à payer une certaine somme. Seulement cet effet offre des avantages particuliers :

1° *Il est payable à vue;* il conserve toujours sa valeur, tandis que les effets ordinaires ne sont acquittés qu'à une date fixée et que le remboursement n'en est plus exigible après un certain délai (1). — De plus, il est payable au porteur, donc transmissible comme une monnaie;

---

(1) Trente ans, d'après la règle générale ; cinq ans seulement, quand il s'agit des arrérages de rentes et des intérêts de sommes prêtées (Code civil, art. 2262 et 2277).

2° Il est émis par une *banque connue* et inspirant toute confiance;

3° Il *ne porte pas intérêt*, ce qui constitue un avantage, en lui donnant une valeur invariable comme celle que doivent avoir les monnaies.

4° Enfin le billet de banque représente des *sommes rondes* (50, 100, 1.000 francs...), ce qui facilite les opérations.

Services rendus par la circulation des billets. — I. Si une banque émet des billets, c'est naturellement parce qu'elle y trouve son profit. En effet : 1° elle les donne en paiement, ce qui augmente ses moyens d'action; 2° cet avantage lui est acquis presque sans frais : alors que les banquiers sont ordinairement obligés d'emprunter des capitaux moyennant un intérêt, ici l'établissement financier n'a à payer que la fabrication de ses billets.

II. Tout le monde gagne à l'émission des billets de banque : 1° *les moyens d'échange sont accrus* : à la monnaie qui circule s'ajoutent les cinq milliards de billets de la Banque de France; 2° ayant plus de ressources, la Banque peut *abaisser le taux de l'escompte*, de sorte que le public a des capitaux à meilleur marché; 3° l'emploi des billets est souvent *plus commode* que celui de la monnaie : il est moins gênant de porter sur soi dix billets de 1.000 francs que 10.000 francs en or; l'envoi de billets dans une lettre chargée coûte moins que l'expédition d'un mandat-poste.

Dangers possibles et précautions nécessaires. — La circulation des billets repose sur la confiance : si nous avions la moindre inquiétude, nous n'accepterions pas cette monnaie de papier, ou nous en réclamerions le paiement en espèces. D'autre part, la facilité de créer ainsi une monnaie peut faire naître de dangereuses tentations.

De là, la nécessité de précautions, et, comme un intérêt général est en jeu, l'existence d'une législation spéciale, l'État intervenant pour déterminer :

1° Dans quelles conditions les billets seront reçus;

2° Quels établissements auront le droit d'en émettre;

· 3° Quelle sera la quantité en circulation.

Cours des billets. — Les billets de la Banque de France ne peuvent être refusés dans les paiements, mais on a la faculté d'en exiger le remboursement aux guichets de cet établissement ou de ses succursales. On dit que les billets ont *cours légal*, mais non *cours forcé*.

Qui peut émettre les billets? — 1° Le premier système qui se présente à l'esprit est celui dans lequel l'État s'occuperait lui-même, et lui seul, de l'émission des billets : il n'en est ainsi que dans quelques pays (1).

On craint généralement que les gouvernements ne se laissent aller à la tentation de multiplier outre mesure les billets de banque.

2° Accordera-t-on à toutes les banques le droit complet d'émission? Sauf en Écosse, où les établissements d'émission sont des maisons fondées depuis plusieurs siècles, très connues et inspirant toute confiance, nulle part ce système n'a prévalu : la mise en circulation de billets en quantités illimitées et de toutes origines ne paraît pas offrir des garanties suffisantes de remboursement : le billet de banque aurait, peu s'en faut, dans ces conditions, les caractères des effets de commerce proprement dits.

3° En quelques pays, comme aux États-Unis, les

---

(1) Suisse, Suède, Russie.

billets sont émis par plusieurs banques acceptant de réunir des garanties déterminées.

4º Dans la plupart des Etats, c'est, comme en France, le régime du *monopole* qui a prévalu.

On s'explique facilement que la Banque ainsi favorisée doive en retour consentir à l'Etat certains avantages et soit soumise à un certain contrôle. Ainsi, la loi du 17 novembre 1897, qui a renouvelé le privilège de la Banque de France, impose à cet établissement les conditions suivantes : création de services et de succursales, paiement à l'Etat d'une redevance annuelle proportionnelle à certains bénéfices (en moyenne 4 ou 5 millions); avance de 40 millions consentie sans intérêt pour favoriser la création et le développement du Crédit agricole, etc. De plus, depuis la fondation de la Banque, le Gouverneur et les Sous-Gouverneurs sont nommés par le Gouvernement.

La quantité maxima de billets. — La préoccupation dominante est de *pouvoir faire face aux demandes possibles de remboursements.* Le seul moyen d'éviter complètement tout risque serait de ne pas mettre en circulation plus de billets qu'on n'a de réserves, mais une émission ainsi limitée ne serait pas très utile : elle ne servirait, en effet, qu'à empêcher l'usure des pièces d'or et d'argent. Aussi, la valeur des billets émis dépasse-t-elle toujours l'encaisse métallique. On juge suffisantes certaines précautions qui varient selon les pays : responsabilité illimitée des actionnaires de la Banque; — garanties constituées par la possession de valeurs d'Etat (Etats-Unis); limitation de l'émission à une somme déterminée en sus de l'encaisse (Banque d'Angleterre); — établissement d'une proportion entre la valeur des billets et celle de la réserve (il en est ainsi en Allemagne : le rapport fixé est celui de 3 à 1); — *établissement d'un maxi-*

mum : telle est la mesure adoptée pour la Banque de France; la limite fut jusqu'à ces derniers temps de 5 milliards, mais une loi votée en février 1906 a permis d'atteindre 5 milliards 800 millions.

Conclusion. — Dans l'émission des billets comme dans toutes les opérations de crédit, un certain risque subsiste toujours; on ne le ferait disparaître qu'en supprimant le crédit lui-même.

LECTURE

Quelques renseignements sur la Banque de France

1° La Banque de France a été fondée en 1800, et son organisation administrative générale n'a guère changé. Elle est dirigée par un *gouverneur* et deux *sous-gouverneurs* nommés par l'Etat et qui doivent posséder un certain nombre d'actions de la Banque; des *régents* et des *censeurs* élus les assistent, et l'assemblée générale, composée des 200 plus forts actionnaires, désigne également les membres de différents conseils de contrôle.

2° Jusqu'en 1848, plusieurs Banques de province (à Rouen, Lyon etc...) purent émettre des « billets de banque; » mais la circulation de ces billets ne se faisait que dans une zone limitée : en 1848, la Banque de France obtint le monopole de l'émission.

3° Les billets eurent deux fois *cours forcé*, c'est-à-dire qu'on devait les recevoir sans pouvoir en exiger le paiement en espèces : en 1848, après la Révolution, en 1870, lors de la guerre.

4° Selon les époques, la Banque a émis des billets d'importance diverse : jusqu'en 1840, les billets étaient seulement de 1.000 et de 500 francs. Il s'y ajouta, en 1840, les « coupures » de 200 francs; en 1847, celles de 100 francs ; en 1857, celles de 50 francs; en 1870, pour faire face à une situation difficile, celles de 25, 20 et même de 5 francs, supprimées en 1874.

5° Le taux de l'escompte a varié depuis 1875 entre 2 et 5 %; le taux le plus élevé, 5 %, a été atteint en 1881; le plus faible, 2 %, en 1896 et 1897.

6° L'encaisse métallique est en moyenne d'environ 4 milliards.

La Banque de France réescompte beaucoup d'effets de commerce ayant passé par les grandes banques: Crédit lyonnais, Comptoir d'Escompte, Société générale. « Quoiqu'elles lui fassent une redoutable concurrence, les banques de dépôt s'appuient sur la Banque de

France, au point que toute l'économie de leur système dépend de l'existence de celle-ci. » Dans des moments difficiles, la Banque est venue en aide à d'autres établissements : elle a prêté, en des circonstances critiques, 440 millions au Comptoir d'Escompte, et, récemment, 75 millions à la Banque d'Angleterre pour faire face à la suspension de paiement de la maison Baring et Cⁱᵉ.

On n'a pas à craindre que les bureaux de la Banque manquent de billets en cas de panique : ils sont toujours à cet égard abondamment nantis. Une loi leur permettrait de livrer au public en quelques jours un milliard de billets.

Quant au chiffre total des affaires, il a été en ces dernières années de 160 à 180 milliards.

CHAPITRE VII

LE COMMERCE INTERNATIONAL

L'étude du commerce international comporte l'examen des questions suivantes : 1º le change; 2º la théorie de la balance du commerce; 3º la législation douanière.

I. — Le change

Définition. — Le mot change désigne : 1º *l'échange* d'une monnaie contre une autre; cette opération est particulièrement nécessaire pour l'étranger qui arrive dans un pays où son argent n'a pas cours; — 2º le paiement, par le *moyen de lettres de change*, de dettes contractées d'une place sur une autre; c'est ce dernier fait que nous étudierons ici, en remarquant que, d'ailleurs, ces opérations se font dans l'intérieur d'un même État comme entre commerçants de pays différents; seulement, dans ce dernier cas, elles ont une importance particulière.

Mécanisme d'une opération. — A, qui habite Paris, doit une certaine somme à B, de New-York : il peut payer en envoyant à B de l'argent, mais ce moyen est assez coûteux et il expose aux risques de perte, de vol. Un autre mode de payement peut être employé. Si B devait la même somme à C de Paris, il suffirait que A remît à C la somme due à B. Ainsi, il ne serait pas nécessaire que personne fît une expédition d'argent.

Opérations de change. — De semblables opérations seraient très restreintes, puisqu'il faudrait, pour les rendre possibles, des coïncidences qui se présentent rarement. Mais on peut agrandir considérablement le circuit, et le principe restera le même. Par exemple :

1° A, de Paris, doit 10.000 francs à B, de New-York ; il cherche une lettre de change payable à New-York et l'envoie à B ;

2° Les banquiers servent ici d'intermédiaires, comme pour la plupart des opérations de crédit ; ils achètent et vendent des effets tirés d'un pays sur un autre ;

3° Il n'y a pas de relations d'affaires qu'entre les commerçants de deux pays seulement : les banquiers achètent et vendent des traites partout, et ainsi les lettres de change sont la monnaie principale du commerce international ; les autres monnaies ne sont utilisées que comme appoint.

Variations du cours du change. — 1° Le prix des lettres de change *subit des variations* comme celui de toute marchandise. Supposons que l'ensemble des sommes dues aux États-Unis par les commerçants français s'élève à un milliard, et que ceux-ci soient créanciers des États-Unis pour 800 millions seulement ; ils ne trouveront pas assez de lettres de change ; le prix de ces lettres s'élèvera de 10 francs, par exemple, par 1.000. On dit alors que le change nous est *défavorable ;* il serait *favorable* dans le cas contraire ; le change est *au pair*, quand il y a égalité entre les deux totaux.

2° Les *variations peuvent-elles être considérables ?* Non, et voici pourquoi. Quand on recourt au change, c'est pour éviter les frais d'envoi du numéraire. Si

ce premier moyen coûtait plus cher que le second
on n'en userait plus. Si, entre Paris et Londres, le
transport du numéraire coûte 0 f. 18 par livre sterling
(25 f. 22), le cours du change ne montera pas au-
dessus de 25 f. 40 et ne descendra pas au-dessous
de 25 f. 04.

C'est ce qu'on appelle le *gold-point*, le point des
envois d'or. — Ces limites s'éloignent, lorsque les
opérations se font entre pays séparés par de grandes
distances.

3° Quelque faibles que soient les oscillations du
change, *elles ont une très grande importance* pour les
commerçants en gros et, plus particulièrement, pour
les banquiers :

1) Un négociant français a des fournisseurs et
des clients dans un pays étranger : il doit connaître
le cours du change, car, au prix de vente qui lui
est proposé, il devra ajouter les frais des paiements
à effectuer au moyen du change. Si le pays avec
lequel il trafique est en général débiteur de la
France, le négociant, qui gagnera en cédant ses traites, pourra baisser légèrement ses prix de vente, ce
qui augmentera ses opérations.

2) Les banquiers — même ceux qui ne s'occupent
pas spécialement du change — en suivent cependant avec intérêt les variations, car, si le change
nous est longtemps défavorable, il faut prévoir qu'à
un moment donné nos commerçants devront payer en
numéraire : or c'est aux banquiers qu'ils s'adresseront,
et ceux-ci ont à prendre leurs précautions.

II. — La balance du commerce

Définition. — La balance du commerce est pour une
nation la différence entre le montant de ses importations et celui de ses exportations.

Admettons que, pour tel pays, les entrées de marchandises dépassent les sorties : qu'en faut-il conclure ? A première vue, on est porté à y voir un fait fâcheux : on pense, en effet, au particulier qui dépense plus qu'il n'a de ressources, et l'on se demande si ce pays ne court pas à la ruine. Un examen plus attentif montre que c'est une erreur d'attribuer à la « balance du commerce » une telle signification et une si grande importance. En effet :

1º La France reçoit annuellement un demi-milliard de produits de plus que ce qu'elle exporte; l'Angleterre vend pour 10 milliards de marchandises, tandis qu'elle en achète pour près de 15 milliards : si la théorie de la « balance du commerce » était fondée, il y a longtemps que les deux nations seraient ruinées !

2º Les statistiques d'entrées et de sorties ne font connaître que les résultats des vérifications opérées en douane; pour avoir des indications complètes, il faudrait tenir compte d'autres éléments.

Songeons à tout ce que les visiteurs qui viennent en France en emportent comme étoffes, bijoux, articles de modes, etc. Toutes ces marchandises, portées sur la personne même ou enfermées dans des malles, ne sont pas constatées à la sortie.

Il faudrait ajouter encore : 1º Les dépenses faites par les touristes dans les pays pittoresques ou réputés soit par leur climat, soit par les plaisirs qu'on y trouve ;

2º Les revenus des capitaux placés à l'étranger : la France reçoit ainsi environ un milliard d'intérêts par an ;

3º Les bénéfices réalisés, grâce au transport des marchandises : l'Angleterre gagne de cette façon des milliards, grâce à sa marine (1).

On peut, par des raisonnements bien simples,

---

(1) Nous payons annuellement aux Anglais, pour le transport par mer de nos produits, près de 200 millions.

rendre très apparentes certaines absurdités d'une doctrine qui se fonderait sur la balance du commerce.

« Je me propose, disait Bastiat, de vendre un produit 100 francs : la douane note 100 francs ; je réussis
à le vendre 110 francs, avec lesquels j'achète du
charbon anglais. La douane notera : « Importation :
« 110 fr. » et l'on conclura à l'existence d'un déficit
de 10 francs. »

Bien plus, j'exporte pour 100.000 francs de marchandises; le navire sombre ; donc il ne sera rien
apporté en retour, et les statistiques indiqueront un
excédent de 100.000 francs en faveur de l'exportation.

Conclusion. — Nous pouvons assurément trouver
des renseignements intéressants dans les statistiques
d'entrées et de sorties, mais nous devons nous rappeler qu'elles sont incomplètes et ne permettent pas
de conclusions absolues : les produits se paient avec
des produits; si un pays fait des achats, c'est qu'il
a de quoi payer : on ne vend qu'aux riches !

III. — Libre-Échange et Protection

Exposé de la question. — *L'utilité que présentent les
exportations* apparaît à tout le monde : elles encouragent la production nationale en lui fournissant des
débouchés; elles utilisent, au grand profit du pays
lui-même, les richesses qu'il peut avoir en excès et
qui, autrement, ne lui serviraient à rien.

Les importations sont également utiles : 1° elles
permettent à un peuple de profiter des productions
étrangères ; sans les importations, nous n'aurions
ni thé, ni café, et les Anglais ne boiraient jamais
de vin; 2° grâce à elles, un peuple peut abandonner
les occupations qui lui sont les moins avantageuses

et se consacrer à d'autres : il tirera du dehors, à de meilleures conditions, les produits qu'il n'obtiendra plus chez lui : ainsi les agriculteurs anglais ont tout profit à délaisser la culture des céréales pour s'adonner à l'élevage.

S'il en est ainsi, il importe, à ce qu'il semble, de multiplier les échanges internationaux : créez donc des routes, des chemins de fer, multipliez et approfondissez les canaux, développez les ports, faites passer des voies sous les montagnes, percez les isthmes : tout cela est fort bien ; et surtout, que, pour les relations économiques entre les peuples, les frontières disparaissent : tout le monde y gagnera...

Mais la réalité a d'autres aspects : nous sommes obligés de constater une tendance presque générale des nations à essayer de diminuer les entrées : des deux théories douanières en présence — celle du libre-échange, d'après laquelle le commerce entre les États doit se faire sans obstacle, et celle du protectionnisme, affirmant qu'il faut frapper les produits étrangers de droits élevés, destinés à en restreindre l'importation, — c'est presque partout la dernière qui triomphe ! Pourquoi cette contradiction : d'un côté, on multiplie les tunnels internationaux, et de l'autre, à chaque bout du tunnel, on renforce les postes de douaniers ?

Et d'abord, à laquelle des deux théories convient-il de se rallier ? On ne saurait formuler de jugement absolu, général. Mais nous pouvons essayer de voir combien la question est complexe.

Supposons que les Chambres aient à déterminer ce que sera notre régime commercial et que les commissions parlementaires tiennent à entendre les avis des intéressés : combien d'opinions divergentes seront exposées ! Les grands ports réclameront le libre-échange, qui favorise les entrées et les sorties ; le commerce d'exportation formulera le même désir. Mais les demandes de droits de douanes seront assurément les plus nombreuses. A entendre les producteurs, tous ont besoin d'être protégés : la France, disent-ils, ne peut lutter au point de vue agricole contre des pays neufs, au point de vue industriel contre des régions plus riches en houille et en minerais. Les représentants d'une industrie nouvelle prétendent qu'elle sera écrasée dès ses débuts, si l'on ne la protège pas ; ceux qui parlent au nom d'industries anciennes les déclarent incapables de résister, avec leur outillage vieilli, à des concurrents récemment apparus qui, sans tâtonnements, sans frais de transformations, ont adopté les procédés les plus perfectionnés.

On ne manque pas de faire intervenir le souci du bien-être des ouvriers : au nom des travailleurs, les uns s'opposent aux droits sur les blés, sur le bétail étranger, droits réclamés au contraire par les cultivateurs ; des industriels déclarent que, si l'on ne défend pas leurs productions, les ouvriers souffriront de la stagnation des affaires.

Si l'on étudie de près certains détails, autres causes d'embarras. Vous favorisez un travail, mais vous risquez d'en atteindre un autre : si vous taxez les soies grèges dans l'intérêt de nos éleveurs de vers à soie, les fabricants lyonnais protestent, parce que vous faites hausser le prix de leur matière première ; les propriétaires de hauts fourneaux demandent des droits sur les fontes de première fusion : si vous les leur accordez, les maîtres de forges et les directeurs d'ateliers de construction se déclarent lésés.

Ces remarques, qui pourraient être accompagnées de bien d'autres, suffisent pour faire entrevoir combien il est difficile de résoudre à la satisfaction générale la question du libre-échange et de la protection; entre les partis opposés, la discussion n'est pas près de finir. Il faut se contenter ici d'indiquer ce qui s'est fait notamment en France.

Historique de la législation douanière en France.

— 1° A partir du xvıᵉ siècle, les grandes découvertes ayant beaucoup accru l'activité économique, les souverains s'efforcèrent de développer les exportations par des avantages divers, des primes par exemple, et de restreindre les importations en les frappant de taxes très lourdes qui donnaient aux produits nationaux une situation inattaquable dans le pays : Colbert est l'homme d'État qui a appliqué le plus complètement ce régime, nommé quelquefois, pour cette raison, le *colbertisme.*

2° Vers 1750, des écrivains et des hommes d'affaires, qu'on appela les *économistes,* demandèrent « qu'on laissât faire et qu'on laissât passer. » Mais d'une façon générale, le système protectionniste — si rigoureux qu'il était presque prohibitif — dura pendant une centaine d'années encore : la Révolution et l'Empire, presque toujours engagés dans des guerres, virent dans les droits élevés sur les produits étrangers une arme de combat : qu'il nous suffise de rappeler le *Blocus continental.* Les régimes suivants maintinrent de lourdes taxes pour protéger les grands possesseurs du sol et la grande industrie.

3° En 1860, Napoléon III rompit avec cette politique : il était porté au libre-échange, à la fois, par l'exemple récent de l'Angleterre, où « l'École de Manchester » avec Richard Cobden (1) avait fini par obtenir la suppression des droits, et par le désir

---

(1) COBDEN (1804-1865), commerçant, homme politique et économiste, fondateur de la Ligue de Manchester, qui réussit à gagner l'Angleterre au libre-échange.

de faire baisser les prix des produits dans l'intérêt des ouvriers. Il établit, d'abord avec l'Angleterre, puis avec d'autres pays, un régime de libre-échange relatif : celui des **traités de commerce**.

En quoi consiste ce système ? Il repose sur le principe suivant : de même qu'un peuple pacifique juge nécessaire de s'imposer des armements pour tenir les autres en respect, de même un pays partisan de la liberté des échanges peut trouver bon de s'entourer de barrières (ces « barrières, » ce sont les tarifs douaniers), non pour les laisser fermées, mais pour obtenir, en les ouvrant, que les autres lui accordent des avantages équivalents.

Dans ce cas, on établit un *tarif général*, qui détermine les conditions faites à tous, et l'on accorde des *tarifs particuliers* aux pays qui consentent des concessions : avec ceux-ci, on signe des traités de commerce mentionnant les avantages réciproques.

Il est d'usage d'y introduire une *clause, dite de la nation la plus favorisée*, d'après laquelle chaque pays s'engage à accorder à l'autre les avantages plus grands qu'il pourrait être amené à consentir à une troisième nation. Pourquoi cette clause ? Parce qu'autrement un pays risquerait de voir annuler le résultat de ses concessions ; par exemple, il a abaissé les droits sur les vins venant de l'autre pays, en retour d'une diminution des taxes frappant les soieries qu'il y importe ; qu'un troisième peuple obtienne pour ses soieries des tarifs plus favorables encore, à quoi servirait-il au premier d'avoir fait les sacrifices qu'il s'est imposés ? Le bénéfice de cette clause dure autant que le traité de commerce. — Parfois une semblable disposition a été introduite dans des traités politiques, par exemple dans le *traité de Francfort*, en 1871 : elle subsistera, tant que ce traité n'aura pas été révisé.

Législation douanière actuelle. — Des traités de commerce de 1881 avaient conservé le caractère libre-échangiste de ceux de 1860. Mais, quand ils arrivèrent à expiration, *en 1892*, la situation avait changé, et *une législation protectionniste fut votée.* C'est que : 1° les États-Unis avaient établi des droits très élevés, prohibitifs en certains cas ; 2° en Europe, les agriculteurs étaient atteints par la concurrence des produits américains (bétail, blés) ; en Allemagne, Bismark poussa au protectionnisme pour accroître les ressources fiscales et laisser grandir les nouvelles industries ; 3° en France, producteurs de céréales, viticulteurs frappés par le phylloxéra, industriels, s'entendirent pour demander la protection. La *loi du 11 janvier 1892* supprima d'une façon générale le régime des traités de commerce et institua le suivant: Deux tarifs sont dressés : l'un, maximum, constitue la loi commune ; l'autre, minimum, est accordé aux pays qui nous consentent des concessions. Ces tarifs ont été établis par des lois, indépendamment de tout traité de commerce. Les traités se bornent à régler la situation faite à chaque pays dans les limites ainsi déterminées.

En fait, les droits du tarif minimum sont consentis à presque tous les pays, mais le caractère protectionniste de notre législation douanière se marque :

1° Par l'introduction, même dans le plus faible des deux tarifs, de taxes souvent plus élevées que les droits exigés dans la période antérieure à 1892 ;

2° Par la faculté de toujours changer par une loi les conditions accordées, tandis que, par les traités de commerce, les parties contractantes s'engageaient pour une longue période (en général, pour dix ans).

Quelques particularités du commerce extérieur. — 1° *Des lois spéciales* ont établi des droits sur certains produits : droit de 7 francs par quintal sur les blés étrangers; droits d'entrée sur les viandes, variant de 35 à 50 francs.

2° Par *une loi du 13 avril 1897*, dite du *Cadenas*, le gouvernement peut déclarer immédiatement applicables les relèvements de taxes qu'il propose aux Chambres : on a voulu ainsi empêcher l'introduction, dès le dépôt du projet, de marchandises qu'on ne manquerait pas d'acheter sans retard pour ne pas payer les droits éventuels.

3° Des mesures spéciales concernent les produits importés pour être réexportés.

Des marchandises ne font que traverser un pays : elles sont dites *en transit*. Si elles ne payaient rien à l'entrée, la fraude serait facile; si elles étaient définitivement taxées, on les ferait passer de préférence par le territoire d'une autre nation. Pour éviter ces inconvénients, on fait signer à l'importateur un engagement de payer les droits, si l'exportation n'a pas lieu dans un délai déterminé.

Il se peut qu'un produit entre dans un pays, sans qu'on sache s'il sera vendu à l'intérieur ou au dehors : on a la faculté de le placer dans un *entrepôt*, grand magasin où il séjourne et subit des manipulations, s'il y a lieu; les droits ne sont payés que dans le cas de vente en France. La plus grande partie des cafés arrivant au Havre sont ainsi placés en entrepôt.

Dans l'intérêt de nos exportateurs, il est nécessaire de dispenser de droits de douanes les matières premières ou les produits demi-travaillés dont ils se servent; autrement, leurs prix de vente devant comprendre ces taxes les placeraient dans des conditions désavantageuses. Ils disposent de deux moyens: l'*admission temporaire*, qui consiste dans le privilège de ne payer aucun droit, à condition de réexporter le produit sous forme d'objet fabriqué; — le *draw-*

back, système dans lequel les droits sont versés, mais remboursés lors de l'exportation de la marchandise obtenue.

4° A côté de l'établissement de droits protecteurs, il existe un autre moyen de favoriser certaines branches de la production : le versement *de primes.* Des sommes importantes sont ainsi accordées : à la culture des mûriers, à celles du lin et du chanvre, à l'élevage du cheval, et surtout à la marine marchande. Qu'il soit justifié ou non, ce système a un inconvénient facile à deviner : c'est que bien des producteurs sont portés à le réclamer et qu'il est difficile de ne pas en étendre démesurément les applications.

LECTURES

1. *De la jalousie commerciale entre nations. Avantages que procure à une nation le voisinage de peuples riches.*

Rien n'est plus commun, de la part des peuples qui ont fait quelques progrès dans le commerce, que de s'alarmer des progrès analogues qui s'opèrent chez leurs voisins; de considérer comme ennemis, en quelque façon, tous les Etats où la production se développe, et de poser en principe que la fortune de ces Etats ne s'améliore qu'à leurs dépens. Mais, contrairement à cette doctrine étroite et malveillante, je ne craindrai pas de soutenir que l'accroissement de la richesse et du commerce, chez une nation quelconque, bien loin de pouvoir blesser l'intérêt des autres, contribue, la plupart du temps, à l'extension de leur propre opulence, et qu'aucun Etat ne réussirait à faire faire de grands pas à son industrie et à son commerce, si l'ignorance, la paresse et la barbarie régnaient chez les peuples qui l'environnent.

Le développement du travail intérieur forme la base du commerce étranger. Lorsqu'un grand nombre de produits se confectionnent et apparaissent sur le marché national, il s'en rencontre toujours quelques-uns qui peuvent être exportés avec avantage. Mais, si nos voisins n'ont ni industrie, ni agriculture, ils ne peuvent les acheter, parce qu'ils n'ont aucun autre produit à donner en échange. A cet égard, les Etats sont dans la même position que les particuliers. Un individu ne deviendra pas facilement industrieux, si tous ses concitoyens restent oisifs. Les richesses des divers membres d'une société contribuent à accroître la mienne, quelle que soit la profession à laquelle je me livre. Ces divers membres consomment les produits de mon travail, et me fournissent, à leur tour, les produits du leur.

Un État ne doit appréhender, en aucune manière, que ses voisins fassent, dans les arts utiles, des progrès assez considérables pour n'avoir plus de produits à lui demander. La nature, en donnant aux diverses nations un génie, un climat et un sol qui ne sont pas les mêmes, a garanti la perpétuité de leurs échanges et de leur commerce réciproques, aussi longtemps qu'elles demeureront industrieuses et civilisées. Et plus l'industrie fait de progrès dans un État, plus cet État fera de demandes au travail de ses voisins. Il est naturel que les habitants d'un pays, à mesure que la richesse et les lumières s'y propagent, recherchent les ouvrages les mieux confectionnés; et, comme ils ont eux-mêmes une grande quantité de marchandises à donner en retour, ils reçoivent d'immenses importations de tous les pays étrangers. Ainsi donc, pendant que l'industrie étrangère est fortement encouragée par ces demandes, l'industrie nationale ne retire pas moins d'avantages du débouché offert à la vente de ses propres produits.

HUME (1).

2. La tendance protectionniste actuelle

Sur toutes nos frontières, en Espagne, en Suisse, en Allemagne, le danger est imminent. C'est une mobilisation de la puissance économique des peuples : leur arme, c'est le tarif douanier. Nous sommes en présence d'un état de choses nouveau, qui ne dépend ni de notre volonté particulière, ni des lois générales de la nature, qui résulte peut-être d'erreurs grossières, de calculs absurdes et étroits, mais qui trouble notre quiétude, attaque nos intérêts.

Il ne dépend nullement de nous que le monde se convertisse en un clin d'œil à la doctrine du libre-échange. Dans les dernières années, la thèse libérale n'a pas fait un progrès effectif; tout au contraire : les États-Unis travaillent avec une fermeté plus énergique que jamais à fermer leur marché; l'Espagne prend des mesures draconiennes à l'égard du commerce étranger; avec la Suisse nous sommes à la veille d'une rupture économique (2); quant à l'Allemagne, c'est elle qui a donné l'exemple, ou plutôt c'est elle qui, en renouvelant son outillage,

---

(1) HUME (David) (1711-1776), philosophe et historien anglais. Il a exposé, dans des ouvrages philosophiques, des idées sur l'économie politique : il est un des partisans que compta, au xviiie siècle, la doctrine du « laissez faire, laissez passer. »

(2) Cette rupture a été heureusement évitée, les deux pays s'étant fait des concessions réciproques.

en transformant son armement par le vote d'un tarif douanier, a préparé, pour les puissances qui ne seront pas prêtes au jour du combat décisif, un Sadowa économique.

Pour « tourner » la clause de la nation la plus favorisée, l'ingéniosité des praticiens allemands a découvert plusieurs procédés, parmi lesquels la *spécialisation* indéfinie des chapitres. Par exemple, le chapitre des vins présente des diversités à l'infini. Il y a les vins ordinaires et les vins fins, les vins rouges et les vins blancs; il y a des vins qui titrent plus ou moins en degrés d'alcool.

Voyez maintenant le jeu du mécanisme de la spécialisation : J'accorde à la puissance **A** une diminution sur ses *vins*. En vertu de la clause de la nation la plus favorisée, la puissance **B**, également productrice de vins, réclame, mais j'ai pris soin de spécialiser : j'ai accordé la diminution de tarifs seulement aux vins qui titrent *moins* de 10 degrés; le bénéfice ne s'étend donc plus à la puissance dont les vins titrent *plus* de 10 degrés. La clause de la nation la plus favorisée est respectée, mais elle n'a pas d'application effective.

Le nouveau tarif allemand est le chef-d'œuvre de la spécialisation. De ces distinctions qui permettent tous les tours de passe-passe et qui mettent entre les mains des douaniers un instrument d'arbitraire formidable, on en a cité deux dont la rédaction, chef-d'œuvre de chinoiserie policière et administrative, fait rêver. Le tarif frappe d'un droit spécial les animaux de l'espèce bovine « élevés à une altitude d'au moins trois cents mètres au-dessus du niveau de la mer. » Et le même tarif frappe d'un autre droit, non moins spécial, les animaux qui « rentrent dans la catégorie des dolicéphales présentant un pelage dont les nuances vont du gris argenté au brun foncé ou brun noir et qui offrent les particularités suivantes : mufle noir, marginé de brun très clair, presque blanc; ongles noirs, extrémité des cornes noire et extrémité de la queue foncée! »

C'est le passeport imposé aux vaches; c'est la mensuration introduite en économie politique! En un mot, c'est le dernier cri de la science et de la méthode, mais aussi de la prudence et de la méfiance.

G. HANOTAUX (1).
Le Journal, 30 juin 1906.

(1) HANOTAUX (Gabriel), diplomate et écrivain français, membre de l'Académie française, plusieurs fois ministre des affaires étrangères ; auteur d'une *Histoire du cardinal de Richelieu*, et de diverses études sociales : *L'Energie française; Le Choix d'une carrière*.

LIVRE IV

———

LA CONSOMMATION

———

CHAPITRE PREMIER

———

POPULATION. — ÉMIGRATION. — COLONISATION

I. — La population

La population du globe augmente-t-elle plus vite que les subsistances? — *Malthus* (1766-1834), pasteur écossais, qui vivait dans un pays pauvre où la production était insuffisante pour la population, partit de cette constatation pour formuler une théorie d'après laquelle le *nombre des habitants de l'univers augmenterait selon une progression géométrique,* tandis que *l'accroissement des subsistances* se ferait seulement *selon une progression arithmétique.* Par conséquent, les hommes deviendraient de plus en plus misérables.

Que penser de cette idée? Il faut tout d'abord remarquer que la rigueur mathématique de la formule n'a pour cause que le désir de frapper davantage les esprits ; elle ne saurait être juste ; quels calculs sérieux auraient pu l'établir ? Si on laisse de côté les chiffres, l'ensemble même de la théorie peut être jugé inexact.

1° L'accroissement de la population exige sans doute plus de subsistances, mais il provoque aussi un accroissement de production, parce que les tâches se divisent de plus en plus (on sait quels sont les résultats de la division du travail), et parce que, surtout, les moyens d'action s'accroissent avec le nombre des hommes. Malthus n'a pu voir le prodigieux développement de la vie économique de la fin du XIXᵉ siècle : de nos jours, loin de ne pas récolter ou de ne pas fabriquer en quantité suffisante, c'est de la surproduction que souffrent beaucoup de possesseurs de terres ou d'usines.

2° La population augmente beaucoup moins vite que ne le croyait Malthus ; certes, des régions sont surpeuplées, mais il reste encore d'immenses surfaces peu habitées ; bien plus, chez certains peuples avancés en civilisation, le nombre des naissances tend à diminuer, même au point d'inspirer des inquiétudes.

De la faible augmentation de la population en France. — On constate, chez nous que : 1° la population des campagnes diminue au profit de celle des villes ; 2° l'excédent annuel des naissances sur les décès est très faible. Laissons de côté le premier fait, dont nous avons parlé précédemment, et étudions le second.

I. Causes de faible natalité. — La première de ces causes est la *prévoyance*. De nos jours, la vie est souvent difficile, la « lutte pour l'existence » devient de plus en plus âpre : on craint, en ayant des enfants,

que leur avenir ne soit médiocre et précaire ; on craint
aussi de ne pouvoir les élever convenablement, quand
on se trouve soi-même dans une situation modeste. Et
ce sentiment a quelque chose de louable dans son
principe : il est, en effet, imprudent de fonder une
famille et de l'augmenter, sans s'être préoccupé de
savoir si l'on a au moins les moyens d'existence
strictement nécessaires ; de plus, cette conduite est
parfois peu courageuse : on compte sur la collectivité pour élever ses enfants.

La seconde cause, de valeur morale bien différente, est *l'égoïsme :* on refuse de se créer une
famille, ou bien on la désire aussi réduite que possible, pour s'éviter des soucis et des efforts.

L'amour paternel ou maternel agit dans le même
sens : on ne veut qu'un ou deux enfants, pour que
la fortune familiale reste concentrée dans un petit
nombre de mains ou afin de pouvoir donner une
dot plus importante. Comme on tient au bien-être
pour soi-même, on ne conçoit pas que les siens puissent s'en passer.

Et ces deux causes contribuent à diminuer la
natalité en plusieurs pays, mais surtout chez nous.

II. Conséquences. — « Dans un de ses livres puissants et mélancoliques, dit le président Roosevelt,
Daudet parle de la peur de la maternité, de la ter-
reur qui hante la jeune épousée du temps présent.
Quand de tels mots peuvent être écrits véridiquement
sur une nation, cette nation est pourrie jusqu'au
fond du cœur. »

Rude jugement, qui a au moins l'utilité d'attirer
fortement l'attention sur les conséquences de la dépo-
pulation. Il faut éviter d'exagérer, mais on ne peut
méconnaître que le faible accroissement de la race

française risque d'avoir de fâcheux résultats pour la nation.

1° *Dans les guerres* toujours à prévoir, la population est un élément considérable de victoire : or, l'Allemagne augmente de 800.000 habitants par an, la France de 80.000 seulement.

2° Le succès *dans les rivalités économiques* internationales est en partie dû au nombre des intelligences et des bras dont un peuple dispose : la France deviendra-t-elle, pour cette raison, une puissance secondaire ?

3° Le résultat le plus désastreux est peut-être moins l'amoindrissement numérique que l'*affaiblissement des énergies :* les fils uniques ou ceux qui appartiennent à des familles très peu nombreuses ont souvent été choyés; on a écarté d'eux les difficultés, on a essayé de les mettre pour l'avenir à l'abri des soucis; on incite beaucoup d'entre eux à se contenter de situations médiocres, pourvu qu'elles soient sûres : ainsi sévit la « maladie » du fonctionnarisme; ainsi, d'une manière générale, on ne s'habitue pas à l'effort et à l'initiative. Il est à craindre qu'un pays à faible natalité ne s'amoindrisse à la fois par le nombre et par la valeur de ceux qui l'habitent.

II. — L'émigration

Émigrer, c'est quitter son pays pour aller vivre ailleurs, pour chercher sur une terre étrangère des moyens d'existence ou des chances de fortune.

Causes de l'émigration. — Il y a deux catégories principales d'émigrants : les uns sont des gens à peu près sans ressources, qui ne peuvent gagner leur vie chez eux; les autres disposent de quelques capitaux, ou bien ils ont des aptitudes, une instruction

spéciale qu'ils croient pouvoir employer plus fructueusement à l'étranger que dans leur pays. Parmi les premiers, qui sont de simples travailleurs, on peut citer :
en Europe, les Basques, les habitants de certaines
vallées des Alpes, surtout les Irlandais et les Allemands, et, hors d'Europe, les Chinois. Les cadets
des riches familles anglaises, réduits, par l'effet du
droit d'aînesse, à ne recevoir qu'une faible partie de
la fortune paternelle, sont des colons de la seconde
catégorie.

Conséquences. — 1° *Les pays qui fournissent un fort
contingent d'émigrants y perdent-ils ?* On le croirait à
première vue, puisque la force d'une nation est constituée en grande partie par les hommes et par les capitaux. Pourtant, en fait, il semble en être différemment : dans ces pays, la possibilité, la perspective,
l'habitude de l'émigration contribuent à augmenter
les naissances : on sait que le trop-plein de la nation
ira au dehors. Quant aux capitaux, petits ou gros,
si des gens quittent leur patrie pour aller au loin les
utiliser eux-mêmes, c'est qu'ils espèrent en tirer un
meilleur parti ; c'est que, sans doute, ces sommes
produiraient peu sur le territoire national. De plus,
les émigrants qui réussissent sont portés, pendant
quelque temps au moins, à faire des achats, à conserver des relations avec la mère-patrie, dont ils
étendent ainsi l'influence ; leurs groupes sont autant
de foyers d'où rayonne l'action nationale. Un exemple
le prouve avec une force singulière : c'est assurément beaucoup moins par ses colonies que par ses
émigrants que se fait l'expansion prodigieuse de
l'Allemagne.

Faudrait-il en conclure que les Français devraient
émigrer en plus grand nombre ? Ce serait désirable
dans une certaine mesure, mais nous ne pouvons

oublier que la population française a une *densité seulement moyenne* et un accroissement médiocre : l'émigration ne s'impose donc pas pour nous comme pour certains de nos voisins.

2° *Conséquences pour les pays qui reçoivent beaucoup d'étrangers.* Pour ces pays, les résultats varient; tant que l'émigration n'entraîne pas une concurrence dangereuse pour les nationaux, elle est utile; c'est ce qui se produit pour les républiques de l'Amérique du Sud, ce qui se produisit longtemps pour les États-Unis : grâce à cet afflux d'hommes, leurs ressources sont ou ont été mieux utilisées. Dans le cas contraire, lorsque le peuple qui reçoit des émigrants pourrait se passer d'eux, la population indigène se plaint de la venue d'étrangers qui diminue les profits, fait baisser les salaires; aussi, des États prennent-ils des mesures pour limiter et même arrêter l'immigration. D'autres fois, les gouvernements empêchent l'entrée d'émigrants sans ressources : ils craignent d'être obligés de leur venir en aide; même des pays à législation libérale, comme les États-Unis ou l'Angleterre, n'acceptent que les gens qui satisfont à certaines conditions : ainsi, depuis 1905, les émigrants, qui n'ont point en poche 125 francs, ne peuvent s'établir en Angleterre.

3° *Résultats pour ceux mêmes qui s'expatrient.* Ces résultats sont évidemment aussi divers qu'il y a d'individus. Toutefois, d'une manière générale, pour ceux qui, dépourvus de ressources, s'en vont un peu au hasard, séduits par des récits plus ou moins véridiques, ou se fiant à quelqu'une des nombreuses agences dont le but réel est de les exploiter, on peut dire qu'ils ont peu de chances de succès et s'exposent à de cruelles déceptions.

Il en est de l'émigration comme de tout acte important de l'existence : il ne faudrait s'y déterminer

qu'après s'être bien renseigné sur les chances et les
conditions de réussite.

III. — La colonisation

Définitions. — Une colonie est un territoire dépendant d'une nation éloignée, généralement plus
avancée en civilisation et qui en a pris possession,
afin d'en tirer parti au point de vue militaire ou
économique.

On distingue généralement deux sortes de colonies : *colonies de peuplement*, où les habitants de la
métropole peuvent s'établir à demeure, le climat
étant favorable ou tout au moins supportable, comme
en Algérie et en Tunisie ; *colonies d'exploitation*,
situées dans des régions où les Européens ne peuvent séjourner longtemps : telles sont l'Indo-Chine,
l'Afrique occidentale, les Guyanes.

Quelles causes poussent à l'expansion coloniale ? —
Il y a d'abord des *raisons stratégiques*, notamment
le désir de posséder des bases d'opérations, des
lieux de ravitaillement pour la marine de guerre : on
sait combien, dans la lutte récente entre la Russie
et le Japon, la marche des flottes russes a été gênée
par le manque de points de relâche.

Les *causes économiques* ont beaucoup plus d'importance. Celles qui agissent à notre époque diffèrent
beaucoup des causes de la colonisation d'autrefois :
ni l'esprit d'aventure qui animait les conquistadores
du XVIᵉ siècle, ni la foi religieuse qui poussait les
presbytériens à fonder un État protestant sur la
côte d'Amérique au temps des Stuarts, ou les mis-
sionnaires à propager leurs croyances, ni le simple
goût de lucre des traitants, à la recherche de trésors
à obtenir contre quelques verroteries, n'expliquent
le mouvement colonial moderne.

Ce mouvement est la *conséquence inévitable de l'organisation politique et économique des grands États*.

1° Toute collectivité a besoin de s'étendre : la plupart des nations européennes ont réalisé leur unité ; elles sont fortement armées et ne peuvent guère songer à s'accroître en Europe ; aussi cherchent-elles à s'agrandir dans d'autres continents.

2° Les progrès de la vapeur, de l'électricité ont diminué les distances, et les colonies sont des points d'appui nécessaires pour une puissance qui veut rayonner au loin ;

3° Les peuples producteurs, en raison de l'encombrement des marchés, de la concurrence commerciale, des tarifs douaniers, sont contraints de chercher des débouchés, de préparer une clientèle dont demain ils auront besoin.

4° Non seulement les colonies pourront procurer des clients, mais quelques-unes sont très favorables — ou semblent l'être — à la production de certaines matières premières ; si la métropole réussissait à tirer ces produits de leur sol, elle ne dépendrait plus d'autres nations. Ainsi, les filateurs et tisseurs européens sont aujourd'hui à la merci des Américains du Nord, producteurs de coton, et des spéculateurs qui opèrent sur ce produit : qu'on cultive avec succès le cotonnier dans les colonies d'Afrique, et l'on n'aura plus à craindre les manœuvres des agioteurs.

5° Enfin, les pays à population très dense, tenant à conserver ceux de leurs nationaux qui émigrent, les dirigent de préférence vers leurs colonies.

Avantages que présente la possession de colonies. — On attend parfois des colonies des avantages qu'elles ne sauraient procurer. On désirerait :

1° Qu'elles fournissent une espèce de contribution

qui constituerait un profit pour la métropole : c'est ce que fit autrefois le gouvernement espagnol ; mais cette conception de pays tributaires n'est plus de notre temps, et de pareilles exigences amèneraient vite des révoltes.

2° Qu'elles servissent du moins au placement de nombreux colons ; — mais il ne faut pas oublier que beaucoup de terres colonisées se trouvent dans des régions inhabitables pour les Européens ; d'ailleurs le lien ne tarde pas à se relâcher entre les colonies et la mère-patrie : les États-Unis, même le Canada et l'Australie, en fournissent des preuves.

La véritable utilité économique des colonies est celle-ci :

1° La métropole, en y assurant la sécurité, en propageant l'instruction, les bonnes méthodes de travail, les moyens de communication, y prépare une production plus active ; par suite, elle retirera du pays un peu plus tard des *matières premières*, et elle se ménage *des clients* pour l'époque où la population, peu à peu civilisée, aura plus de besoins et plus de ressources ;

2° Les *capitaux* métropolitains trouveront un emploi dans les nombreux travaux à entreprendre ;

3° Les colonies fourniront un *champ d'action favorable* à un petit nombre de gens intelligents et actifs.

L'expansion coloniale de la France a été l'objet de différentes appréciations très discutables, mais fort répandues, qu'il faut mentionner et examiner :

1° « Que des pays à population très dense, à forte natalité, cherchent, dit-on, à posséder des régions qui recevront leurs nationaux, fort bien ; mais, pour la France, où en bien des endroits « la terre se « meurt, » où le nombre des habitants s'accroît si faiblement, coloniser est un contresens, à moins

que, follement généreux, nous ne voulions préparer
les voies aux étrangers ! » — On peut répondre qu'il
ne s'agit pas d'attirer dans la plupart des colonies
de très nombreux habitants de la métropole : ils n'y
pourraient travailler par suite du climat ou ne se
contenteraient pas des salaires minimes acceptés par
les indigènes. Ce qu'il y faut, c'est une quantité
limitée de gens capables de diriger une entreprise,
de commander, de guider les indigènes, de faire
preuve d'in*** tive et d'intelligence.

2° On se plaît à répéter que nous ne savons pas
coloniser et on croit le prouver en comparant les
résultats obtenus par d'autres avec ceux auxquels
nous sommes arrivés. — En parlant ainsi, on oublie
que le plus grand nombre de nos colonies nous
appartiennent depuis trente ans seulement, ou depuis moins de temps encore ; que les régions les
plus fertiles étaient prises par d'autres.

3° Beaucoup de nos producteurs espéraient que la
politique coloniale allait leur donner immédiatement
des clients : ils constatèrent avec amertume qu'il
n'en était rien. Mais faut-il rappeler combien leur
attente était peu réfléchie ? Pour que les nègres du
Soudan achètent des costumes, il faut d'abord leur
en inspirer le désir, — et cela, déjà, exige des efforts
et du temps, — ensuite il faut leur en donner les
moyens, ce qui nécessite un plus long délai !

Conditions que devrait remplir un colon. — On se
fait du colon une conception archaïque et fausse,
dont le danger apparaît vite, car c'est à cause
d'elle que les colonies reçoivent souvent des gens
n'ayant rien de ce qui est nécessaire pour y réussir ;
des déclassés, des « ratés, » des risque-tout convaincus qu'il y a toujours des batailles à livrer ;
des individus sans aucune ressource et qui espè-

rent faire fortune ; d'autres de santé médiocre ou
qui ne connaissent rien du climat à supporter.
Tous ou presque tous vont à un échec certain. Le
temps est passé où l'on pouvait réussir vite, sans
peine et sans intelligence : il n'y a plus à compter
ni sur la traite des nègres, ni sur la découverte de
placers, ni sur l'exploitation de terres merveilleuse-
ment fertiles. On ne saurait trop se persuader que :

1º Les simples travailleurs venus d'Europe ont
peu de chances de réussite, à moins d'être engagés
par quelque compagnie ; presque partout, ils rencontrent la concurrence des naturels plus résistants
au climat et qui, la plupart du temps, se contentent
de très faibles salaires.

2º Il faut ou posséder quelque talent, quelque compétence particulière, ou réunir les qualités nécessaires pour diriger une entreprise agricole, commerciale ou industrielle dont les ouvriers seront choisis
parmi les indigènes ; ou enfin disposer de capitaux
suffisants pour permettre quelque exploitation fructueuse.

« L'idée que des familles pauvres peuvent s'établir
utilement aux colonies doit être abandonnée. »
(Rapport du directeur de l'Office colonial.)

Dans ces conditions, la colonisation n'aurait-elle
donc pas un caractère démocratique ? Si, car les capitalistes, qui ne vont guère eux-mêmes aux colonies,
ne peuvent faire valoir leur argent qu'en le confiant
à d'autres ; des sociétés se forment qui recherchent
des collaborateurs, auxquels elles demandent seulement des qualités de moralité et d'intelligence.

3º Celui qui veut partir pour les colonies doit
jouir d'une bonne santé ; il faut encore qu'il soit
tempérant, prêt à supporter avec vaillance l'isolement, les fatigues, apte à faire par soi-même beaucoup de travaux divers : c'est dire que les vrais

colons sont peu nombreux, mais c'est aussi montrer combien certains succès sont mérités.

4° On n'oubliera pas que la plupart de nos colonies sont encore dans la première phase de leur existence, la *période agricole*, et que c'est aux cultivateurs surtout qu'elles offrent des moyens d'existence (1).

Rôle des gouvernements. — L'annexion opérée, les gouvernements ont, en matière de colonisation, un rôle important :

1° Ils assurent la sécurité, le respect des personnes et des biens et préparent l'avenir par des travaux d'assainissement, par l'établissement de moyens de communication ;

2° Ils propagent dans la métropole l'idée de colonisation, fournissent des renseignements à ceux qui songent à aller au loin ; quelquefois ils leur accordent des facilités de transport ou d'établissement ; ils indiquent aux commerçants des débouchés ou des lieux d'achat (2).

3° C'est aux gouvernements à rechercher la forme de domination qui convient le mieux à un territoire : ce sera ou l'administration directe, comme dans l'Afrique Occidentale française ; ou le protectorat comme en Tunisie ; ou une administration spéciale jouissant de quelque autonomie : telle est la situation de plusieurs colonies anglaises comme le Canada, l'Australie.

4° C'est aux gouvernements enfin à déterminer le régime douanier le plus favorable. Cette tâche est très délicate, car s'il paraît naturel de faire une situation particulièrement avantageuse aux produc-

_____

(1) Voir la lecture placée à la fin du chapitre.
(2) En France, au Ministère des colonies se rattache l'*Office colonial*, destiné à fournir des renseignements sur tout ce qui concerne la colonisation.

teurs nationaux, il faut aussi tenir compte de l'intérêt des colons : il est difficile de ne pas dépasser la
mesure dans un sens ou dans l'autre.

Conclusion. — Les peuples colonisateurs ne doivent
pas oublier que leur véritable intérêt est d'être équitables : la défense des colonies est difficile ; souvent
de vastes territoires n'y sont gardés que par un petit
nombre de soldats métropolitains : les indigènes ne
resteront fidèles que si l'on a été juste envers eux.
Une fois de plus, l'intérêt et le devoir sont d'accord.

LECTURE

Quel avenir les colonies offrent-elles aux travailleurs de l'industrie et du commerce ?

Les personnalités les plus compétentes en matière de colonisation
sont d'accord pour dire que nos colonies en sont encore à l'état agricole, et, d'autre part, qu'il est extrêmement difficile d'y réussir sans
capitaux ; faut-il en conclure que des élèves d'écoles industrielles ou
commerciales sans fortune n'y ont guère de chances de succès ? A
cette question, M. Chailley-Bert, président de l'*Union coloniale française*, l'une des sociétés françaises les plus importantes, répond ce
qui suit :

« Les colonies offrent à ces jeunes gens deux sortes de débouchés,
même s'ils n'ont pas de capitaux. Le premier, s'ils ont les talents de
véritable ingénieur, dans les industries qui ont été lancées dans ces
dernières années, soit industries de l'Etat, soit industries particulières,
par exemple, les chemins de fer, les travaux d'irrigation, les usines à
tisser la soie et le coton, les fabriques de glace, les fabriques d'alcool,
les travaux d'éclairage au gaz et à l'électricité, les travaux d'adduction
d'eau, les travaux entrepris pour améliorer les ports.

« Voilà une première série d'industries, actuellement florissantes,
qui tendent, de jour en jour, à se développer et offrent incontestablement des débouchés nombreux à des jeunes gens, même sans fortune, qui iront s'engager là-bas comme ingénieurs.

« Toute la question est que ces jeunes gens n'aient pas, au début,
des prétentions trop élevées et qu'ils n'attendent pas qu'on vienne
les engager.

« Je vous affirme, par une expérience, vieille déjà de douze années,
que tout jeune homme, travailleur, intelligent, honorable, ayant, au

minimum, 23 ans et, au maximum, 30 ans, qui se rendra spontanément dans notre colonie de l'Indo-Chine, par exemple, et qui consentira à y rester deux ou trois mois à chercher sérieusement sa voie,
est assuré d'y trouver une place rémunératrice. Or, le voyage et ce
séjour de trois mois, cela représente une dépense de 2.000 francs au
grand maximum ; en 3ᵉ classe, ce serait 700 à 800 francs, tout compris ;
2.000 francs, risqués pour trouver une place de 300 à 500 francs par
mois au début et qui ne peut que devenir beaucoup plus belle, c'est
peu de chose, et l'on peut dire que c'est bien là une carrière ouverte
largement à la démocratie.

« Ceux des élèves qui n'ont pas conquis le diplôme d'ingénieur peuvent encore se rabattre sur le métier d'artisan.

« Je suis assuré qu'il y a, dans nos colonies, pour les bons serru-
riers, chaudronniers, menuisiers, dessinateurs, etc., des places à
prendre en assez grand nombre et une aisance à gagner, peut-être
même une fortune au bout d'un certain nombre d'années.

« J'ajoute que l'*Union coloniale*, depuis déjà plusieurs années, a institué un service de placement dans nos colonies françaises. Des jeunes
gens, ayant satisfait au service militaire, ayant, par conséquent, 22 ou
23 ans, possédant une bonne instruction, autant que possible, parlant,
outre le français, soit l'anglais, soit l'espagnol, — surtout l'anglais,
— présentant les garanties dont je parlais tout à l'heure d'une bonne
santé, d'une réelle valeur morale, sont assurés de pouvoir, presque
tout de suite, entrer dans une maison de commerce privée, établie
dans nos colonies, à un traitement d'environ 150 francs par mois,
logés, nourris, défrayés de toutes dépenses. Leur apprentissage
dure environ trois ans et, au bout de ces trois ans, ils peuvent
monter plus haut et prétendre à des situations vraiment belles :
6, 12, 15, 18 ou 20 mille francs, comme bâton de maréchal, sans compter
que l'expérience ainsi acquise peut leur fournir le moyen de s'établir
plus tard à leur compte. Et les hommes qui ont fait leurs preuves
et dont les talents et l'honorabilité sont incontestables trouvent des
capitaux autant qu'ils en veulent. »

CHAPITRE II

LE LUXE

Propriétaire d'une richesse, on peut, ou la faire servir à la production d'une autre : dans ce cas, elle joue le rôle de capital; — ou la consommer pour satisfaire un besoin personnel; — ou la conserver pour en tirer parti plus tard, c'est-à-dire *épargner*.

A propos des consommations dont le but est de satisfaire à un besoin présent, se pose une question importante, celle du *luxe*.

Nature du luxe. — Est objet de luxe tout ce qui n'est pas regardé, par la plus grande partie de la population, comme indispensable aux besoins concernant la subsistance, le logement, la décence ou l'agrément.

Cette définition permet de conclure immédiatement que *le luxe est tout relatif* : ce qui est objet de luxe pour un pays pauvre ou peu civilisé ne l'est pas pour un autre plus avancé; ce qui l'est pour une génération ne le sera peut-être pas pour la suivante; de plus, ce que le simple ouvrier considère comme tel peut n'avoir pas ce caractère pour un homme riche.

Les preuves abondent de cette relativité du luxe:

une montre, une bicyclette ont été pendant longtemps des objets de luxe, et sont encore jugés ainsi
par la population de certains pays, comme par les
gens sans ressources.

Causes du luxe. — Le luxe provient de causes de
valeurs fort inégales :

1º De l'inégalité des fortunes : les plus riches cherchent des satisfactions que la masse ne peut avoir;

2º Du goût du beau : ainsi naît le luxe qui consiste
dans les jouissances d'art : possession de belles
maisons, de tableaux, de sculptures;

3º De la vanité : on cherche à paraître plus riche,
mieux vêtu, etc., que les autres.

4º De la sensualité : le goût, très légitime en soi,
du bien-être s'exagère, subit des déformations, quelquefois des aberrations : tel riche habitant d'une
ville antique en arrive à ne plus pouvoir dormir que
sur un lit de roses; certains de nos contemporains
ont besoin de faire des repas extrèmement coûteux;
des travailleurs pauvres souffrent, quand ils ne peuvent boire de l'eau-de-vie ou fumer.

Conséquences sociales du luxe. — Le luxe est-il un
bien ou un mal pour la société? L'infinie variété de
ses manifestations ne permet pas de réponse générale et absolue. Toutefois, il est bon, même pour
saisir la difficulté d'une juste appréciation dans
les cas particuliers, de connaître quelques-uns des
arguments produits par les économistes soit pour,
soit contre le luxe, dans la discussion à laquelle il
donne lieu et qui ne se terminera sans doute jamais.

Avantages attribués au luxe. — 1º Il encourage les
efforts : désireux d'avoir plus de satisfactions, l'homme
riche, l'industriel, le commerçant, le banquier cher-

chent à accroître leur fortune; s'ils se contentaient de ce qu'ils possèdent, ils cesseraient de travailler, de tirer parti de leur intelligence ou de leurs capitaux, et la production générale s'en ressentirait. Moi-même, qui désire une bicyclette, une montre, je suis tout disposé à fournir, pour me la procurer, un travail supplémentaire.

2° Le besoin de luxe provoque la création et favorise le développement d'industries délicates, intéressantes par leurs résultats, par les talents qu'elles exigent, par les hauts salaires payés à ceux qu'elles occupent (dentelles, serrurerie d'art, bijoux, etc.).

3° Ce besoin est à l'origine de bien des progrès dont la collectivité a fini par profiter, et le supprimer serait condamner l'humanité à une sorte de stagnation. Presque toutes les choses devenues d'un usage commun ont commencé par être des objets de luxe : les chemises, les mouchoirs étaient, au xiv° siècle encore, réservés à un très petit nombre de gens riches. Puis, peu à peu, de moins favorisés s'efforcent d'en acquérir; on cherche à fabriquer à meilleur compte le produit désiré; on le répand et, finalement, le plus grand nombre peut se le procurer : la bicyclette est un exemple tout contemporain de ce progrès démocratique du luxe.

4° Le luxe fournit également la possibilité de loisirs intelligents : la possession d'instruments de musique est du luxe, mais, sans parler des cas où elle est due à la mode, à la vanité, on peut dire qu'elle est un bien, car elle permet des distractions délicates.

Arguments contre le luxe. — 1° Il nuit à l'individu, car il dévore d'abord le temps nécessaire pour gagner l'argent exigé par des futilités, et, en outre, ce qui reste de loisir pour dépenser les sommes ainsi acqui-

ses, de sorte qu'on ne dispose plus d'aucun moment
pour vivre vraiment d'une manière intelligente.

2° il nuit à la société, car, si ce besoin n'existait pas, l'activité, l'intelligence, les capitaux que
l'on consacre à satisfaire le goût de luxe, serviraient
à des œuvres socialement plus utiles : si un million-
naire ne dépensait pas de grosses sommes pour des
fêtes, il faudrait bien qu'il les employât d'une manière différente; elles serviraient à améliorer des
terres, à créer des fabriques, à multiplier les chemins
de fer; des œuvres utiles seraient fondées, tandis que,
les bougies de la fête une fois éteintes, il ne reste
rien.

3° C'est, en partie, parce qu'on désire des satisfactions coûteuses toujours nouvelles que, à tous les
degrés de la société, on se trouve condamné à un travail sans fin; c'est aussi pour cette raison que des
gens riches cherchent à s'enrichir davantage, quelquefois par des moyens peu scrupuleux, — les seuls
qui permettent une jouissance prompte, — sans s'inquiéter du sort des personnes qu'ils emploient ou
de celles qu'ils ruinent.

4° La vanité porte à des dépenses hors de proportion avec une satisfaction vraie; par l'étalage
du luxe, elle rend plus apparentes les inégalités
sociales et avive les haines des moins favorisés.

Cet exposé suffit sans doute à montrer qu'on ne
saurait ni approuver ni condamner complètement le
luxe : on peut seulement formuler des jugements
sur telle ou telle de ses manifestations.

Le luxe et les gens sans fortune. — Il faut souhaiter le développement, dans la foule, de quelques-uns
des sentiments qui sont à l'origine du luxe : désir
d'une vie intelligente, d'un extérieur convenable,
d'une habitation propre. Les excès dus à la vanité

et à l'ignorance mis à part, tout ce qui donne à l'existence plus de charme véritable est un bien : le soin dans la personne, dans les vêtements, dans le logement amène peu à peu plus de dignité. En particulier, la femme peut beaucoup, avec de modestes ressources, pour préserver son mari de la fréquentation du cabaret; il lui est souvent possible de faire profiter les siens de la « démocratisation, » du luxe, en leur offrant du thé ou du café, en ornant l'appartement de gravures, de photographies, en réservant quelques sous chaque semaine pour acheter une publication intéressante, etc.

Des efforts de cette nature sont d'autant plus désirables qu'il faut lutter contre l'alcoolisme, forme du luxe démoralisante pour tous et particulièrement désastreuse pour les travailleurs.

LECTURE

Ce qu'on doit à un bonnet à la mode

Le patron d'une chaloupe qui naviguait entre le cap May et Philadelphie m'avait rendu quelque petit service, pour lequel il refusa toute espèce de payement. Ma femme, apprenant que cet homme avait une fille, lui envoya en présent un bonnet à la mode. Trois ans après, le patron, se trouvant chez moi avec un vieux fermier des environs du cap May qui avait passé dans sa chaloupe, parla du bonnet envoyé par ma femme, et raconta combien sa fille en avait été flattée.

« Mais, ajouta-t-il, ce bonnet a coûté bien cher à notre canton. — Comment cela? lui dis-je. — Oh! me répondit-il, quand ma fille parut dans l'assemblée, le bonnet fut tellement admiré que toutes les jeunes personnes voulurent en faire venir de pareils de Philadelphie, et nous calculâmes, ma femme et moi, que le tout n'a pas coûté moins de cent livres sterling. — Cela est vrai, dit le fermier. Mais vous ne racontez pas toute l'histoire ; je pense que le bonnet vous a été de quelque avantage, parce que c'est la première chose qui a donné à nos filles l'idée de tricoter des gants d'estame (1) pour vendre à Philadelphie, et se procurer, par ce moyen, des bonnets et des

---

(1) Fil de laine longue, peignée pour être tricotée à l'aiguille.

rubans, et vous savez que cette branche d'industrie s'accroît tous les
ours et doit avoir encore de meilleurs effets. »

Je fus assez content de cet exemple de luxe, parce que non seulement les filles du cap May devenaient plus heureuses en achetant de
jolis bonnets, mais parce que cela procurait aussi aux Philadelphiennes
une provision de gants chauds.

FRANKLIN (1).

(1) FRANKLIN (Benjamin) (1706-1790). Cet illustre homme d'Etat américain a
été en même temps un homme de bon sens, très désireux d'enseigner au peuple
la nécessité de certaines vertus pratiques : c'est ce qu'il a fait dans son *Plan de
rie* et dans *La Science du bonhomme Richard.*

CHAPITRE III

L'ALCOOLISME

Un des plus grands obstacles aux progrès sociaux, et en particulier à l'amélioration du sort des classes pauvres, est l'alcoolisme.

Assurément, d'autres que les ouvriers font abus de l'alcool; mais, cela dit, on est bien obligé de constater que l'alcoolisme sévit surtout et cause le maximum de souffrances dans les milieux populaires.

Causes des progrès généraux de l'alcoolisme. — La passion de trop boire est vieille comme le monde; mais certains faits ont considérablement accru au XIXe siècle la consommation des boissons alcooliques.

1° Pendant longtemps, on s'enivrait avec le vin ou avec l'alcool qu'on en extrayait. Au XIXe siècle, la science, qui peut servir au mal comme au bien, a permis d'obtenir l'alcool avec toutes sortes de substances; des eaux-de-vie et des liqueurs se vendent ainsi à des prix très faibles, et malheureusement les pauvres gens peuvent s'en procurer, et même ils ne peuvent guère en avoir d'autres.

2° Un grand nombre de produits ajoutés aux boissons alcooliques leur communiquent un goût agréable et laissent croire qu'elles excitent l'énergie.

3° Une loi de 1881 permet d'ouvrir les cabarets

sans aucune autorisation et avec le minimum de formalités : il existe chez nous un cabaret par 80 habitants !

**Causes des progrès de l'alcoolisme dans les milieux
ouvriers.** — Beaucoup de causes poussent les travailleurs à user de ces déplorables facilités, et notamment
les conditions économiques. Voilà un homme qui
gagne peu ; malgré ses efforts, il ne réussit pas à
équilibrer son budget; pour lui, la sécurité du lendemain n'existe pas ; les périodes d'arrêt imprévu suc-
cèdent aux jours de surmenage ; il se livre pendant
de longues heures à une tâche monotone ; son alimentation est médiocre, son logement étroit, pauvre,
malpropre, insalubre ; les distractions saines, intelligentes lui font défaut : aura-t-il toujours la force de
résister à la tentation de s'étourdir au cabaret ?
L'homme aisé, instruit, qui s'adonne à la boisson,
n'a pas d'excuse : il n'en est pas de même de beaucoup des travailleurs atteints de cette funeste passion.

Mais c'est le devoir de tous de comprendre quel
mal leur cause l'alcoolisme, quelles souffrances en
résultent pour les leurs, et combien il est difficile dans
de telles conditions d'améliorer le sort des classes
ouvrières.

Effets physiologiques de l'alcool. — 1° L'alcool ne
fait jamais de bien. Il semble exciter l'énergie; en
réalité, son effet est celui d'un coup de fouet : ce
surcroît d'activité momentanée entraîne vite une
dépression prolongée.

2° L'absorption du meilleur alcool, du moins mauvais pour mieux dire, présente un grand danger. Parce
que les boissons qui en renferment ont un goût
agréable et donnent l'illusion de la force, le désir
d'en user se transforme en passion et nul, commen-

çant à en prendre, ne peut affirmer qu'il aura toujours assez de volonté pour ne pas tomber dans
l'excès.

3° La plupart des boissons alcooliques sont dangereuses par certains de leurs éléments : les « fines »,
les cognacs doivent leur bouquet à des essences
plus ou moins vénéneuses. L'alcool par lui-même a
un goût désagréable qu'il faut remplacer par un
autre ; or, parmi les produits qu'on y ajoute, l'un peut
provoquer l'épilepsie, un autre les convulsions. Un
chien de taille moyenne est tué par 90 grammes de
tel alcool industriel, par 45 grammes d'un autre,
par 27 grammes d'un troisième ; 4 grammes de certains corps que contient l'alcool mal épuré produiraient le même effet. Or, sur 2.400.000 hectolitres
d'alcool livrés en une année à la consommation pour
être bus, il n'y en avait que 46.000 extraits du vin,
4.800 provenant de fruits : le reste était constitué
par des alcools industriels.

4° Tous les organes finissent par être atteints plus
ou moins vite, selon la quantité absorbée, selon la
force de résistance de l'individu : les digestions
deviennent pénibles ; le foie, le cœur, les reins
fonctionnent mal ; des maladies bénignes chez un
individu sain se guérissent difficilement chez les
alcooliques ; les opérations chirurgicales ont beaucoup moins de chances de réussite.

Effets intellectuels et moraux. — Les spécialistes
ont pu relever la proportion énorme d'alcooliques,
parmi les auteurs de délits ou de crimes et parmi
ceux qui se tuent ; ainsi, dans le département du
Nord, en une année, on a compté 868 suicidés, victimes de l'alcool !

Dira-t-on que ce sont des exemples extrêmes, ex-
ceptionnels ? Cela n'enlèverait rien à ce qu'ils ont

e navrant; d'autre part, il est possible d'affirmer
ue, d'une manière générale, les stations au cabaret
mènent vite la dépression de l'intelligence et la
liminution de l'énergie; parmi les organes atteints,
l n'en est point qui le soient plus gravement que
e cerveau.

Conséquences sociales. — Outre les fous, les criminels, les suicidés qui sont souvent des alcooliques, un nombre considérable d'individus deviennent, par l'abus de l'alcool, moins capables de bien
travailler et de raisonner juste; leurs familles en
souffrent; qui saura jamais combien de privations
en résultent, et combien de cœurs ont été meurtris
par l'effet de cette déplorable passion? La collectivité elle-même en pâtit : elle paie pour les hôpitaux;
elle paie pour les asiles d'aliénés, pour les œuvres
d'assistance; elle risque d'être arrêtée dans ses progrès, troublée dans son fonctionnement par le nombre croissant des alcooliques qui sont électeurs et
n'ont ni raison, ni énergie, ni personnalité; enfin
elle souffre de l'insuffisance du travail fourni.

Conclusion. — Il faut donc, avant tout, avoir l'énergie de résister à la tentation. De son côté, la société
a le devoir de prendre des mesures pour empêcher
l'extension du fléau.

1º Certains gouvernements ont à ce sujet montré
l'énergie nécessaire : les uns ont soumis à de rigoureuses formalités l'ouverture des débits de boissons;
c'est ce que la Suède a fait depuis quelques années.
En février 1906, le parlement belge a interdit la
vente de l'absinthe.

2º Des institutions de plus en plus nombreuses se
fondent, afin de procurer aux moins favorisés des
lieux de repos et des distractions intelligentes :

universités populaires, maisons du peuple, etc
Il appartient aux travailleurs d'aider par leurs pro
pres efforts à la multiplication et au succès de ce
tentatives.

3° Il faut développer l'éducation ménagère; c'es
surtout lorsque le logement est pauvre, exigu, lors
que les ressources consacrées à la nourriture son
faibles, que la femme a besoin d'intelligence, d
goût et d'économie. Sans doute, les absences for
cées pendant une grande partie de la journée expli
quent bien des ignorances, bien des négligences.
mais, dans beaucoup de cas, la femme consacre tro
de temps à des bavardages; elle ne réalise pas ces
prodiges de propreté, d'ordre qui donneraient au
mari le plaisir et l'amour de son intérieur.

Grâce aux progrès de l'éducation générale, les
travailleurs connaîtront mieux leurs droits et leurs
devoirs. Une culture plus complète permettra des
délassements vraiment utiles et sains. Cette question de l'emploi des loisirs a une importance considérable : la durée de la journée normale de travail
semble devoir être de plus en plus réduite; mais les
effets de cette réforme seraient lamentables, si ceux
qui sont appelés à profiter de ce progrès n'acqué-
raient pas le goût et les moyens de bien employer
leur temps de liberté.

On peut rappeler ici le conseil de Michelet:
« Quel est le premier mot de la politique? L'éducation. Quel en est le dernier? L'éducation. »

LECTURE

Les loisirs et la nécessité de l'éducation

La masse des hommes va connaître des jours où, grâce à une
égalité moins illusoire, grâce aux machines, à la chimie agricole,
grâce peut-être à la médecine ou à je ne sais quelle science qui naît,

le travail sera moins âpre, moins incessant, moins matériel, moins tyrannique, moins impitoyable. Que fera-t-elle de ses loisirs? Qui sait si sa destinée ne dépend pas de leur emploi? L'un des premiers devoirs de ses conseillers serait peut-être de l'accoutumer dès cette heure à en jouir d'une manière moins basse et moins funeste. Autant que le travail ou la guerre, c'est en somme la façon plus ou moins digne, honnête, réfléchie, gracieuse et élevée dont il jouit de ses heures délivrées, qui fixe la valeur morale d'un individu et d'un peuple. C'est elle aussi qui l'épuise ou le réconforte, le dégrade ou l'ennoblit. Actuellement, dans les grandes villes, trois jours d'oisiveté peuplent les hôpitaux de victimes plus dangereusement atteintes que ne le font trois mois de travail.

MAETERLINCK, Le Temple enseveli.

CHAPITRE IV

L'ÉPARGNE

« Creuse ton puits avant que tu aies soif. »
(Proverbe japonais.)

Nécessité économique et morale de la prévoyance.
La nature a donné à certains animaux, aux fourmis par exemple, un instinct qui les pousse à faire des provisions pour la saison où il leur serait impossible de s'en procurer. Mais, de la part de l'homme, la prévoyance exige des conditions qui expliquent combien elle est rare : en premier lieu, la possession de ressources que le besoin présent n'oblige pas à utiliser immédiatement; puis, des qualités d'intelligence et de volonté, car prévoir, c'est comprendre que l'avenir est incertain, c'est avoir la force de se refuser une satisfaction actuelle. Les gens vraiment raisonnables et énergiques cherchent donc seuls à épargner.

Nécessaire à tout le monde, la prévoyance l'est plus encore au travailleur.

1° Il n'a en effet de ressources que dans ses bras ou son intelligence.

2° Aux risques qui nous menacent tous, maladie, accidents, vieillesse, mort, s'ajoute pour lui le danger du chômage : en cas d'arrêt du travail, s'il n'a pas quelque argent d'avance, comment lui ou les siens

'vront-ils? Quand la prévoyance a fait défaut, il
ut emprunter, tendre la main, et la dignité de
homme en est atteinte. Pour les gens de cœur,
'est la cause d'une souffrance morale plus pénible
ue les privations ; pour les autres, c'est souvent le
ommencement de la déchéance, car ils s'habituent
ux humiliations, et, quand ils ne les ressentent plus,
a société compte des membres utiles en moins et
es parasites en plus.

Les épargnes fâcheuses. — Une remarque doit être
aite tout d'abord : l'esprit d'économie peut avoir
es inconvénients et ses excès. En effet, il est mauvais
'épargner sur ce qu'exigent les besoins légitimes.
'e priver volontairement d'une partie de la nourri-
ure nécessaire, refuser à ses enfants ce que réclamerait le développement de leur corps ou de leur
intelligence, les faire travailler trop tôt, pour ajouter
leur faible salaire à celui des parents : voilà ce qui
est fâcheux, même au point de vue de l'économie
ou du gain, car les parents affaiblissent ainsi leur
propre santé, ou ils enlèvent à leurs fils et à leurs
filles toute possibilité d'une vie intelligente et d'une
situation avantageuse pour l'avenir.

Pourtant, faut-il ajouter que, tout en réprouvant ces
conceptions étroites de l'épargne, ceux qui voient
la vie réelle s'expliquent la fréquence de ces façons
d'agir? Tant de sujets d'inquiétude tourmentent les
pauvres gens!

Sur quoi l'on peut épargner. — Il suffit de se rappeler la médiocrité de beaucoup de salaires (1) pour
concevoir qu'il est souvent très difficile d'épargner :
le budget familial est à la merci du moindre accident. Toutefois, combien de gens, placés dans une

(1) Voir ci-dessus, p. 88.

situation permettant quelques économies, n'ont
la sagesse ni le courage d'en faire !

1º Le *manque d'ordre* et le *gaspillage* entraînen
des pertes considérables. Sans doute, à l'occasio
d'une grève récente, un orateur pouvait célébrer à l
Chambre des députés ces ouvrières qui, après tout
une journée passée à l'atelier, ont encore assez d'énergie pour travailler le soir à réparer les vêtements.

« Certes, disait-il, si la sainteté se définit par l'humble don du perpétuel renoncement de soi-même et
par la continuité d'une inspiration supérieure, ce
sont des saintes vraiment que ces -ouvrières qui,
après onze heures, douze heures d'un travail exté-
nuant, rentrées tard au logis, préparent le repas de
famille et veillent jusqu'à minuit pour ravauder le
linge, pour mettre un peu de propreté, un peu de
décence, dans cette maison, d'où le père et la mère
sont presque toujours absents... » (Discours de M. Jaurès, le 7 novembre 1903.)

Mais, si ces éloges sont justes, la réalité ne mérite
pas toujours autant d'admiration : parfois la femme
qui, enfant, a été prise par l'atelier, ne sait guère
s'occuper du ménage ; ses achats sont mal faits ;
l'art « d'accommoder » ce qui reste lui est inconnu ;
par nonchalance, elle laisse s'agrandir les accrocs
des vêtements ; elle aime mieux remplacer que réparer, et se laisse séduire par les soi-disant « occasions. »

2º Les *achats à crédit* sont une cause de surcroît
de dépenses. Les grandes maisons qui vendent ainsi
font entrer dans le calcul du prix un gros intérêt pour ce qui leur est dû et une certaine somme
destinée à les couvrir de leurs risques, à les dédom-
mager de leurs pertes, à payer leurs frais de correspondance et les appointements du personnel spécialement employé aux recouvrements. Quant au petit

archand au détail qui fait crédit, il a des frais
nsidérables, et son bénéfice est faible : quand il
'élève pas ses prix, il diminue la qualité et parfois
ême fraude sur le poids. Le terme fixé paraissant
ujours très éloigné aux acheteurs à crédit, la pos-
ibilité de ne pas payer immédiatement constitue
our bien des gens une irrésistible tentation à la
lépense.

3° On cède à des *passions puériles ou malsaines.*
)es adolescents, qui gagnent peu de chose, boivent,
ument pour « faire les hommes ; » des jeunes filles
u des femmes veulent porter des vêtements dont le
prix dépasse leurs ressources; on joue de l'argent, on
parie aux courses. Des ménages d'ouvriers ou d'employés manquent du courage et de l'intelligence nécessaires pour se refuser des satisfactions grossières :
on dépense inutilement, par gourmandise ou par vanité. Combien de gens, par exemple, prennent plaisir à
faire de bons repas, auxquels on prélude par des
visites au cabaret ou au café, et qu'on fait suivre
d'une soirée passée au café-concert, distraction presque aussi funeste à la bourse des travailleurs qu'à
leur esprit !

Institutions d'épargne. — Longtemps, l'épargne
fut peu praticable à cause de l'insuffisance du gain,
de la rareté et de l'insécurité des placements ; les
gouvernants furent souvent des banqueroutiers de
haut vol, et il y avait peu d'institutions à la disposition des gens ne possédant que de faibles économies. Il en est autrement aujourd'hui : en particulier, des établissements existent qui encouragent
aux placements, en offrant un intérêt ; beaucoup
présentent toutes les garanties désirables, drainent
les plus petites économies et laissent la possibilité
de les reprendre sans longues formalités.

Telles sont, d'une part, les Caisses d'épargne, d'autre part, des institutions fondées par des sociétés, dont quelques-unes ont un caractère tout philanthropique.

Caisses d'épargne. — Il existe un grand nombre de Caisses d'épargne privées, fondées soit par des particuliers, soit par des municipalités et que la loi soumet à certaines obligations. Voici les principes généraux de leur fonctionnement :

1° Pour encourager l'épargne, elles reçoivent des versements depuis 1 franc. Ce sont précisément ces petites sommes qu'il faut pousser les gens à économiser : « Veillez à ne pas perdre les petites pièces d'argent, disait Sully; les pièces d'or se garderont d'elles-mêmes. » De plus, un intérêt est accordé, dont les conditions économiques générales ont obligé à baisser le taux, mais qui reste égal à celui des entreprises complètement sûres (2 f. 75 %).

2° Il faut que ces sommes puissent être reprises vite et sans peine; aussi, dans la plupart des cas, les remboursements se font-ils immédiatement, et les formalités sont réduites au minimum.

Toutefois, la législation sur les Caisses d'épargne permet à ces institutions de n'opérer les remboursements que quinze jours après la demande : cette mesure, qui n'a jamais été appliquée, croyons-nous, s'explique très facilement : la nécessité de donner un intérêt oblige, en effet, à des placements dont la réalisation peut exiger un certain délai. De plus, un décret rendu sur l'avis du Conseil d'Etat peut décider que les fonds seront rendus par fractions de 50 francs et par quinzaine : on a dû prévoir le cas, qui ne s'est jamais présenté, où des demandes en masse ne pourraient être satisfaites immédiatement, en totalité.

3º Des institutions destinées à la petite épargne doivent conserver un caractère démocratique et ne pas favoriser les placements capitalistes qu'attirerait l'appât des avantages consentis : c'est pourquoi le compte de chaque déposant ne peut dépasser 1.500 francs. — La disposition, par laquelle les sociétés de secours mutuels ont la faculté de placer jusqu'à 15.000 francs, ne déroge pas à ce principe que les Caisses doivent favoriser les placements populaires.

4º Il faut des garanties aussi complètes que possible : le contrôle de l'Etat français s'exerce dans des conditions qui offrent toute sécurité.

Caisse d'épargne postale. — L'Etat a institué une Caisse nationale d'épargne, dont les opérations sont confiées à l'administration des postes. Cette création a semblé nécessaire, car, malgré les efforts privés, 33.000 communes n'ont pas encore de Caisse d'épargne. L'Etat peut seul exercer partout son action : chaque bureau de poste est une succursale de la Caisse nationale.

Si l'on n'a pas remis ce service aux percepteurs, qui semblaient à première vue plus désignés, c'est par crainte de nuire au succès de l'œuvre : bien des contribuables n'aimeraient pas faire savoir aux fonctionnaires, chargés de percevoir l'impôt, qu'ils ont des économies.

Institutions diverses. — 1º Nous avons vu que *dans des établissements industriels,* une caisse est instituée qui sert un intérêt de 5 % ; en quelques endroits, elle est ouverte le samedi soir, à l'heure de la paie.

2º Des sociétés d'épargne fonctionnent d'après le principe suivant : *elles obtiennent de certains magasins des réductions sur les prix.* Quelqu'un de leurs membres a-t-il besoin de 100 francs de marchan-

dises ? Le trésorier lui remet cette valeur en jetons
contre le versement, non pas de 100 francs, mais de
95 francs, par exemple : c'est la conséquence des
diminutions obtenues. L'adhérent a gagné 5 francs.

Une société fonctionnant à Charleville a, paraît-il,
fait ainsi 100.000 francs d'affaires et procuré à ses
membres 6.000 francs de bénéfices dans une année.

3° D'autres appliquent le *système des versements
réguliers, échelonnés*, à faire pendant un certain nombre d'années : c'est l'épargne forcée et continue. Ces
institutions, dont quelques-unes portent des noms
significatifs, parfois symboliques : la *Fourmi*, l'*Epi
de blé*, etc., ont pris beaucoup d'importance. Elles
offrent souvent la chance de voir s'accroître le capital à toucher par suite de l'acquisition de valeurs
à lots. Au bout de dix ans, par exemple, après avoir
versé trois francs par mois, on reçoit la somme
qu'on a versée, plus un intérêt, plus une part des
lots que la série a pu gagner en consacrant un
capital déterminé à l'achat de valeurs, telles que
les obligations du Crédit foncier ou de la ville de
Paris.

Est-il besoin de rappeler que les conseils de prudence plus d'une fois donnés au cours de cet
ouvrage s'appliquent au choix à faire parmi les sociétés d'épargne ? Plus d'une parmi elles ne mérite
qu'une médiocre confiance. Une enquête récente
du préfet de police a révélé l'existence à Paris
d'une cinquantaine d'organisations, ayant pour sièges sociaux des cabarets où se font les versements
périodiques : ce zèle des débitants à l'égard de l'épargne est trop inattendu pour ne pas paraître un peu
suspect. De plus, mainte association dure quelques
mois et disparaît, dès que le moment vient de tenir
les promesses faites. Comme rien n'est plus déplorable que les malhonnêtetés dont souffrent les petites

gens, c'est un devoir de les mettre en garde contre certains agissements frauduleux.

L'épargne populaire suffit-elle pour parer aux éventualités ? — On constate avec regret qu'*un cinquième* à peine des fonds reçus par les Caisses d'épargne vient des salariés.

D'ailleurs l'épargne individuelle à elle seule est souvent insuffisante pour parer aux risques et subvenir aux besoins. Supposons qu'un ménage d'ouvriers fasse annuellement 200 francs d'économies pendant trente ans ; avec les intérêts, il possédera à la fin de cette longue période 12.000 francs environ. Or, cette somme ne représente à 3 % que 360 francs d'intérêt ! C'est peu, et cependant, pour atteindre à ce résultat, quel courage il a fallu !

Aussi est-on amené à penser que l'épargne doit *être accrue* par l'adhésion aux sociétés de consommation qui favorisent l'économie, et qu'il faut la *compléter*, *la régulariser* par l'assurance ou la mutualité.

LECTURE
La Caisse nationale de retraites pour la vieillesse

Cette Caisse a pour objet de recueillir et de faire fructifier, par l'accumulation des intérêts, l'épargne mise de côté pour constituer une pension de retraite. Elle est donc utile, si l'on veut s'assurer une petite rente dans ses vieux jours. Elle ne cherche aucun bénéfice, de sorte que les retraites qu'elle accorde représentent intégralement ce que les fonds déposés ont produit par l'accumulation des intérêts combinés avec les chances de mortalité.

Voici deux exemples de résultats intéressants.

1° Un père, qui verserait chaque jour 10 centimes entre la troisième et la vingt-et-unième année de son enfant, lui assurerait la jouissance, à partir de 50 ans, d'une rente de 194 francs à capital réservé et de 252 francs à capital aliéné ;

2° Une économie de 10 centimes par jour, faite depuis l'âge de 16 ans, donnerait à 50 ans une rente de 139 francs à capital réservé, et de 208 francs à capital aliéné.

CHAPITRE V

L'ASSURANCE

> « L'assurance réduit les risques individuels qui écrasent en une poussière d'accidents qui se partagent. »
>
> (Frédéric PASSY.)

Définition. — L'assurance est un contrat par lequel une des parties (*l'assureur*) garantit à l'autre (*l'assuré*) le paiement d'une certaine somme, soit à un moment fixé, soit dans le cas où un risque déterminé viendrait à se produire ; l'assuré s'engage à verser soit une somme une fois payée, soit des cotisations périodiques ou *primes*.

Principe de l'assurance. — Comment déterminer les conditions de ce contrat ? Comment, par exemple, une société d'assurance contre l'incendie peut-elle s'engager à payer des sommes parfois considérables à des personnes qui peut-être ne verseront que de minimes cotisations ?

Voici l'explication nécessaire :

A-t-on constaté qu'en une année, sur 1.000 maisons construites dans certaines conditions, 10 ont été incendiées ? On peut prévoir la même proportion de sinistres pour les années suivantes : certaines périodes en compteront davantage ; d'autres, moins ;

mais la moyenne se rapprochera du chiffre indiqué.
Les chances d'exactitude des prévisions augmente-
ront avec le nombre des cas observés; en considérant seulement 1.000 immeubles pendant un an,
on peut tirer des appréciations inexactes pour l'avenir; mais, si l'observation porte sur 100.000 maisons, pendant un certain nombre d'années, les possi-
bilités d'erreurs diminuent.

En tout cas, si l'on admet la possibilité de 10 incendies par 1.000 maisons, il suffit à une société de
faire payer à 1.000 propriétaires assurés une prime
représentant la valeur de 10 immeubles, les plus
considérables; elle a ainsi de grandes chances de ne
pas subir de perte.

On entrevoit d'ailleurs la difficulté des calculs à
faire pour que la répartition des risques porte sur
un nombre suffisant d'observations précises, et pour
qu'elle ait une valeur scientifique. Ces opérations
sont confiées à des spécialistes, les *actuaires*.

**Compagnies d'assurances et sociétés d'assurances
mutuelles.** — Il y a lieu de distinguer les compagnies
proprement dites et les sociétés mutuelles.

1° Les *compagnies* sont constituées par des actionnaires, qui cherchent à faire fructifier leurs capitaux;
elles font payer une prime fixe.

2° Les *sociétés mutuelles* sont des unions d'assurés, qui s'associent en prévision de certaines éventualités : la cotisation de chacun varie selon le nombre
de risques survenus.

Ces dernières offrent un avantage : leurs primes
peuvent être moins élevées que celles des compagnies
préoccupées de payer des dividendes à leurs actionnaires. En revanche, leurs assurés doivent prévoir
que le montant des cotisations augmentera dans les

années de malchance; sinon, de désagréables surprises les attendraient.

Exemples d'assurances. — On assure :

Ses meubles, son habitation contre l'incendie ;

Les récoltes contre la grêle, contre l'inondation due aux débordements de cours d'eau voisins;

Les choses transportées contre les risques de détérioration ou de perte ;

Des meubles, des objets, des valeurs mobilières contre le vol, contre le bris; par exemple, les assurances contre le bris des glaces atteignent un total important ;

Des cargaisons contre les risques maritimes;

Les animaux pour le cas d'accidents, d'épizooties.

Assurances relatives aux personnes. — Certaines combinaisons ont pour objet de parer aux conséquences d'un événement prévu; d'autres visent la constitution de sommes à remettre à l'assuré ou à ses ayants droit.

Parmi les premières sont les assurances contre les maladies : c'est l'objet principal des sociétés de secours mutuels; — les assurances contre les accidents, survenus soit dans le travail, soit en dehors, par exemple en voyage.

Les secondes, les plus importantes par les versements qu'elles exigent et par les sommes qu'elles ont pour but de réunir, sont très diverses. En voici quelques-unes :

Constitution d'un capital ou d'une rente viagère à toucher à une époque ou à partir d'une époque déterminée ;

Constitution d'un capital pour un tiers, lorsqu'il arrivera à un certain âge : par exemple, formation d'une dot ;

Paiement, en cas de décès de l'assuré, d'une somme fixée, qui sera versée soit à ses enfants, soit à une personne indiquée dans le contrat.

Sur ces bases générales, la variété des besoins, l'ingéniosité des compagnies ont édifié de nombreuses combinaisons adaptant le mécanisme de l'assurance aux désirs des assurés. Ainsi, un père veut constituer une dot à sa fille ; mais celle-ci peut mourir : les versements effectués seront-ils donc alors perdus ? Non, si l'on a pris la précaution de contracter une *contre-assurance*, c'est-à-dire de verser un supplément de prime, dit *de survie* : les primes ou le capital assuré lui-même seront remis aux parents. — On désire qu'un capital soit versé à la famille en cas de décès ; mais on peut modifier la combinaison par *l'assurance mixte*, dans laquelle la somme sera remise, après un certain nombre d'années, au contractant lui-même, s'il est vivant à l'époque indiquée, etc.

Utilité des assurances. — L'assurance, a-t-on dit, est de l'épargne « à haute puissance, » capable de produire des résultats qu'on ne peut attendre de l'épargne isolée.

En ce qui concerne les biens, avec quelques francs par an, on est délivré de l'inquiétude d'un sinistre ; si j'ai une maison qui vaut 40.000 francs, l'incendie qui la détruirait me ruinerait peut-être : la compagnie d'assurances réparera les conséquences de l'événement. De plus, qui ne s'assure pas contre pareille éventualité risque, non seulement de perdre ce qu'il possède, mais encore d'avoir à payer des indemnités à des voisins sinistrés par sa faute, même involontaire (risques locatifs). Un intérêt moins grand, mais qu'il faut considérer quand même, exige qu'on assure son mobilier.

Pour les personnes, l'importance de l'assurance

apparaît par les exemples donnés. Elle est une condition de tranquillité d'esprit et de sécurité matérielle : s'assurer un capital ou une rente pour ses
vieux jours est peut-être un souci égoïste en quelques
cas; mais le désir en est souvent très légitime.
D'autres combinaisons viennent de sentiments de
prévoyance fort élevés : des travailleurs de toutes
catégories cherchent à former le capital qui facili-
tera le mariage de leur fille ou l'établissement de
leur fils, et c'est là une préoccupation fort louable.
Des assurances particulièrement intéressantes, émou-
vantes à un certain point de vue, sont celles qui
ont pour objet de prévenir la détresse de sa
famille, si l'on vient à mourir prématurément : celui
qui paie les primes sait qu'il ne touchera jamais le
capital dont la constitution lui sera due, mais c'est
d'un homme de cœur de consentir des sacrifices
pour que, le jour où il disparaîtra, femme, enfants
ou parents ne souffrent pas de la gêne.

Fera-t-on remarquer que, par le placement régulier des économies correspondant à la prime, on
obtiendrait des avantages égaux et même supérieurs,
parce que les compagnies prélèvent pour elles une
partie des versements ? — Il est facile de répondre
que bien des gens manqueraient de l'énergie nécessaire pour mettre de côté chaque année les sommes
à placer, et surtout que la mort pourrait les prendre
bien avant qu'ils soient arrivés au but !

La pratique de l'assurance n'est pas encore chez
nous fort répandue : un seul Français sur 120 est
assuré, tandis qu'en Angleterre la proportion est de 1
sur 40 habitants et en Amérique (États-Unis) de 1 sur
26 habitants.

Montant des primes. — Les sommes à payer par
les assurés pour un risque déterminé varient :

1º Selon que l'événement en vue duquel on contracte a plus ou moins de chances de survenir (1) : à
valeur égale, on paie plus pour une maison en torchis
que pour une autre en briques ou en pierres.

2º Selon le nombre probable des cotisations qui
seront payées : une assurance destinée à laisser un
capital au moment du décès coûte plus cher à 40 ans
que si on la contracte à 30.

Assurances pour la constitution de capitaux. —
Pour assurer des biens contre les risques, les
primes sont peu élevées : 1 franc environ par
1.000 francs, quand il s'agit d'assurance contre l'incendie; — moyennant de faibles cotisations, on peut,
par l'adhésion à une société de secours mutuels, prévenir la gêne : dans tous ces cas, il suffit d'un
peu de prévoyance et de volonté. Il en est autrement,
lorsqu'il s'agit soit de se constituer une retraite,
même modeste, soit de ne pas laisser à sa mort sa
famille dans la détresse : ici, le coût de l'assurance
est élevé, pour des raisons utiles à connaître.

La cause principale, c'est que la formation de capitaux exige de fortes annuités. Supposons un assureur qui ne veuille réaliser aucun bénéfice — tel
l'État administrateur de la Caisse des retraites
pour la vieillesse, — eh bien ! pour verser à l'assuré
un petit capital de 3.000 francs, il faut qu'il en ait

(1) La nécessité de tenir compte de la probabilité des risques amène parfois des
conséquences intéressantes : les personnes ayant une mauvaise santé ne peuvent
guère contracter une assurance en vue de constituer un capital pour l'époque de
leur mort ; au contraire, une société qui paie des rentes viagères à partir d'un
certain âge accueillera leur clientèle avec empressement !
Les compagnies qui consentent des assurances en cas de décès procèdent à
des examens médicaux ; de plus, certaines d'entre elles déterminent de curieuse
manière les régions où elles ne permettent pas à leur client de voyager, à moins
de paiement de primes supplémentaires, parfois même sous peine d'annulation
du contrat : ainsi elles lui interdiront, par exemple, d'aller dans l'Asie centrale et
orientale ; il lui sera loisible de voyager en Egypte, mais, s'il meurt ayant dépassé
la deuxième cataracte, on n'aura rien à payer à ses héritiers.

reçu une vingtaine de versements d'environ 100 francs chacun; pour qu'à l'âge de 60 ans l'assuré jouisse d'une rente de 365 francs — 1 franc par jour, — il faut qu'il ait payé pendant 35 ans une cotisation annuelle de 42 francs. Sans doute, et heureusement, cela n'est pas au-dessus des moyens d'un certain nombre de travailleurs, mais pareil prélèvement ne laisse pas que de frapper un peu fortement bien des budgets.

S'adresse-t-on aux compagnies ? C'est bien autre chose ! D'abord, beaucoup de sociétés, au moins en France, ne recherchent pas les petites affaires qui leur rapportent peu. D'autre part, leurs tarifs sont beaucoup plus élevés que ne l'exigerait la prime strictement nécessaire pour former le capital; parce que :

1° Les risques sont grands : la personne qui a contracté une assurance en cas de décès mourra peut-être à bref délai.

2° Les compagnies n'ont pas de préoccupations philanthropiques : elles veulent éviter les pertes, et, autant que possible, faire des bénéfices. Aussi prévoient-elles les cas les plus défavorables et c'est sur cette base qu'elles établissent leurs primes; les tarifs des assurances sur la vie, par exemple, sont calculés d'après des tables de mortalité indiquant la moyenne des décès qui surviennent parmi des individus de constitutions diverses; et, comme les compagnies n'acceptent de contracter qu'avec les gens en bonne santé, elles les font payer d'après des moyennes désavantageuses pour les assurés.

3° Les compagnies ont de grands frais de correspondance et de personnel : elles accordent souvent à leurs représentants tout ou partie de la première prime.

4° Elles s'efforcent de verser des dividendes à leurs actionnaires.

Le résultat, c'est que l'assurance est onéreuse *et ne rend pas ce qu'elle coûte* : on en peut juger par le tableau suivant, qui concerne nos grandes compagnies d'assurances contre les accidents. De 1889 à 1899, les sommes qu'elles ont reçues se sont ainsi réparties :

Frais généraux : 14,21 %.

Commissions aux agents : 18,30.

Dividendes : 9,88.

Indemnités pour sinistres : 57,61.

Près de la moitié des primes ne va donc pas aux assurés.

D'autre part, au point de vue particulier des travailleurs, remarquons qu'aucune société n'assure contre deux risques particulièrement douloureux : le chômage et l'incapacité prématurée de travail par suite d'infirmités. — La raison, c'est que ces risques ne peuvent être prévus, ni leurs conséquences scientifiquement calculées.

Conclusion. — 1° Il faudrait se convaincre de la nécessité d'être prévoyant de bonne heure et commencer à faire des versements le plus tôt possible, à l'époque où l'on n'a pas encore de charges de famille.

2° Comme les assurances par l'entremise des sociétés coûtent très cher, il faut accorder une importance particulière à tout ce qui peut, non pas diminuer la prévoyance, ce qui serait un mal, mais la rendre vraiment efficace, par exemple :

À l'organisation des sociétés de secours mutuels;

À la création de toutes les formes d'associations dont on peut attendre ou un revenu plus élevé (coopératives de production) ou des dépenses moindres (coopératives de consommation);

Enfin, à l'intervention de l'État dans certains cas.

Ajoutons encore que cette difficulté pour le travailleur de s'assurer du pain pour ses vieux jours est une des causes qui ont déterminé le gouvernement républicain à faire voter la loi du 14 juillet 1905 (1) et à soumettre au Parlement un projet de loi sur les retraites ouvrières.

(1) Voir ci-après, 1. VI, ch. ɪɪ

LIVRE V

L'ASSOCIATION

CHAPITRE PREMIER

LE ROLE GÉNÉRAL DE L'ASSOCIATION

> « Des activités individuelles isolées
> croissent lentement. Opposées, elles
> s'entre-détruisent; juxtaposées, elles
> s'additionnent. Seules, des activités
> associées croissent rapidement, durent
> et se multiplient. » (L. Bourgeois.)

Progrès de l'esprit d'association. — Un des faits considérables de notre époque est la formation d'une multitude d'associations : en aucun temps, l'individu n'a mieux compris qu'isolé il était impuissant à bien servir ses idées, ses intérêts ou ses plaisirs.

Si l'on s'en tient aux groupements d'ordre économique, on se rend compte de leur utilité à un double point de vue, matériel et moral (1).

---

(1) Sur toutes les questions se rattachant à l'association, il est nécessaire de consulter les ouvrages suivants : *Congrès de l'Education sociale en 1900; Solidarité*, par Léon Bourgeois (A. Colin, éditeur) ; *Applications sociales de la solidarité* (Alcan, éditeur).

Rôle économique de l'association. — Les consé-quences matérielles sont excellentes. Prenez des grains de sable, unissez-les dans certaines conditions et vous aurez du ciment : ainsi, l'association peut produire des effets considérables. Par elle, on répartit les risques, qui écraseraient un seul individu, entre un grand nombre de gens qui n'en sont presque pas atteints : des secours sont donnés, des retraites constituées ; avec des apports individuels de 20 francs, des sociétés italiennes de crédit populaire possèdent des millions ; des coopératives anglaises ont des centaines de milliers de francs à répartir entre leurs adhérents.

Rôle moral. — Les résultats moraux ne sont pas moins importants : dans toute association, qui groupe autre chose que des capitaux, peut se faire l'éduca-tion sociale. En effet, il y faut renoncer à l'égoïsme individuel exclusif, penser aux autres, consacrer du temps à la collectivité ; apprendre à choisir ceux qui méritent de diriger ; apprendre aussi à commander, savoir rester ou rentrer dans le rang, obéir à une règle librement acceptée. L'association forme ainsi des hommes plus capables de rendre service à la collectivité, parce qu'ils acquièrent la pratique des affaires, et qui, par l'habitude de la discipline volon-taire, sont mieux préparés à la liberté.

Les critiques. — Comme toute œuvre humaine, l'association peut avoir ses inconvénients, et il faut l'étudier d'un esprit indépendant. Il est utile de con-naître certaines critiques dont elle est l'objet : plus on attend de l'union, et plus on doit savoir discerner les dangers qu'il faut éviter.

On l'accuse :

1° De favoriser les visées personnelles de quelques

uns. En réalité, dit-on, il arrive trop souvent que l'association est pour quelques ambitieux un « moyen de parvenir. »

2° D'affaiblir l'énergie : certains dirigent et gagnent peut-être en courage, en habileté, mais la masse ne fait qu'obéir. Ainsi, par l'effet de l'association, des gens peu méritants pourraient se dispenser d'acquérir plus de qualités : grâce au groupe dont ils sont membres, ils réussiront malgré tout.

3° D'être souvent tyrannique : à l'égard de ses membres, chez lesquels on supporte difficilement l'esprit d'indépendance ; — et aussi à l'égard de ceux qui restent en dehors du groupement : on n'est pas éloigné de considérer leur abstention comme une preuve d'indifférence ou d'hostilité (1).

4° De faire naître l'esprit de corps, de sorte qu'à l'égoïsme individuel, que l'association ne fait pas disparaître, s'ajouterait l'égoïsme collectif; aux causes de divisions déjà existantes, d'autres viendraient se joindre.

Pas plus en cette question qu'en n'importe quelle autre, nous n'avons voulu taire les objections faites aux principes que nous croyons bons. Que faut-il penser des critiques dirigées contre l'association? Une réponse générale aurait peu de valeur, parce qu'elle résulterait de conceptions théoriques ou d'observations forcément incomplètes. Mais ces reproches seraient-ils fondés qu'on en devrait tirer simplement cette leçon : si l'association, de plus en plus féconde dans les conditions de la vie actuelle, peut présenter des dangers, c'est un motif de plus pour que les hommes de mérite y jouent un rôle, au lieu de se borner à des récriminations. C'est à eux de diriger les groupements dans la voie de la justice.

(1) C'est ce qu'exprime le mot célèbre de Proudhon : « L'association est toujours contre quelqu'un. »

Conclusion.—De tout ce qui précède, il ressort que:

1° Plus les hommes auront conscience de leur intérêt et de leurs devoirs, plus les associations seront nombreuses.

2° Par l'entente entre les groupements, les bienfaits de l'union seront accrus.

Les associations qui réunissent des gens de condition modeste présentent un intérêt particulier : il n'est pas seulement question ici, comme dans les sociétés de capitaux, d'augmenter des revenus déjà existants, mais chez ceux qui n'ont presque rien, de diminuer la souffrance par les efforts combinés de leurs semblables et d'eux-mêmes. On verra ce qu'ont pu faire des hommes de cœur et d'énergie ; nous voudrions, dans ce qui suit, donner la conviction que certaines œuvres n'ont réussi qu'à force d'héroïsme, en présence de l'hostilité des adversaires, de l'indifférence témoignée par la masse et de l'inertie ou de l'indiscipline de ceux mêmes pour qui l'on travaillait.

CHAPITRE II

_____

SOCIÉTÉS DE SECOURS MUTUELS

> « La mutualité fait de la force
> avec de la faiblesse. »
>
> (CHEYSSON.)

Définition. — Il n'est pas d'assurances plus intéressantes que celles dont l'objet est de créer des capitaux, non pour conserver une certaine aisance, mais pour préserver de la misère : à ce titre, les sociétés de secours mutuels ont des services considérables à rendre.

Ce sont des associations philanthropiques ayant pour but de prévenir les conséquences matérielles d'événements pénibles ou préjudiciables, la maladie par exemple, en répartissant par avance les risques sur leurs adhérents qui paient une véritable prime d'assurance. Elles se forment entre personnes exerçant la même profession, ou habitant soit la même localité, soit des localités voisines. A côté des *membres bénéficiaires*, la plupart ont des *membres honoraires* qui les aident de leurs subsides, sans avoir l'intention de bénéficier des avantages sociaux. La situation des sociétés de secours mutuels est réglée par la *loi du 31 mars 1898.*

Caractères de la législation des sociétés mutualistes. — Les auteurs de cette loi ont voulu :

1º Accorder à ces sociétés *une liberté plus grande* que par le passé : l'État se contente de veiller à ce qu'elles se renferment dans l'exercice de leur mission. La seule formalité pour les créer est le dépôt, à la préfecture de leurs statuts et de la liste des membres chargés de l'administration ou de la direction. Il leur suffit ensuite d'adresser chaque année l'indication de leur effectif et du montant des secours distribués.

2º *Étendre leur action* à des parties de la population qui, jusque là, ne pouvaient guère en profiter : les femmes mariées, les mineurs sont autorisés à y entrer sans l'autorisation de leur mari ou de leur représentant légal.

3º *Accroître leur utilité*, en leur permettant des opérations autres que la distribution de secours pour maladies. Nous indiquons plus loin ce que peuvent être ces opérations.

4º Favoriser spécialement la *constitution de retraites* au moyen de combinaisons, assez compliquées, qui, sans accroître outre mesure les charges de l'État, permettent d'augmenter les ressources exigées pour cet objet.

5º *Encourager les sociétés à s'unir entre elles*, le groupement d'associations étant ici, comme toujours, le moyen de tirer de l'union des petits tout le bien qu'on en peut attendre.

Les trois catégories de sociétés. — Il a paru juste de laisser aux sociétés toute la liberté désirable, mais, en même temps, de leur accorder plus ou moins d'avantages, selon qu'elles se soumettront plus ou moins au contrôle de l'État. Ainsi, furent établies *trois catégories de sociétés;* c'est aux promoteurs à choisir la forme qui leur paraît la meilleure.

1º *Sociétés tout à fait libres*. Elles se bornent à

ire le dépôt de leurs statuts à la préfecture. Il leur
st permis de posséder des objets mobiliers, de louer
es locaux pour leurs services. Mais elles ne peuvent
ecevoir de dons et de legs mobiliers qu'à la condi-
on de ne pas s'en dessaisir et qu'après un décret
endu sur l'avis du Conseil d'Etat.

2° *Sociétés approuvées.* Elles demandent cette
pprobation au Ministère de l'intérieur; elles sont
enues de placer leurs fonds en dépôt aux Caisses
'épargne, à la Caisse des dépôts et consignations,
u de les consacrer à l'achat de valeurs sûres, telles
ue les rentes sur l'Etat.

En retour, on leur a accordé des avantages :
l'abord, certains frais leur sont épargnés : les com-
nunes doivent leur fournir des locaux pour leurs
éunions, les livrets et les registres nécessaires à
eurs opérations; tous leurs actes sont exempts des
roits de timbre et d'enregistrement.

De plus, elles sont autorisées à recevoir des dons
t des legs immobiliers, après approbation du Con-
eil d'Etat; à posséder, à acquérir jusqu'à concur-
ence des trois quarts de leur avoir et à vendre des
mmeubles. Les Caisses d'épargne reçoivent leurs
onds jusqu'à 15.000 francs, tandis que le maximum
our les particuliers est de 1.500 francs. La Caisse
des dépôts leur sert un gros intérêt (actuellement
4 1/2 %) pour lequel un crédit spécial est inscrit au
budget du Ministère de l'intérieur : c'est une véritable subvention.

3° *Sociétés* qui se font reconnaître *d'utilité publique.* Elles sont constituées par un décret, qui détermine les avantages dont elles jouissent en plus des
précédents.

Progrès de la mutualité. — La loi de 1898 a eu pour
effet de développer considérablement la mutualité

et, si l'on est encore loin du but à atteindre, il fau reconnaître les progrès réalisés.

1° En 1889, il n'y avait guère plus de 7.000 socié tés de secours mutuels ; au 1ᵉʳ janvier 1901, on e comptait 14.000 ; en 1905, environ 20.000, compre nant près de 4 millions de membres.

2° Les *unions* de Sociétés se sont multipliées, et c progrès paraîtra peut-être encore plus important qu le premier.

« Il y a deux ans, disait le rapporteur de la loi il n'existait encore aucune union de sociétés ; au jourd'hui nous comptons 82 unions départementale et 10 régionales. Ces unions sont elles-mêmes em brassées par la Fédération nationale, qui a donné la mutualité l'impulsion vigoureuse que nous con statons. »

3° L'accroissement du nombre de sociétés, du nombre de membres de beaucoup d'entre elles, la constitution des unions et leur groupement en une Fédération ont permis de rendre des services consi dérables :

Secours en cas de maladie : soins du médecin, mé dicaments, indemnité, paiement des frais funéraires, secours aux infirmes, aux veuves et aux orphelins; indemnité pour permettre aux mères de cesser tout travail pendant plusieurs semaines après la nais sance d'un enfant;

Secours en cas de chômage : ici, une grande prudence s'impose, car les risques sont trop incer tains, et peuvent frapper trop de monde à la fois, pour qu'on prenne des engagements fermes ;

Création de pharmacies, de cours professionnels, d'offices de placements ; formation de caisses de retraites par le groupement en unions.

Devoirs mutualistes : les devoirs individuels. —

Les services qu'on peut attendre de la mutualité, les progrès déjà accomplis, et aussi les critiques qui demeurent justifiées permettent de parler du *devoir mutualiste*. Voici en premier lieu quels sont les devoirs individuels.

1° Les classes aisées trouvent, grâce à cette organisation, un moyen de faire le bien. Le riche qui donne de l'argent à l'Assistance n'aboutit trop souvent qu'à entretenir la misère : il ferait œuvre plus utile en consacrant une partie de ses dons à la prévoyance, qui prévient les déchéances.

Un administrateur disait : « S'il m'était permis de dépenser judicieusement 10 millions par an, j'économiserais 50 millions à l'Assistance publique. »

2° On ne saurait trop engager les travailleurs à entrer dans les sociétés de secours mutuels; elles peuvent seules les aider à traverser les longues périodes difficiles : si les ressources ne permettent encore que des subventions minimes, c'est déjà un grand bien de venir au secours des adhérents pendant leurs maladies : autrement, l'ouvrier est porté à ne pas arrêter son travail, à ne pas se soigner à cause des frais qui en résultent, et son indisposition s'aggrave.

Or, de fâcheuses abstentions sont à signaler, en particulier celle de nos paysans, restés presque complètement en dehors du mouvement : cette indifférence est une cause de plus de l'abandon de nos campagnes. Nous sommes encore loin des résultats obtenus dans certains pays étrangers : la mutualité compte en Allemagne 18 millions de personnes; en Angleterre, 12 millions. Chez nous, un dixième à peine de la population appartient à la mutualité.

Devoirs des sociétés. — I. Devoirs d'administration. — 1° Les sociétés doivent chercher à *augmenter*

leurs ressources et à *étendre leur action*. En dehors
des cotisations de leurs membres, elles peuvent accroître leurs revenus par la fondation de sociétés de
consommation, qui procureront un double avantage :
la diminution des dépenses individuelles et l'augmentation du fonds collectif.

2° Enfin une *organisation scientifique* de la mutualité est nécessaire, car le cœur ne suffit pas pour
faire le bien. Il faudrait se pénétrer de cette idée
que la détermination des cotisations à payer, des
engagements à prendre, doit être fondée sur des calculs attentifs : des sociétés ont manqué à leurs promesses, pour avoir donné des espérances exagérées,
pour avoir cru qu'elles pouvaient se contenter de
primes en réalité trop faibles. Les conséquences de
ces échecs sont graves, car il en résulte, non seulement des mécomptes, mais encore du discrédit, et,
par suite, le ralentissement du mouvement mutualiste. S'instruire de ce qu'il faut faire et de ce qui
se fait ailleurs, est le premier devoir.

II. **Devoirs moraux.** — Le devoir moral qui résume
tous les autres est d'*éviter l'égoïsme*. Or, on est égoïste :

1° Quand on se refuse à l'admission des gens
âgés, des femmes, des enfants, des individus atteints
de maladies chroniques, des ouvriers exerçant des
professions insalubres, parce que ces éléments augmenteraient les chances de maladies, et, par conséquent, les indemnités à payer. Il suffirait d'établir
des tarifs différentiels sérieusement étudiés et l'on
éviterait de rejeter ceux qui ont précisément un besoin
particulier de la mutualité.

2° Quand on cherche à constituer des avantages
injustes aux survivants, en décidant, par exemple,
que les sacrifices faits depuis plus ou moins longtemps par les morts profiteront aux autres, notam-

ment en accroissant leurs retraites; c'est la spéculation sur la mort, et elle est particulièrement cruelle
quand le défunt laisse une famille.

3° On est égoïste — et l'on montre peu d'intelligence des principes sur lesquels repose toute association, — quand, par désir de jouer un rôle, on maintient la société isolée, alors que les fédérations seules
peuvent produire des résultats importants.

LECTURES

Il y a inégalité de répartition de la misère et du mal sur la surface d'un grand pays comme le nôtre. Il est facile peut-être, dans
certains endroits, de créer des mutualités qui suffisent aux besoins
particuliers d'une ville ou d'une région déterminée et limitée; mais
il y a, au contraire, d'autres régions de la France, d'autres cités
où le nombre de ceux qui peinent est considérable et où il leur est
plus difficile de s'associer pour parer à cette lourde misère.

Cette inégalité de répartition du mal sur la surface d'un grand
pays ne démontre-t-elle pas la nécessité de fusionner les mutualités, de sorte que ceux qui peuvent faire quelque chose viennent en
aide, non pas seulement dans une société de secours mutuels à
tel homme qui souffre, mais entre sociétés de secours mutuels à
telles sociétés qui ne peuvent se suffire.

> Léon BOURGEOIS (1). (Discours prononcé
> au Congrès des Sociétés de Secours
> Mutuels à Saint-Etienne.)

Nécessité de faire entrer la famille dans la mutualité

Pendant longtemps, on a refusé à la femme l'accès de la mutualité. D'après une légende, qui aurait pu se résumer en ce mot de Michelet : « La femme est une éternelle malade, » il semblait que, à
moins de demander à la femme une cotisation excessive, elle ruine-

---

(1) BOURGEOIS (Léon), homme politique contemporain. A donné un grand éclat
à la doctrine solidariste dans un ouvrage d'une portée considérable pour l'histoire du mouvement social de notre temps : la *Solidarité*, où il développe cette
idée que l'homme naît débiteur des générations passées et de la société contemporaine; plus il est riche, instruit, plus sa dette est grande : à moins d'être infi-
dèle au pacte social dont il bénéficie, il doit payer cette dette en travaillant à
améliorer le sort de tous.

rait la société qui aurait l'imprudence de l'accepter dans ses rangs et de lui promettre des secours de maladies.

Cette opinion, si répandue qu'elle soit, n'en est pas moins inexacte et ne résiste pas à l'examen des faits. Les tables de morbidité, — là où l'on en possède, — en ont fait justice et montrent que les risques de maladie, qui varient, suivant les âges, pour les deux sexes, entre certaines limites peu étendues, se rapprochent sensiblement comme moyenne générale. Des sociétés mixtes se sont formées, comprenant des hommes et des femmes; d'autres se sont constituées exclusivement avec des femmes, et, nulle part, on n'a constaté ces dangers dont on s'effrayait *a priori*, de sorte qu'aujourd'hui la pratique admet sans hésiter cette introduction de la femme dans la mutualité.

En même temps que la femme, l'enfant s'introduisait dans ces sociétés, et il y faisait même une entrée triomphale par la mutualité scolaire.

C'est seulement à partir de 1880 que les enfants ont pénétré dans la mutualité et, depuis lors, ils y ont afflué en bataillons de plus en plus serrés. Ce succès, auquel se rattache le nom d'un mutualiste fervent, M. Cazé, tient au concours que l'école a prêté à ce mouvement.

Aujourd'hui l'on sent partout l'avantage de s'appuyer en matière sociale sur l'école, pour faire l'éducation du pays et pour recruter des adhérents à une idée ou à une pratique dont on veut encourager la diffusion. Toutes les campagnes visent l'enfant et veulent mettre la main sur lui, pour s'emparer de l'avenir. C'est ainsi qu'on procède pour l'épargne, pour les bains douches, pour la lutte contre l'alcoolisme; c'est également à l'école qu'on a voulu installer l'apprentissage de la mutualité. Non seulement, on accoutume ainsi de bonne heure les enfants à cette discipline morale de la prévoyance, à cette régularité de la retenue et de l'échéance, mais encore on les initie au mécanisme de l'épargne, de l'assurance, à la gestion d'une société populaire, et on les prépare à entrer dans les rangs de la mutualité adulte. En outre, grâce à l'enfant, ces idées et ces habitudes pénètrent dans la famille par une heureuse contagion, qui, de proche en proche, les fait rayonner dans tout le pays.

L'enfant verse deux sous par semaine entre les mains de l'instituteur. Un de ces sous est affecté à la constitution d'un livret personnel de retraite, ou livret individuel, qui reste la propriété du sociétaire et lui assurera, à l'âge de cinquante ans, ou plus tard, s'il le préfère, une pension dont le montant dépendra de l'âge auquel il touchera sa retraite, et des versements supplémentaires ayant grossi son livret spontanément et par un effort personnel.

L'autre sou a deux emplois : il sert d'abord à payer à la famille de l'enfant malade une indemnité de 0 f. 50 par jour et, si l'enfant vient à mourir, des frais funéraires de 25 francs. Le surplus constitue un fonds commun, qui s'augmente des subventions de l'Etat, des dons et legs, des cotisations des membres honoraires, et qui est appelé à grossir sans cesse à la façon de la boule de neige. Ce fonds commun, qui est le patrimoine de tous les associés, est versé à la Caisse des Dépôts et Consignations, et assurera un complément de pension de retraite à ceux des adhérents qui auront continué régulièrement à verser leurs 0 f. 10 par semaine pendant près d'un demi-siècle, jusqu'à l'âge de cinquante à soixante ans.

CHEYSSON,
Conférence sur la *Mutualité familiale*.

CHAPITRE III

SOCIÉTÉS DE CRÉDIT POPULAIRE

> « La coopération de crédit arrive à
> ce résultat que le crédit naît sans qu'il
> y ait de capital entre les mains du
> débiteur; il naît de quoi? de la *valeur
> morale* du débiteur! Chose nouvelle
> dans le monde, véritable révolution! »
> (Léon Bourgeois.)

Nécessité d'un crédit populaire. — Les agriculteurs,
les industriels, les commerçants aisés ont, sur leurs
concurrents moins favorisés par la fortune, de nombreux avantages : leurs frais généraux sont proportionnellement plus faibles; ils peuvent acheter en
plus grande quantité et, par suite, à meilleur compte :
il leur est loisible d'attendre pour la vente des circonstances propices. De plus, ils disposent non
seulement de leurs capitaux propres, mais encore
de ceux que leur crédit leur permet d'emprunter.

Bien différente est la situation des petits producteurs. Qu'un modeste fabricant ou un petit commerçant veuille étendre sa clientèle, profiter d'une occasion favorable; qu'un ouvrier souhaite de prendre
un brevet d'invention; qu'un employé ait besoin
d'un cautionnement; leurs qualités leur permettraient
peut-être de réussir, mais ils n'offrent guère d'autre
garantie : qui leur prêtera? Pas une banque sérieuse,

assurément. Le Mont-de-Piété? Mais les établissements de cette nature inspirent aux gens raisonnables la vague appréhension qu'y avoir recours est un pas vers la misère; puis l'intérêt y est élevé, et il faudrait dégarnir l'atelier, le magasin, la maison. En outre, les succursales du Mont-de-Piété n'existent qu'en fort peu d'endroits.

Pour le cultivateur ayant besoin d'argent, les difficultés ne sont pas moindres. Les banques ne prêtent que pour un temps très court; or, souvent, le laboureur ne peut rembourser qu'au moment où il vend sa récolte. Le prêt sur hypothèques, auquel le fermier ne pourrait d'ailleurs recourir, est très onéreux : l'intérêt est ordinairement de 5 % ; il faut y ajouter 1 % pour les frais divers; or, il paraît prouvé que la plupart des terres ne rapportent guère plus de 3 %. Aussi, pendant longtemps, le seul moyen de crédit était-il d'obtenir des avances des marchands de blé, fabricants de sucre et autres acheteurs éventuels : on devine quels étaient les abus possibles. Or, si l'on songe qu'il y a dans nos campagnes 8 millions de propriétaires possédant moins de quarante hectares, que l'industrie française compte plus de 500.000 établissements occupant moins de 5 ouvriers, on conçoit qu'en y comprenant les familles, la moitié de la France soit intéressée au maintien de la petite production. Il était donc désirable que celle-ci trouvât un crédit approprié : l'association peut le fournir.

Principe de la coopération de crédit. — Pourquoi, en effet, est-on porté à refuser un prêt à une personne qui n'offre que des garanties morales? Parce qu'il faut prévoir des circonstances qui pourront empêcher le remboursement : l'insuccès, la maladie, la mort. Mais que cent individus s'associent, que chacun puisse apporter 50 francs à un fonds commun, et la

situation change : l'un d'eux a-t-il besoin de 100 francs?
On sera en mesure de les lui prêter; tantôt l'un des
membres, tantôt un autre emprunteront ainsi à la
collectivité. Bien plus, que cent personnes honorables
se concertent, qu'elles se déclarent solidairement responsables des avances contractées avec leur approbation par certaines d'entre elles, n'est-il pas certain
que l'association trouvera des prêteurs?

C'est ce qui a été réalisé dans des proportions vraiment extraordinaires : les banques du peuple italiennes font 900 millions d'affaires par an, et les
sociétés allemandes de crédit populaire ont, en 1904,
prêté 4 milliards.

Le crédit populaire pour l'industrie. — Les banques
populaires venant en aide à l'industrie n'ont en
France que peu de développement; il en existe seulement une vingtaine : ce manque de crédit aux petits
producteurs est un fait regrettable.

Toutefois, il faut ajouter que les Associations
ouvrières de production, groupées autour de la
Chambre consultative, ont une banque spéciale qui
escompte leurs effets de commerce, prête à 15 jours
d'échéance pour l'exécution de travaux en cours, et
consent des avances à long terme en certains cas,
en vue d'augmenter les moyens de production.

Le crédit agricole. — Il a été fait davantage pour
le crédit agricole.

1º Les caisses ayant cette destination se classent,
selon leur origine, en deux groupes : les unes sont
issues des syndicats; les autres sont dues à des initiatives particulières : au total, il existe actuellement
800 sociétés, comprenant environ 11.000 membres. Il
y a une douzaine d'années, nous n'en possédions
aucune.

Une centaine se sont réunies autour du « Centre fédératif du crédit populaire, » dont le siège est à Marseille et la banque la plus importante à Menton. Elles ont combiné ingénieusement les divers systèmes appliqués à l'étranger. Elles rendent des services, particulièrement dans les départements du Var et des Alpes-Maritimes.

2° Des encouragements officiels ont été accordés au crédit agricole.

Une loi du 5 novembre 1894 autorisa les syndicats agricoles à fonder des sociétés de crédit; elle exempta ces sociétés de la patente, de l'impôt sur les valeurs mobilières.

En 1897, quand on vota le renouvellement du privilège de la Banque de France, cet établissement dut consentir à l'Etat une avance de 40 millions, prêtés sans intérêt et destinés à subventionner le crédit agricole; de plus, il verse au trésor une redevance annuelle d'au moins 2 millions, que l'Etat doit consacrer au même objet.

Fonctionnement du crédit populaire. — Les débuts sont modestes; on évite toutes les causes de frais : ainsi les administrateurs ne reçoivent pas de rétribution; le local est souvent la mairie, etc... Naturellement, des précautions s'imposent dans les opérations. On n'admet que des adhérents offrant toute garantie : on peut compter sur l'intérêt de chacun pour écarter les demandes suspectes. Une admission ne peut être prononcée que sur la proposition du Conseil d'administration et après consentement de l'Assemblée générale. Quand on doit examiner une demande d'emprunt, on se renseigne minutieusement sur la raison qui la motive. Les prêts à la consommation sont presque toujours refusés, car les deman-

le manque de prévoyance : les sommes ainsi remises
ont de grandes chances de rester improductives. On
ne prête pas non plus au cultivateur qui se propose
d'acquérir de la terre, pas plus qu'à l'ouvrier pour
payer ses provisions : ce serait : « semer sur la roche. »
Les avances consenties sont celles que sollicite soit
l'agriculteur pour acheter des matières premières,
des engrais, un outillage; soit l'artisan, pour s'établir
ou pour étendre ses opérations.

Services rendus. — 1° *Utilité économique de la coopération du crédit.* « Où les sociétaires trouveraient-
ils l'indépendance dans le crédit; les avances directes à la production, au travail, consenties avec
discernement dans la pensée constante d'un échelon
à faire gravir; des facilités de prolongation, de
renouvellement, telles que les commandent les circonstances ; l'amortissement des engagements par
des acomptes échelonnés; des conditions modiques;
l'avantage matériel de reprendre à la fin de chaque
année une partie des profits procurés à l'association?
Et dans les périodes critiques, aux heures sombres,
est-ce que les banques populaires ne demeurent pas
à la disposition de leurs membres, tandis que la
diminution de la confiance éveille presque partout
des hésitations, des craintes? » (Rapport du Conseil
d'administration de la Banque de Menton, 1903.)

2° *Utilité morale.* — C'est accomplir au point de
vue social une œuvre considérable que de prêter
aux gens honnêtes, mais peu aisés. La valeur morale
devient ainsi une garantie, un capital; l'habitude
de l'épargne s'acquiert, car c'est la réputation d'économie, d'honnêteté qui fait obtenir la confiance
d'autrui; on apprend la fidélité aux engagements
contractés; on pratique la solidarité : tandis qu'ailleurs, le travailleur heureux reste trop souvent

indifférent au sort de moins chanceux, ici, tous ont intérêt au succès de chacun.

La solidarité se manifeste encore autrement : dans beaucoup de villes, les fondateurs, les administrateurs sont des gens riches, des industriels ou des commerçants qui s'occupent des minimes demandes de prêts avec autant de soin que de leurs grandes entreprises.

Enfin, n'est-ce pas une chose toute nouvelle que cette association de gens qui apprennent la modération dans le gain, et qui, se prêtant à eux-mêmes, font disparaître le douloureux conflit existant depuis des siècles entre prêteurs et emprunteurs?

Il faut donc, on le voit, souhaiter la prospérité de la coopération de crédit dont on a dit avec beaucoup de force, au Conseil supérieur du travail, que « la pratique en sera pour les riches, la légitimation de la richesse, ainsi mise au service du travail; et pour les classes laborieuses, un enseignement moral et économique, une école de dignité et de responsabilité, une étape vers l'affranchissement. »

LECTURE

Le prêt d'honneur dans les institutions de crédit populaire

Si le malheur vient à frapper un vaillant ouvrier : maladie, accident, chômage involontaire, l'association de crédit populaire lui ouvrira encore ses rangs, et, sous la forme si ingénieuse du prêt d'honneur, elle lui accordera un modeste crédit réparateur, souvent même sans intérêts; elle relèvera surtout son moral, en lui montrant que tout n'est pas calcul, que tout n'est pas égoïsme en ce monde, et que les besoins du peuple ont suscité des institutions où la fraternité s'exerce sincèrement, où elle se traduit mieux que par des formules, en actes.

Ch. RAYNÉRI,
Rapport au Congrès de l'Éducation sociale (1900).

CHAPITRE IV

ASSOCIATIONS COOPÉRATIVES DE PRODUCTION

Définition. — Est-il possible de constituer des entreprises dans lesquelles les ouvriers fourniraient à la fois le capital et le travail, et de donner à celui-ci la direction de l'entreprise ? On l'a pensé, et de cette conception sont nées les associations ouvrières de production. Ce sont des groupements d'ouvriers et d'employés qui s'associent pour travailler ; le capital social est constitué par leurs apports ; ils sont donc maîtres de la gestion qu'ils délèguent à certains d'entre eux.

Etat de la coopération de production en France. — Les premières tentatives un peu importantes furent faites en 1848 ; mais, malgré les subventions du gouvernement, le succès fut médiocre, et quelques associations seulement subsistaient en 1889. Depuis cette date, des progrès notables ont été accomplis : on compte actuellement, surtout dans les industries du bâtiment, du papier et du livre, 338 sociétés de cette nature, qui font environ 6 millions d'affaires. C'est peu encore ; d'ailleurs beaucoup de ces sociétés ne réussissent guère. Toutefois, en réfléchissant, on jugera que les promoteurs du mouvement ont obtenu deux résultats appréciables : le nombre des associations a quintuplé depuis vingt ans et, surtout, le fait seul de leur existence a prouvé qu'on peut venir à bout de difficultés regardées longtemps comme insolubles.

Raisons qui déterminent à fonder ces associations.

1° *On espère, en créant une coopérative, gagner plus* que dans une entreprise salariée : ici, en effet, pas d'intermédiaire prenant sa part des bénéfices; le capital versé ne donne droit qu'à un intérêt : c'est lui qui est le *salarié*.

2° *La liberté du travailleur est complète :* il ne se soumet qu'à une règle qu'il s'est donnée, qu'à des chefs choisis par lui.

3° On reproche au régime du salariat de ne pas intéresser suffisamment l'ouvrier aux résultats de la production : dans l'association, *l'homme travaille pour lui en même temps que pour la collectivité.*

4° Enfin, des esprits généreux croient que la coopération pose les premières assises d'une société où l'on ne connaîtra pas le douloureux conflit entre ceux qui dirigent les entreprises et ceux qui y collaborent.

Difficultés. — Malheureusement, les difficultés rencontrées sont grandes :

1° D'abord *le manque de capitaux*, particulièrement grave à une époque de concentration industrielle. Que peuvent en effet les quelques milliers de francs péniblement réunis? Aussi la plupart de ces associations s'en tiennent-elles aux travaux qui ne nécessitent pas de fonds considérables.

2° *Les difficultés intellectuelles ou morales* ne sont pas moindres. Des hommes d'initiative se proposent de fonder une association ouvrière : avant de trouver les adhérents, les capitaux, que de fatigues et de déboires à supporter! La société créée, il faut mettre à sa tête des gens les plus capables de la diriger; — obéir aux chefs désignés, — savoir reconnaître l'importance de leur rôle; — triompher des méfiances des fournisseurs, des agissements des rivaux et de l'hostilité que montrent même les ouvriers étrangers à l'entreprise; — se contenter assez longtemps d'une rétribution mé...re; — dans les heures de crises, ne pas se décou...ger, malgré les inquiétudes, d'autant plus vives qu'on voit menacés à la fois et le salaire et les petites économies grâce auxquelles on espérait trouver un moyen d'émancipation. Le succès vient-il? Ce sont d'autres écueils; en particulier, n'oubliera-t-on pas la discipline, la solidarité, en récriminant lors des répartitions?

Dans ces conditions, ce qui étonne ce n'est donc pas qu'il y ait si peu d'associations coopératives : c'est qu'une centaine au moins aient réussi.

Désirs et espérances. — Ce résultat est encourageant. De plus des faits récents permettent de prévoir une grande extension de ce mouvement coopératif.

1º *Ces associations sont encouragées par l'État.* Elles en reçoivent une subvention annuelle de 200.000 francs environ ; on leur accorde en outre une situation privilégiée dans les adjudications de travaux publics : à égalité d'offres, elles obtiennent la préférence; elles sont dispensées de déposer un cautionnement, quand le total de l'entreprise est inférieur à 50.000 francs.

2º La plupart des associations *se sont groupées*: elles ont une Chambre consultative, une banque, tiennent des congrès; et l'organisation se fortifie, les principes se précisent.

3º *Des capitaux ont déjà été réunis;* d'autres plus considérables viendront de divers côtés, lorsque l'éducation aura gagné plus d'esprits à la coopération.

Les sociétés de crédit pourront faire des prêts et se charger des opérations d'escompte à des conditions avantageuses. Surtout, les coopératives de consommations sont à même de procurer des capitaux, des clients, et de préparer des conseillers, des gérants dont les aptitudes commerciales auront été éprouvées : une entente entre tous ces groupements est fort désirable.

Progrès du sentiment de solidarité générale dans les associations. — Des méfiances s'étaient produites à l'égard des associations de production.

1º On craignait qu'elles ne fissent trop de place aux capitalistes, afin de réunir des sommes importantes : elles auraient alors dévié de leur but, qui est de donner au travail la part prépondérante.

Le groupement de la Chambre consultative a paré à ce danger : on a décidé de n'accorder à chaque porteur d'actions qu'un nombre de voix au plus égal à 5, quelle que fût la quantité de ses parts.

2º Une fâcheuse tendance s'était manifestée : les sociétés prospères s'adjoignaient des auxiliaires, auxquels elles donnaient un salaire parfois même inférieur au taux normal de la profession, et elles refusaient de leur accorder aucun avantage. Elles devenaient ainsi de vraies sociétés de patrons : au point de vue moral, elles ne méritaient aucune sympathie particulière ; loin de là, cet égoïsme était odieux de la part d'ouvriers.

Heureusement, la Fédération a fait admettre qu'il faut « donner aux ouvriers auxiliaires un salaire égal à celui que fixe la Chambre syndicale de la profession, et en plus une part d'au moins 25 % sur les bénéfices, en leur facilitant l'admission au sociétariat. »

3º Le devoir social a triomphé autrement encore ; au Congrès de 1901, on a reconnu la nécessité de

participer au progrès général et l'on a résolu de
créer une « Caisse centrale ayant pour objet : 1° de
recueillir les versements des associations en faveur
des œuvres de solidarité ; 2° de répartir comme suit
les sommes recueillies : 1/3 à l'éducation sociale;
1/3 aux prêts pour aider à la fondation et au développement des associations; 1/3 en dons pour soula-
ger des infortunes exceptionnelles. »

Conclusion. — Toutes ces dispositions prouvent
une notion de plus en plus complète du devoir envers
la société tout entière ; elles sont d'un excellent au-
gure, parce qu'elles laissent pressentir la fin de la
période d'hésitations et la diminution des égoïsmes
collectifs.

1. Le Familistère de Guise (1)

En 1888, mourait un riche industriel, Godin, qui dirigeait à Guise
(Aisne) une importante fabrique d'appareils de chauffage. D'abord
simple ouvrier, Godin, devenu patron, s'était beaucoup occupé de
questions économiques et cherchait à réaliser le rêve d'un socialiste
français, Fourier, qui avait préconisé une forme d'association, le Pha-
lanstère, dans lequel le travail serait rendu attrayant, et où l'on aurait les avantages de la vie en commun. Godin conserva des idées
de Fourier ce qui lui sembla réalisable et fonda tout un groupe d'œuvres philanthropiques : Le Familistère, ensemble d'habitations ouvrières
construites dans des conditions remarquables d'hygiène, de commodité, de bon marché et auxquelles étaient annexés des magasins
coopératifs, une pharmacie, des écoles, etc. Il léguait le tout à son

(1) Des philanthropiques conceptions de Godin, on peut rapprocher, dans
une certaine mesure, celles des fondateurs du *Bon Marché*, M. et Madame
Boucicaut, qui ont laissé leur établissement à une société composée de leurs
principaux employés. Cette société comprend aujourd'hui les membres du
personnel qui possèdent la totalité ou une fraction de l'une des 400 parts de
50.000 francs dont se compose le capital. Plus de 1.000 employés sont dans ce
cas. Les actions ne peuvent appartenir à des personnes étrangères à la maison.
Tous les employés profitent des très importantes institutions de prévoyance,
fondées par les premiers propriétaires du Bon Marché, et ils participent aux
bénéfices; en 1892, la Société du Bon Marché a fondé une caisse dont le but
est de venir en aide aux ouvriers et aux ouvrières travaillant pour l'établissement : on leur accorde des secours temporaires et des pensions de retraites.

personnel constitué en une association dont il formulait ainsi les principes :

1° Les bénéfices ne sont pas distribués en argent, mais sous forme de titres d'épargne dont les plus anciens sont successivement remboursés et remplacés par de nouveaux, répartis entre d'autres participants; ainsi, chaque génération possède à son tour l'établissement.

2° Quatre catégories de collaborateurs sont établies; les avantages y sont plus ou moins grands : ainsi, les auxiliaires bénéficient seulement de la caisse de retraites, les participants ont une part dans les profits, les sociétaires une part et demie, les associés deux parts : ceux-ci nomment le gérant, élu à vie, mais révocable dans certains cas.

3° Le bénéfice net est réparti de la façon suivante : 75 °/₀ aux salaires du travail et du capital; 25 °/₀ aux capacités. Le capital a un salaire : un intérêt de 5 °/₀, et c'est d'après cela seulement qu'il participe au profit. Les bénéfices vont surtout au travail : en 20 ans, les ouvriers en ont reçu une part 20 fois plus forte que celle du capital : ce dernier est bien « un serviteur du travail, » ce qui est la caractéristique des Associations ouvrières.

Parmi les dispositions intéressantes, on peut signaler la création d'un « Service de secours aux subsistances, » fonctionnant comme il suit. Un ouvrier est chargé de famille et il ne gagne pas assez pour subvenir aux besoins des siens : que peut-on faire pour lui? Élever son salaire? Mais ce ne serait pas mérité. La « Caisse de Secours » lui accorde une indemnité spéciale.

D'autre côté, une certaine part des bénéfices est consacrée à récompenser les travailleurs qui ont trouvé quelque procédé nouveau de fabrication.

Sur la tombe de Godin, on lit :

« Que mon souvenir soit pour vous un sujet de fraternelle union.
Rien n'est bon et méritoire sans l'amour de l'humanité.
La prospérité vous suivra tant que l'accord
Règnera parmi vous.
Soyez justes envers tous et vous servirez d'exemple. »

Ces paroles sont à la hauteur de l'œuvre.

2. La Verrerie ouvrière d'Albi

Le Familistère de Guise est l'œuvre d'un homme : la Verrerie ouvrière d'Albi est celle d'un parti et d'une classe; de plus, elle diffère des associations de production actuellement existantes, en ce qu'elle a été créée dans la très grande industrie qui sembla longtemps réservée au régime patronal :

Origines. — En 1896, une grève venait de se produire dans le personnel d'une très importante verrerie de Carmaux (Tarn). Quand les ouvriers furent décidés à reprendre le travail, il était trop tard : d'autres avaient pris leur place.

Parmi les hommes politiques qui avaient encouragé les grévistes, certains pensèrent à créer une association ouvrière qui occuperait les verriers de Carmaux.

Il fallait des capitaux : qui les donnerait? Des actionnaires quelconques? Mais on retomberait dans l'organisation patronale !

Les verriers? La plupart d'entre eux n'avaient rien — que des dettes contractées pendant la grève : d'ailleurs, une verrerie exige des sommes considérables.

C'était seulement aux groupements ouvriers qu'il était possible de s'adresser : l'usine serait créée par le « prolétariat. »

Comment les capitaux seraient-ils réunis, alors que les associations ouvrières, les coopératives possèdent pour la plupart de faibles ressources? Un heureux hasard se produisit. Une rentière âgée, Mme Dorembourg, qui jouissait d'un revenu viager de 35.000 francs et qui était très économe, s'intéressa à l'œuvre projetée : elle envoya 100.000 francs « dans une vieille valise, dont elle exigea instamment la restitution. »

Il restait à réunir 500.000 francs. On décida qu'il serait émis 5.000 actions de 100 francs. Mais, on voulait :

1° Que la classe ouvrière seule eût des droits sur la verrerie; pour cela, on déclara que la souscription serait limitée aux associations ouvrières;

2° Que, dans chaque groupement, le plus grand nombre possible de membres y participât, afin que la verrerie fût vraiment à la collectivité des travailleurs. — Pour cette raison, on mit en vente des tickets de 20 centimes qui donneraient droit à des lots comme des billets de tombola; les tickets ne seraient vendus qu'aux sociétés.

Il y eut des difficultés très grandes; mais on finit par trouver la somme nécessaire : le produit de la vente fut converti en actions possédées par les associations seules.

Les caractères de l'œuvre. — La verrerie future serait-elle aux ouvriers de Carmaux? Dans ce cas, les travailleurs propriétaires auraient seuls la direction, subiraient seuls les pertes ou se partageraient les bénéfices éventuels

Cette conception souleva des discussions très vives. Si elle était admise, des ouvriers deviendraient propriétaires, se rapprocheraient de la « classe bourgeoise, » se sépareraient des autres, les exploiteraient peut-être un jour, si la fortune les favorisait! Finalement, il fut résolu que la verrerie n'appartiendrait pas aux verriers, mais au prolétariat tout entier : ce serait une *verrerie ouvrière*.

Le principe fondamental de la possession par tout le prolétariat fut inscrit, non dans les statuts toujours révisables, mais au frontispice de ces statuts « comme une classe souveraine et définitive. »

Pour empêcher l'entreprise de passer aux mains « d'hommes ou de groupes capables de modifier les statuts dans un esprit contraire à celui des fondateurs de la verrerie, » les actions ne pouvaient être vendues que d'un groupe à l'autre. Pour empêcher que tel groupement devienne prépondérant, ces actions qui sont nominatives ne peuvent être cédées par une association syndicale qu'à une autre; par une coopérative qu'à une société analogue, le conseil d'administration de la verrerie devant être avisé de tous les transports; enfin aucun groupe n'aura plus de 10 voix à l'Assemblée générale.

Sur les 9 membres du Conseil d'administration, les groupes devaient en désigner 3.

L'Assemblée générale exercerait les pouvoirs suprêmes.

— Quelle serait la situation des verriers?

Il résulte de ce qui précède qu'ils n'auront pas droit « au produit intégral » de leur travail; mais il parut légitime de leur accorder une situation plus avantageuse que celle des ouvriers employés dans la production patronale.

C'est ainsi qu'on décidait :

De leur attribuer des salaires égaux aux salaires courants les plus élevés, de leur constituer une caisse de secours et de retraite formée par le tiers des bénéfices : de leur reconnaître le droit d'élire le directeur, les ingénieurs, et les deux tiers des membres du Conseil d'administration;

De leur permettre de faire appel devant l'Assemblée générale des mesures de renvoi dont certains pourraient être frappés, le Conseil d'administration ayant d'ailleurs seul qualité pour prononcer les exclusions.

La fondation de la verrerie. — Où serait l'Usine? Le Comité d'action choisit Albi, où les ouvriers pouvaient vivre à meilleur compte qu'à Carmaux : le sable s'y trouve facilement et en grande quantité, et les compagnies houillères s'engageaient à fournir le charbon dans de bonnes conditions.

En janvier 1896, la construction de l'usine commença, entravée par des difficultés et des mauvais vouloirs. Les compagnies métallurgiques ne voulaient pas faire de livraisons avant d'être payées. Les verriers exécutèrent eux-mêmes pour un faible salaire certains travaux; ils se firent couvreurs, maçons.., afin de vivre et afin que les dépenses fussent moins considérables.

Le fonctionnement. — Le 25 octobre 1896, la verrerie ouvrière était inaugurée. Dans les premiers temps, les contretemps se succédèrent.

Le Conseil d'administration crut devoir prononcer une trentaine d'exclusions. Les ouvriers congédiés s'adressèrent d'abord à l'Assemblée générale, qui confirma les mesures prises, puis aux tribunaux qui leur donnèrent raison et leur firent payer des indemnités.

Les années 1897, 1898 amenèrent des crises; l'argent manqua; la verrerie sollicita plusieurs fois des prêts. Tandis que les bons ouvriers de Carmaux gagnaient de 200 à 300 francs par mois, les meilleurs verriers d'Albi n'avaient pas plus de 120 francs; la moyenne descendait à 60 francs.

D'héroïques sacrifices étaient consentis : on décidait de payer les dettes de l'usine avec les rentrées des premières ventes et de réduire les salaires. La diminution de 20 %, en février 1897 était portée de 35 à 40 %, à la fin de l'année. Beaucoup de familles souffraient d'une misère profonde que dépeignait une grande Revue dans un article se terminant par une condamnation formelle de la tentative, et par une apostrophe violente aux promoteurs « qui ont promis l'émancipation et n'ont su amener que des ruines. »

Pourtant, la verrerie continua de vivre : elle le dut au courage de ses collaborateurs, surtout des plus obscurs ; elle le dut aussi à la fraternelle collaboration de groupes ouvriers qui l'aidèrent dans les moments difficiles, soit en consentant des prêts, soit en faisant acheter ses produits, soit en les acquérant, même à un prix plus élevé que ceux du commerce.

En 1898, 2 fours étaient allumés ; à la fin de 1899, on inaugura le troisième ; le quatrième fonctionne depuis 1901.

Toutefois, depuis 1903, ont surgi de nouvelles difficultés que les Comptes rendus du Conseil d'administration signalent avec une grande franchise. Elles sont dues, d'après les rapports présentés aux Assemblées générales en 1904, 1905 et 1906, à la surproduction générale en ce qui concerne la fabrication des bouteilles et des verres, aux frais des réparations exceptionnelles nécessitées par la grande usure des fours, et, enfin et surtout, — chaque année, le Conseil d'administration insiste sur ce point, — à l'emploi des machines à souffler les bouteilles dans les usines concurrentes, « capitalistes. »

« Nous faisons tous nos efforts pour arriver à résoudre le problème, si important pour nous, de l'installation dans notre usine d'une machine à bouteilles. Celles de ces machines existant actuellement sont monopolisées à chers deniers par nos concurrents patronaux ou offertes à un prix exorbitant. Nous avons encore l'espoir que l'inventeur auquel nous nous sommes adressés, depuis bientôt deux ans, pourra nous soumettre incessamment le résultat de ses longues recherches en une machine qu'il va mettre en marche sous peu, affirme-t-il. » (Rapport lu à l'Assemblée générale en 1906.)

En attendant que cette espérance se réalise, la situation de la verrerie est défavorable par rapport à celle des établissements rivaux qui peuvent réduire de 50 % leur personnel, n'employer que des ouvriers peu exercés, et abaisser de beaucoup leur prix de vente; malgré une diminution de 10 % sur les salaires (sauf ceux des femmes et des enfants), le bénéfice de la verrerie ouvrière en 1905 n'a été que de 16.000 francs.

La nécessité d'adopter une machine à souffler les bouteilles inspire au Conseil d'administration les réflexions suivantes : « L'opération sera fort onéreuse et entraînera la diminution du nombre des ouvriers. C'est cependant une chose inéluctable. La concurrence des patrons verriers de nos régions, munis de la machine, devient de plus en plus vive. Nous devons les suivre dans la voie où ils se sont engagés, ou nous résigner à disparaître. L'alternative est douloureuse, mais nous ne pouvons hésiter. »

Pour conclure, remarquons que, malgré tout, l'actif net de la société s'est accru depuis la fondation de 450.000 francs, et, si l'on songe aux conditions exceptionnelles dans lesquelles se trouve l'établissement, on ne peut qu'ajouter foi aux paroles des dirigeants de la verrerie qui disaient en 1904 : « Dans des circonstances autrement difficiles, nous avons su résister et triompher : le passé nous répond de l'avenir. »

CHAPITRE V

SOCIÉTÉS COOPÉRATIVES DE CONSOMMATION

> « La société de consommation est
> la suppression du duel entre le
> vendeur et l'acheteur. »
>
> (GIDE.)

Définition. — Une société coopérative de consommation est une association dont les membres versent chacun une petite somme, afin de constituer un fonds commun avec lequel on achète des produits : ces produits sont revendus aux associés, quelquefois à d'autres ; les bénéfices servent à augmenter le capital collectif ou sont distribués sous forme de dividendes.

Historique. — En 1843, quelques ouvriers de Rochdale (dans le voisinage de Manchester) convinrent de se grouper et de prélever chacun 0 f. 20 sur leur salaire de chaque semaine. Quand ils eurent réuni 700 francs, ils louèrent une boutique, achetèrent des denrées, les revendirent aux adhérents aux prix habituels. Avec les petits bénéfices réalisés et le capital rentré, ils recommencèrent ; les opérations s'étendirent : on accepta comme clients des personnes étrangères à l'association. Des bénéfices, trois parts étaient faites : l'une augmentait le fonds de réserve ; la deuxième était distribuée entre tous les clients ;

le reste était réservé aux associés. Tel fut le début des *Équitables pionniers de Rochdale*. Aujourd'hui, le petit groupe a été remplacé par un autre, très considérable, qui est le centre de nombreuses sociétés et a créé des sociétés de production (Wholesales) fournissant une grande partie des marchandises vendues : les coopératives comptent, en Angleterre, 3 millions d'adhérents. Chez nous, 1.600 sociétés réunissent, dit-on, 500.000 membres, ce qui est peu.

Avantages. — Les associations de consommation bien organisées procurent à leurs adhérents des avantages importants.

1° Elles peuvent vendre des *produits meilleur marché et meilleurs* que ceux du commerce ordinaire : le prix de ces derniers est en effet majoré par les profits des intermédiaires ; la qualité en est souvent défectueuse, parce que les détaillants ne résistent pas toujours à la tentation de vendre des marchandises médiocres. Or, c'est chez les petits commerçants que l'ouvrier fait ses achats ; c'est de leurs débits, de leurs épiceries qu'il emporte « les vins frelatés, le café de pois chiches, le beurre de margarine, le poivre de balayures, les eaux-de-vie vénéneuses. » Les achats dans les coopératives ne peuvent inspirer de semblables craintes : pour quelle raison les adhérents se vendraient-ils à eux-mêmes des produits malsains ?

2° Par les ventes au comptant, le *crédit à la consommation est supprimé*. On ne dira jamais assez que les gens peu fortunés ne doivent pas faire de dettes ; il en résulte pour eux un véritable esclavage moral, ils sont obligés de demander des délais, d'accepter des produits médiocres, de contracter de nouvelles obligations, afin de retarder le moment de la réclamation ; d'autres fois, le client endetté s'excuse, ment, trompe.

3° *Les coopératives permettent d'épargner sans peine* par le fait même d'acheter, ce qui semble paradoxal : c'est que la plupart des sociétés vendent les marchandises à peu près aux prix du commerce local, mais, à la fin de certaines périodes, elles distribuent à chacun de leurs membres une part de bénéfices proportionnelle à ses achats. Supposez un ménage qui a fait pour 1.000 francs d'acquisitions : on peut lui remettre à la fin de l'année 60, 80, 100 francs, somme assez forte pour que celui qui la reçoit ait le désir de la conserver.

4° *Les associations de consommation favorisent le progrès intellectuel et moral* des travailleurs. La participation, même peu active, aux affaires de la coopérative a d'heureuses conséquences.

Le consommateur fait en quelque mesure, dans ces sociétés, son éducation économique : il y contracte des habitudes d'ordre, y apprend la valeur des choses, la nécessité d'une bonne comptabilité, celle aussi du capital et d'une direction intelligente. Les gérants se forment aux affaires, et ainsi se préparent des administrateurs en état de bien mener les entreprises pratiques d'émancipation. Enfin, ce n'est pas un faible avantage que de proscrire la tromperie et la réclame, dont on n'a nul besoin dans ces institutions.

5° *Les individus sont rapprochés par l'association coopérative.* Toutes les classes, toutes les professions peuvent s'y rencontrer, car tous, quelles que soient nos occupations et nos fortunes, nous avons un caractère commun : nous sommes des consommateurs. Et quand on se rencontre, venant de points différents, on finit par s'entendre et par mieux s'apprécier les uns les autres.

Difficultés et conditions de succès.— Il en est des coopératives de consommation comme de toutes les autres sociétés; elles ne réussissent que si leurs adhérents le méritent par leurs qualités et leurs actes.

Il faut : 1° *Être persévérant*. Ce serait montrer une grossière ignorance des conditions économiques que de croire à la possibilité de profits immédiats. De pareilles institutions commencent avec de faibles capitaux; pendant quelque temps, les frais seront donc relativement élevés, les bénéfices médiocres : que ceux qui n'ont pas « la foi » s'abstiennent, car pas plus là qu'ailleurs, le succès ne vient sans peine.

2° *Se dévouer à l'association*. Beaucoup de sociétés ont échoué, parce que, dans les moments où la situation devenait critique, des membres se retiraient, réalisaient leurs bénéfices et laissaient sombrer l'œuvre menacée.

3° *Être unis*. Ne pas apporter d'orgueil, d'ambitions mesquines, de défiances; hélas! comme dans toutes les entreprises bienfaisantes, que d'échecs ont pour causes l'esprit de division, les préventions venant de la différence des situations, des haines politiques ou religieuses!

4° *Accueillir toutes les bonnes volontés*, d'où qu'elles viennent. Pourquoi, à côté des travailleurs manuels, les fonctionnaires, les employés, les petits rentiers, des gens de toutes les classes laborieuses ou moyennes ne feraient-ils pas partie de ces sociétés? Le public « non ouvrier » n'en profite pas assez, par vanité, par préjugé, parce que la boutique n'est pas belle, parce qu'il n'est pas « distingué » d'y faire ses achats. D'autre part, bien des coopératives négligent d'augmenter le chiffre de leurs affaires, en ne vendant que ce qui convient au public le moins aisé.

Conseils pratiques.— Les meilleurs amis des coopératives leur ont donné les conseils pratiques que voici :

1° *On ne doit pas vendre au prix de revient même*. Autrement, les quelques centimes que gagne le consommateur ne sont pas utilisés, et l'on excite l'hostilité du petit commerce local, fort à craindre dans les débuts. De plus, on ne doit pas oublier que toute entreprise traverse des moments où elle subit des pertes, et qu'elle sombrera, si les réserves manquent. On vendra donc au prix habituel du commerce local, ou seulement un peu moins cher, afin d'attirer les clients.

2° *Il vaut mieux ne pas distribuer tous les bénéfices :* c'est faire preuve de prudence que d'en consacrer une partie à accroître le fonds de réserve : sans cela, on se condamne à ne jamais étendre son action. D'ailleurs qu'arriverait-il si, les cotisations constituant seules le capital social, un groupement important cessait de les payer ?

Le devoir social des coopératives de consommation. — Pour que ces associations méritent les sympathies qui accueillent le principe de leur création, *elles doivent se souvenir qu'elles sont nées du sentiment de la solidarité*.

A ce point de vue, certains exemples sont encourageants. D'importantes sociétés étrangères sont des institutions vraiment solidaristes : ainsi les fédérations coopératives anglaises consacrent 6.000 livres sterling chaque année aux œuvres d'éducation ; elles construisent des maisons destinées à être louées ou vendues à des ouvriers : en 1898, le capital ainsi employé par ces associations s'élevait à 70 millions.

D'autres ont fondé des œuvres d'assistance et de

mutualité. La grande société socialiste de consommation de Gand, le *Vooruit*, a un service de pensions : tout coopérateur qui, pendant 20 ans, fait des achats annuels d'au moins 150 francs, obtiendra une petite retraite qui lui sera servie en bons d'achats à valoir sur les magasins coopératifs. Une société française, dans le Jura, laisse à la caisse collective tous ses bénéfices et crée des associations de production qui se développent, grâce au capital social si héroïquement formé.

Enfin, il faut souhaiter *que les coopératives se groupent entre elles,* et s'unissent avec les sociétés solidaristes de toute sorte, notamment avec les sociétés ouvrières de production.

La coopération : conclusion. — En terminant l'étude des diverses formes de la coopération, c'est sur le conseil précédent, l'union entre les sociétés de même nature et entre les groupes de sociétés ayant des objectifs différents, qu'il convient d'insister. Si ces associations tendent à l'isolement, la situation économique générale rendra leur succès incertain et précaire. D'autre part, la fédération des coopérations de tout genre apparaît comme le meilleur moyen d'éviter l'égoïsme collectif, non moins fâcheux que l'égoïsme individuel.

LECTURE

Le dévouement à l'œuvre coopérative

Quand vous voyez les membres d'une société coopérative mesurer leur zèle uniquement à la mesure des dividendes distribués ; quand vous les voyez se montrer pleins d'enthousiasme lorsque le dividende est de 6 %, — et lorsque le dividende tombe à 2 %, ricaner et tourner le dos pour aller se fournir chez l'épicier du coin, alors vous pouvez dire que ce ne sont là des coopérateurs que de nom. Nous avons vu cela ; nous avons vu beaucoup de nos membres avoir une liste des prix courants de toutes les épiceries de la ville : tous les articles que nous vendions au-dessous du cours ou, mieux encore à perte, ils venaient nous les acheter ; tous les articles que nous vendions un sou seulement au-dessus du cours (souvent parce que la qualité était supérieure ou le poids plus juste), ils allaient l'acheter ailleurs !

Ch. GIDE, La Coopération (1).

---

(1) GIDE (Charles), professeur à la Faculté de droit de Paris, l'un des représentants de l'économie politique indépendante à la fois des conceptions classiques et des théories socialistes. Il a écrit les Principes d'Économie politique et de nombreuses études, en particulier sur la Coopération et sur les Sociétés de consommation.

CHAPITRE VI

___

SYNDICATS

I. — Situation légale

> « Tu verras le jour où ces syndi-
> cats que tu crois révolutionnaires
> seront un moyen de paix sociale. »
> (*Revue bleue*, 1898,
> Hector DEPASSE.)

Définition. — Les syndicats sont des associations
formées entre gens exerçant le même métier et qui
se groupent pour l'étude et la défense de leurs intérêts professionnels.

C'est à tort qu'on assimilerait les syndicats aux
anciennes corporations; ils en diffèrent notablement :

1° On est libre d'y entrer ou de n'en point faire
partie; une fois entré, on en peut sortir, tandis qu'il
fallait être membre de la corporation pour travailler
dans une industrie.

2° La corporation réglait le métier lui-même, empê-
chait d'autres groupes de faire les mêmes travaux
qu'elle : le syndicat s'occupe, avant tout, des rapports entre patrons et ouvriers.

3° Si l'ouvrier était admis dans les corporations,
en réalité toute l'autorité était entre les mains des
maîtres, tandis que nos syndicats reposent sur le principe de l'égalité; le plus grand nombre ne comprennent que des ouvriers; dans les syndicats mixtes, où

les patrons et les travailleurs sont réunis, les mêmes
rapports égalitaires doivent exister, sous peine d'entraîner un échec.

Les groupements professionnels avant la loi de 1884.
— Les assemblées de la Révolution, qui savaient
combien les corporations avaient été oppressives,
voulurent la liberté du travail et interdirent tout
groupement professionnel; les rédacteurs du Code
civil sanctionnèrent cette défense par des mesures
pénales. Presque jusqu'à notre époque, les gouvernements eurent une profonde défiance de toutes les
associations, professionnelles ou autres. En 1864,
quand le second Empire accorda le droit de grève, il
refusa d'autoriser les groupements ouvriers. Pourtant, avec les progrès de la grande industrie, il parut
de plus en plus injuste d'empêcher les ouvriers de se
concerter pour améliorer leur situation; on comprit
la vérité de cette parole de Louis Blanc que « la
liberté n'est que l'hypocrisie de l'oppression, quand
les armes sont inégales. » Le gouvernement républicain laissa subsister, par tolérance, des associations de travailleurs jusqu'au moment où il promulgua
la loi du 21 mars 1884, vraie charte de l'organisation
ouvrière.

Situation légale des syndicats. — Par cette loi,
1° les syndicats sont légalement reconnus.

2° Ils se constituent sans autorisation gouvernementale; la seule formalité pour les créer est le
dépôt à la mairie (à Paris, à la préfecture) des statuts
et des noms des administrateurs, afin d'éviter la
constitution de sociétés secrètes. Les administrateurs
doivent être français.

3° Les syndicats n'ont à s'occuper que des intérêts
économiques.

4° Pour cet objet, ils peuvent percevoir des cotisations, constituer des sociétés de secours mutuels,
organiser des œuvres d'assistance, d'éducation. Ils
sont des « personnes juridiques, » c'est-à-dire qu'ils
ont le droit d'acquérir, d'agir en justice. Il leur est
permis d'intervenir dans les rapports entre patrons
et ouvriers, de décider la cessation collective du travail, de l'imposer à leurs adhérents par des défenses, par des amendes. Mais, d'une part, le Code
pénal continue de punir « les atteintes portées au
libre exercice du travail à l'aide de violences, voies
de fait, mesures ou manœuvres frauduleuses ; » d'autre part, la liberté individuelle des syndiqués est sau-
vegardée par la disposition suivante : « Tout membre d'un syndicat professionnel peut se retirer à tout
instant de l'association, malgré toute clause contraire.
Il conserve le droit d'être membre de la société de
secours mutuels et de retraite à l'actif desquelles il
a contribué. » Le syndicat n'a aucun moyen légal
d'action sur les travailleurs qui y restent étrangers.

Les unions de syndicats. — C'était un grand progrès
d'avoir permis les associations professionnelles :
devait-on en plus les autoriser à se grouper entre
elles ?

La discussion fut très longue sur ce point. Des
membres du Parlement exprimèrent la crainte que
les unions de syndicats ne devinssent dangereuses : au
lieu de s'occuper de questions économiques particulières, disaient-ils, les fédérations en arriveront
vite à s'occuper de la « question sociale » dans son
ensemble ; un pouvoir central exercera une véritable
tyrannie, et le jour où il disposera de forces suffisantes, il décrétera la grève générale.

Les partisans de la liberté firent remarquer qu'en
dehors des intérêts particuliers de chaque métier,

il existe des intérêts généraux communs aux ouvriers
de toutes professions, tels que caisses de retraites,
sociétés de secours mutuels, conseils de prud'hommes,
enseignement professionnel, etc... L'union des divers
syndicats est le meilleur contrepoids aux prétentions
excessives, aux entraînements.

Après de longs débats, on vota que : « Les syndicats professionnels pourront librement se réunir
pour l'étude et la défense de leurs intérêts économiques. » Mais les unions n'ont le droit ni de posséder des immeubles ni d'agir en justice.

II. — L'œuvre syndicale

Remarque préalable. — Il faut d'abord remarquer :

1° Que, parmi les syndicats, les uns sont formés
de patrons (en 1906, existaient 3.300 syndicats patronaux comptant 276.000 membres) ; — d'autres réunissent des patrons et des ouvriers (140 de ces syndicats,
dits *mixtes*, groupent 30.000 personnes) ; — d'autres
ne comprennent que des ouvriers (en 1906, 4.857 syndicats de ce genre annoncent un total de 800.000
membres) ;

2° Que, dans les syndicats ouvriers, — les seuls
dont il sera parlé dans le reste de cette étude, —
il n'y a pas un type unique et parfait, « mais un
mouvement syndical multiforme et contradictoire,
pouvant aboutir à des termes très différents les uns
des autres. » (G. Sorel.)

C'est ainsi que certains syndicats sont révolution-
naires : ils estiment qu'on doit profiter de toutes
les occasions et user de tous les moyens pour atta-
quer le régime capitaliste ; ils sont disposés à recourir à la force dans les conflits ; d'autres croient
qu'il faut soutenir fermement les droits des travailleurs, mais par des procédés pacifiques ; dans le cas

le cessation de travail, ces derniers groupes s'appliquent à empêcher que la grève devienne l'occasion de violences. Par conséquent, toute condamnation ou toute approbation en bloc de l'œuvre syndicale est forcément peu justifiée ou incomplète.

L'organisation syndicale en France. — Les syndicats ouvriers réunissent environ en France 600.000 ouvriers. Leur existence a amené : 1° la création de Bourses du travail ; 2° la formation de Fédérations.

I. Bourses du travail. — Ce sont des établissements où se réunissent les syndicats d'une ville : on en compte un peu plus d'une centaine (130 en 1906). La première fut créée à Paris et le rapport présenté à ce sujet au Conseil municipal indique nettement le but de ces institutions :

« Il importe que les Chambres syndicales aient des locaux et des bureaux où chacun pourra venir ; la libre et permanente disposition des salles de réunions permettra aux travailleurs de discuter avec plus de maturité et de précision les questions multiples qui les intéressent ; ils auront pour les guider et les éclairer tous les moyens d'informations et de correspondance, les éléments fournis par la statistique, une bibliothèque économique, des renseignements sur le mouvement de la production. »

La désignation de Bourses du travail est donc bien justifiée en principe : ces établissements doivent être de véritables marchés du travail.

II. Fédérations du travail. — Les associations isolées ont peu de moyens d'information et d'action : leur groupement est nécessaire à leurs succès. L'Angleterre en offre des exemples classiques avec ses Trade-Unions, dont quelques-unes comptent plus de

100.000 adhérents. Nous n'avons en France qu'un petit nombre de Fédérations, et elles sont bien moins considérables que les sociétés anglaises : c'est peut-être surtout à cause de la différence des tactiques et des conceptions politiques de nos syndicats. Toutefois, voici des groupes importants : Fédération des mineurs (60.000 membres); Union des ouvriers métallurgistes (30.000); Fédération des travailleurs du livre (12.000).

Rôle des syndicats en dehors du contrat de travail. — Les associations professionnelles bien organisées ont des Bureaux de placement, des Caisses de secours, de prêts, qu'on s'efforce d'établir sur des principes de solidarité prévenant toute humiliation; des Caisses de retraites, très rares encore, parce qu'elles exigent des réserves importantes; des Cours professionnels, des institutions diverses pour la formation des apprentis : ainsi les ouvriers en instruments de précision, en horlogerie, les fleuristes, les tailleurs de Paris ont organisé des cours très suivis.

Rôle des syndicats dans les rapports entre ouvriers et patrons. — La préoccupation dominante a été naturellement d'améliorer les conditions du travail, en particulier, d'obtenir la réduction de la journée passée à l'atelier et une augmentation de salaire. Quels sont les moyens d'action dont les syndicats disposent ?

1º *L'entente avec les patrons* pour arriver à fixer le salaire d'après des bases équitables : isolé, l'ouvrier accepterait n'importe quelle rétribution, ce qui est fâcheux, pour lui d'abord, mais aussi pour les autres, car, s'il se trouvait beaucoup de gens courant après un salaire de famine, ceux qui ont un emploi seraient constamment menacés. A défaut de motif plus noble, la crainte d'un conflit avec la collectivité empêche le chef d'établissement d'avilir les prix du travail. Par l'union des ouvriers, l'équilibre est rétabli entre les deux parties.

2° *La distribution de secours aux sans-travail,* qui viennent parfois s'offrir aux endroits où il n'y a pas d'emploi et à qui une subvention, appelée secours de route ou *viaticum,* permet d'aller chercher ailleurs une situation plus favorable. Quand le syndicat appartient à une fédération bien organisée, celle-ci le renseigne sur les points où il faut diriger les chômeurs : et cela est en même temps très favorable à une bonne répartition des bras.

3° *L'interdiction ou la limitation du travail des femmes et des enfants* qu'on pourrait être tenté d'employer, parce qu'on les paie moins.

Les moyens précédents n'ont en principe aucun caractère d'hostilité contre le patronat dans son ensemble, ou contre des patrons en particulier ; les suivants indiquent une situation tendue.

4° *Le boycottage :* il consiste à mettre un établissement à l'index. A cette manière d'agir, se rattache un peu l'usage adopté par les ouvriers de quelques pays d'exiger l'apposition d'une marque spéciale — qu'on appelle en Amérique le *label* — attestant que le produit a été fait dans des conditions de salaire, de durée de travail acceptées par les groupements ouvriers.

5° Enfin la *grève,* qui consiste dans la cessation collective du travail.

Ce n'est pas ici le lieu de discuter les opinions passionnées, émises pour ou contre les actes des syndicats ; mais il ne sera pas inutile d'indiquer les devoirs de tous, patrons et ouvriers, en présence de ces organisations.

Devoirs des patrons. — Les chefs d'entreprises ne peuvent méconnaître que l'association des bras et des intelligences est aussi légitime que celle des capitaux. Si, dès le début, des dispositions peu favorables se montraient dans les syndicats, on aurait vite ramené les ouvriers sérieux avec un peu d'habileté et beaucoup de loyauté. Il faut accepter franchement l'organisation syndicale, ne pas attendre la menace pour accorder les concessions légitimes et démontrer l'impossibilité de consentir aux autres.

Dira-t-on qu'il est impossible de négocier avec les syndicats, passionnés et violents? Qu'on écoute les paroles si conciliantes, si sages de certains représentants de la classe ouvrière : « Chaque fois qu'une difficulté s'élève entre les patrons et nous, dit un syndiqué anglais, nous constituons spontanément un comité mixte et, une fois entrés en séance, nous disons : Maintenant l'affaire est en nos m   dépend de nous que tous nos camarades so   vés de leur travail pendant des semaines et des mois peut-être; il dépend de nous que l'industrie qui nous fait vivre coure pendant la même période un grave danger. Si nous parvenons à nous entendre, nous éviterons ce malheur. Eh bien! ne nous séparons pas, avant d'être arri s à nous entendre. Et depuis 25 ans nous y avons toujours réussi. »

Mais on objecte que cela se passe en Angleterre où les Trade-Unions sont puissamment organisées et possèdent une longue expérience, tandis qu'en France les syndicats ont moins de sagesse. On se convaincrait que cette accusation, dans sa portée générale, est injustifiée en lisant les comptes rendus des séances tenues par le Conseil supérieur du travail: les délégués ouvriers montrent souvent beaucoup de sens pratique et de modération. Ailleurs, on trouverait les mêmes qualités. Par exemple, lorsque, à

Marseille, en 1901, des « inscrits maritimes » voulurent déclarer la grève, le secrétaire de leur Fédération s'efforça de leur prouver que, dans le moment de crise où se trouvait la marine marchande, il était injuste de créer de nouvelles difficultés, en demandant des avantages impossibles à accorder; enfin, les statuts d'une Fédération (celle du livre) contiennent ceci : « Dans aucun cas, la grève ne devra être autorisée avant qu'on ait épuisé tous les moyens de conciliation. » Chaque fois qu'un confrère se sera mis manifestement dans son tort, on devra lui refuser la mention : « Parti faute de travail. » (Indication nécessaire pour obtenir des secours.)

Devoirs des ouvriers. — Des faits très probants constatés non seulement à l'étranger, mais aussi en France, montrent qu'on peut attendre beaucoup de l'organisation syndicale et qu'elle est une des formes d'association par lesquelles se fera l'éducation sociale.

Cela dit, il faut reconnaître franchement que bien des syndicats ont des germes de faiblesse.

1º D'abord le nombre des syndiqués est relativement peu considérable; en France 800.000 ouvriers appartiennent à des syndicats, ce qui représente un peu moins du cinquième de l'ensemble des salariés de l'industrie française, et moins du dixième de l'ensemble de la population ouvrière, en tenant compte des travailleurs agricoles et des femmes employées dans l'industrie.

2º De bons ouvriers restent en dehors des syndicats pour des causes qui ne sont pas toutes dignes d'approbation : par esprit d'indiscipline, par crainte de ne pas jouer un rôle en vue, par nonchalance.

Trop souvent les travailleurs favorisés refusent d'entrer dans le syndicat : c'est quelquefois de la sagesse, mais c'est plus souvent la preuve d'un

égoïsme particulièrement regrettable chez ceux qui
voient de près les souffrances des autres ; par suite,
des associations sont privées des travailleurs les
plus habiles et de ceux qui pourraient donner les
meilleurs conseils. Ailleurs des ouvriers sont décou-
ragés par les exagérations, les violences des groupes : ils oublient que l'abstention des gens réfléchis
laisse aux autres le champ libre.

3° Se faire inscrire sur la liste d'un syndicat ne
suffit pas : il faut être réellement syndiqué. La
première obligation consiste « à payer sa cotisation,
et l'on manque souvent à ce devoir : dans les temps
calmes, on ne s'impose pas le petit sacrifice exigé;
lors de la perception de la cotisation, des syndicats
« fondent » véritablement : quand les moments
difficiles viennent, on se plaint que la collectivité
n'a aucune ressource, alors que, précisément, les
demandes de secours se multiplient ! (1) Ainsi, se
manifeste une fois de plus l'incapacité de prévoir.

4° Puis, les syndicats ne rendent les services espérés que si leurs membres participent vraiment à
la tâche commune, assistant aux réunions, s'instrui-
sant, s'appliquant à avoir une opinion justifiée et
cherchant les améliorations pratiques. Quelle force
morale auraient ces associations le jour où elles
comprendraient la plus nombreuse et la meilleure
partie de la classe ouvrière !

Conclusion.—Deux raisons très importantes rendent

_____

(1) Les trade-unionistes anglais paient une cotisation hebdomadaire de 1 f.;
la cotisation des syndiqués français dépasse rarement 0 f. 50 par mois. A un congrès ouvrier, un étranger disait : « Toutes les fois qu'il s'agit de voter des mesures
les délégués français ont la main en l'air ; mais ils ne la baissent jamais, lorsqu'il faut la mettre à la poche. » C'est une des causes pour lesquelles les institutions sociales de beaucoup de syndicats n'ont encore que peu de développement ; des caisses dites de secours mutuels ne donnent, pour la plupart, que
de rares et médiocres allocations ; des bibliothèques laissent beaucoup à désirer, etc...

désirable le développement, le progrès des associations syndicales; dans les syndicats, les ouvriers
pourront apprendre de mieux en mieux quels sont
leurs droits et leurs devoirs; ils y feront peu à peu
leur éducation sociale; d'autre part, la formation de
groupes de travailleurs nombreux bien dirigés, sera
un moyen de paix. C'est l'inégalité de forces entre
les intérêts en présence qui amène les conflits, et,
dans les conflits, les violences, celles des plus faibles
ou celles des vainqueurs.

LECTURE

La valeur morale de l'organisation syndicale

Le syndicat apparaît comme la forme supérieure de l'association
professionnelle. Les formes antécédentes et coexistantes : secours
mutuels, crédit, coopération, ne visent à réaliser des bénéfices que
pour les membres de l'association, à l'exclusion de tous les autres :
c'est la sélection des forts se désintéressant trop souvent de ce qui
se passe à côté d'eux. Au contraire, le syndicat n'a de chances de
succès qu'autant que les améliorations qu'il poursuit sont destinées
à s'appliquer non seulement à ses adhérents, mais aussi à tous les
membres de la profession indistinctement; l'intérêt même des syndiqués exige qu'ils travaillent pour ceux qui sont en dehors du groupement, toute amélioration n'ayant de garantie de durée qu'en raison
de l'étendue de son application.

Les Associations professionnelles.
(Publication du Ministère du commerce. — Introduction.)

CHAPITRE VII

L'ASSOCIATION EN AGRICULTURE

> « Misère ou coopération : voilà le
> dilemme. »
>
> (J. PAYOT.)

Services à attendre des associations agricoles. — On
sait comme nos cultivateurs se lamentent sur les
difficultés de leur existence, et l'on a vu quelques-
unes des causes de ces difficultés. Mais les plaintes,
les récriminations ne servent à rien et, s'il est vrai
que de multiples raisons doivent décider le paysan
à ne pas venir augmenter le nombre de ceux qui
offrent leurs bras dans les villes, il faut qu'il agisse.

La pratique de l'association serait bienfaisante
pour nos campagnes. Si le grand propriétaire peut
avoir à sa disposition toutes les ressources nécessaires : l'instruction, les machines, les engrais, l'argent
qui favorise les initiatives, le crédit qui permet d'attendre le meilleur moment pour les ventes, le petit
producteur isolé manque souvent de tout cela. Mais
l'association lui procurera ce qui lui fait défaut. Il
doit choisir : d'un côté, l'isolement et la ruine inévitable pour lui ou pour ses enfants ; de l'autre, l'union
et la possibilité d'une existence moins précaire.

L'exemple de certaines nations étrangères est ins-
tructif : à l'heure actuelle, en effet, en plusieurs pays

existent des unions agricoles d'une importance considérable qui s'étendent à toutes les parties de la production et de la vente : l'Allemagne a 5.000 coopératives agricoles, 12.000 sociétés de crédit s'adressant aux cultivateurs; le Danemark compte aujourd'hui 1.100 sociétés de laiteries réunissant 150.000 sociétaires, qui possèdent 900.000 vaches.

Et ainsi, le développement de l'association à l'étranger constitue à la fois une menace de plus pour nos producteurs et un enseignement pour ceux d'entre eux qui ne sont pas résignés à disparaître.

Causes qui entravent l'association. — Les cultivateurs français restent encore trop réfractaires au groupement pour des raisons nombreuses : la conviction que les fils doivent procéder comme leurs pères; la vague horreur des nouveautés; la défiance des « théories; » la crainte que les promoteurs d'idées nouvelles ne cherchent à les duper; les jalousies, la disposition d'esprit — si misérable, mais si fréquente, hélas, et autre part que dans les campagnes ! — à refuser son propre avantage, si en même temps on doit être utile à autrui; l'appréhension de n'être plus autant son maître, si les autres peuvent intervenir dans la production ou dans la vente. Heureusement ces sentiments se dissiperont peu à peu, grâce aux progrès de l'éducation, et l'accroissement du nombre des associations agricoles en France (3.600 avec un million d'adhérents) permet même d'entrevoir à bref délai des changements féconds.

Associations pour la production en commun. — L'amour du paysan pour son domaine fait qu'on n'a guère d'exemples de cultures en commun. Mais, en ce qui concerne la transformation des produits, on se convainc peu à peu de l'intérêt qu'il y aurait à se passer de certains industriels. Les exemples les plus anciens de ces associations pour la fabrication sont offerts en France par les laiteries de la région du Jura (près de 900); il s'en est créé plus récemment dans les Charentes une centaine comptant 50 à membres.

Associations pour améliorer les conditions de la production. — La plupart des associations ont, sous le nom de *syndicat*, commencé leurs opérations par des achats de semences, d'engrais, de plants de vignes, de bétail, d'outils, d'instruments agricoles, revendus ensuite aux associés. Elles offraient à leurs adhérents des avantages, vite reconnus, qui contribuèrent beaucoup à leur développement : les produits étaient de qualité garantie, livrés aux prix du « gros » et le transport par grandes quantités diminuait les frais.

De plus, beaucoup d'associations ont des laboratoires, des champs d'expériences, des pépinières. Quelques-unes achètent des machines destinées à l'usage commun et adoptent des combinaisons qui permettent un roulement satisfaisant. D'autres traitent avec des entrepreneurs, qui se chargent à de bonnes conditions de certains travaux, moisson, battage, etc.

On a fortement conseillé aux viticulteurs français de s'associer, comme on le fait en plusieurs parties de l'Allemagne. Au lieu de multiples appareils individuels, ils auraient un outillage collectif, plus parfait et moins onéreux; dans des caves communes, les risques de la fabrication et de la conservation seraient réduits au minimum; par les mélanges, serait créé un type moyen de vin du syndicat, dont la qualité serait vite connue.

Associations ayant en vue les assurances agricoles.
— Des risques spéciaux menacent le cultivateur :
la grêle, les maladies du bétail, etc.

Et l'œuvre d'une année est détruite en un jour.

L'idée de prévoyance a fait, grâce aux syndicats,
de grands progrès dans les campagnes. 4.000 sociétés d'assurances mutuelles existent. Comme les
syndicats, elles présentent de grandes différences
dans le nombre de leurs adhérents et dans leurs
formes.

D'une manière générale, les sociétés mutuelles
d'assurances agricoles peuvent : ou assurer directement en payant des indemnités au moyen de leurs
ressources propres, ou servir d'intermédiaires en
s'adressant à des sociétés ordinaires d'assurances
qui leur font des conditions favorables dues à l'importance de la clientèle qu'elles recrutent.

Ainsi, pour les risques de grêle ou d'incendie, les
sociétés agricoles ont souvent recouru aux compagnies. Toutefois, les plus puissantes font l'assurance
par elles-mêmes : la dispense de tout impôt leur
permet une réduction de 10 à 20 % sur les tarifs des
compagnies ; leur caractère de mutualités qui n'ont
pas de dividende à fournir à des actionnaires et
qui ne donnent aucune rétribution à leurs administrateurs, leur procure une autre réduction considérable ; elles peuvent assurer à un taux inférieur de
30 % à celui des sociétés ordinaires.

Sociétés de vente. — Les intermédiaires, commerçants en gros ou petits marchands, prennent la plus
grande partie du profit que le producteur agricole
devrait conserver en totalité : par exemple, en certaines régions, les beurres, les œufs sont enlevés par
des négociants qui les revendent avec de gros béné-

fices. Le paysan veut-il expédier au loin ? Les moyen
d'emballage nécessaires lui manquent; le transpor
par petites quantités serait pour lui très onéreux
enfin, il ignore les cours : par conséquent, il subi
les exigences de ceux qui s'adressent à lui. Mai
l'association change cet état de choses, en établis
sant des relations directes avec le consommateur
en permettant d'envoyer à bon compte les denrée
en des lieux éloignés et en renseignant sur les pri
à demander ou à consentir. Par elle, ici encore, l
petit cultivateur se trouve presque dans les même
conditions que le grand producteur.

On le verra par les exemples suivants : Les laiterie
coopératives des Deux-Sèvres sont au nombre d
100 environ ; elles ont obtenu des Chemins de fer d
l'Etat 11 wagons réfrigérants, transportant chacun
Paris de 5.000 à 6.000 kilos de beurre, et les adhéren
réalisent ainsi un gain de 0 f. 60 par kilogramme d
beurre vendu.

A la Roche-sur-Yon a été établi un greni
coopératif, où 18 silos permettent d'emmagasine
30.000 hectolitres de céréales; le nettoyage et l
séchage sont faits par des appareils perfectionné
Sur les grains déposés, les cultivateurs peuve
obtenir des avances de la part des sociétés de créd
agricole, de façon à n'être pas obligés de vendre aus
sitôt la récolte faite, ce qui amène la baisse des pri

Sociétés pour l'exportation. — La question d
l'exportation agricole a une importance particulière
Par exemple nos producteurs vendent beaucoup
l'Angleterre, notre principale cliente pour les eau
de-vie, les vins, les fruits, les primeurs et pour le
produits de la basse-cour et de l'élevage. Mais l
aussi la situation a changé depuis quelques année
sur un marché qui nous fut longtemps réserv

...us trouvons maintenant des rivaux, et l'existence ...ême de certaines de nos régions est en jeu.

Parmi ces concurrents, les plus dangereux à ...eure présente sont les producteurs danois (1) qui ...enacent de nous déloger de nos positions. Leurs ...urres, leurs œufs, vendus meilleur marché, rem-...acent déjà une partie des nôtres : en quelques ...nées, la vente des œufs venant de France a diminué ... 15 millions de francs ; les beurres danois écoulés ...i Angleterre ont passé du total de 158 millions ...e francs en 1896 à 226 millions en 1902.

Le Danemark doit ces résultats à la coopération ...ui permet d'améliorer la production et les procédés ...e conservation, qui assure le bon marché des ...ansports, l'exportation à de meilleures conditions, ...ui facilite l'établissement dans les principales villes ...rangères d'offices de vente et de renseignements. ...'est là un exemple à méditer : nos paysans de ...Ouest ou du Midi qui exportent n'éviteront pas la ...uine, s'ils ne luttent pas en se servant des mêmes ...oyens. Ils l'ont d'ailleurs compris en quelques ré-...ions.

«Un bel exemple est fourni à cet égard par le ...yndicat du Comtat, unissant les producteurs de ...raises des environs de Carpentras ; il leur a permis ...e faire sur le marché de Londres des envois con-...idérables qui, dit-on, seraient passés en deux ans ...e 15.000 à 240.000 kilos.» Rapport du Consul de ...rance à Londres (2).

Conclusion. — L'association apparaît comme le ...rincipal moyen de salut qui reste à nos cultivateurs : ...n peut espérer que l'organisation syndicale, per-

(1) D'autres commencent à venir des Indes, de l'Australie, du Cap, du Canada.
(2) Sur le Crédit agricole, voir plus haut le chapitre relatif aux *Sociétés coopératives de Crédit* (liv. V, ch. III).

mettant une production plus considérable et moins coûteuse, offrant les moyens de résister à la concurrence étrangère et de garder ou d'acquérir des débouchés lointains, conservera ou ramènera dans les campagnes ceux qui y sont nés : ils comprendront mieux que le travail de la terre n'est ni inintelligent, ni stérile pour l'homme qui sait lutter contre les difficultés présentes par des moyens nouveaux.

LECTURES

Le village de demain

Le village de demain se reconnaîtra précisément à ce que les habitudes d'association auront remplacé, d'une manière chaque jour plus complète, dans la vie agricole, comme déjà dans la vie industrielle des nations contemporaines, les traditions d'un individualisme égoïste et routinier. A l'anarchie dans la production et dans la vente aura succédé une organisation économique et féconde.

J. BARDOUX.

Progrès de l'esprit d'association

Ce qui attire surtout l'attention, c'est le grand travail de rénovation intellectuelle opéré dans les classes rurales ; c'est la lente infiltration, dans ces esprits incultes, d'idées toutes nouvelles pour eux : les lois économiques qui régissent le cours des produits, la puissance du principe de mutualité ; l'étroite solidarité qui unit tous les travailleurs d'une même profession. C'est un voile qui lentement se déchire, laissant voir à ces paysans, isolés dans leurs granges ou leurs hameaux, des perspectives jusqu'ici insoupçonnées par eux...

(G. MAURIN, *Les Syndicats agricoles et la Crise sociale*, cité par M. ROCQUIGNY, dans *Les Syndicats agricoles*. A. Colin, éditeur.)

LIVRE VI

LE ROLE DE L'ÉTAT

CHAPITRE PREMIER

LES ATTRIBUTIONS GÉNÉRALES DE L'ÉTAT

> « L'Etat est une machine de progrès. »
>
> (Ernest RENAN, *L'Avenir de la Science*.)

Ce qu'est l'Etat. — Le mot *Etat* désigne à la fois l'ensemble des citoyens d'un pays et l'organisation qui dirige la société politique ainsi formée.

L'Etat constitue évidemment l'association la plus considérable qui puisse être formée sur le territoire d'une nation, et les moyens dont dispose l'autorité qui y exerce la fonction directrice sont extrêmement puissants, puisqu'elle fait la loi et dispose des fonctionnaires. De là, l'importance du rôle qui peut lui être dévolu.

Aperçu du rôle de l'Etat avant 1789. — Dans les époques de pouvoir absolu, l'Etat, incarné dans la personne du souverain, prétend avoir le droit de disposer des personnes et des biens. On sait comment, sous l'ancien régime, nos rois, par les lettres de cachet, par leur intervention arbitraire dans les affaires judiciaires, se comportaient arbitrairement à l'égard des individus. Pour les biens, leurs conceptions sont résumées dans un passage des Mémoires de Louis XIV : « Les rois sont seigneurs absolus et ont naturellement la disposition pleine et entière de tout ce que possèdent tant les gens d'Église que les autres. » D'autre part, la réglementation du travail industriel, renforcée par Colbert et maintenue par presque tous ses successeurs, et les entraves apportées au commerce des grains sont des exemples de la limitation des droits individuels par la royauté.

Quelque temps avant la Révolution, un groupe d'écrivains, les *économistes*, formulèrent des doctrines toutes nouvelles, qu'exprime nettement la maxime : « Laissez faire et laissez passer. » Pour les économistes, l'État doit se borner à assurer la sécurité de la nation, celle des individus et des propriétés : s'il fait pl...   porte atteinte aux libertés légitimes et il est une entrave à la vie économique. Les mêmes théories ont été exposées avec de nouveaux arguments au xixᵉ siècle, mais d'autres, toutes différentes, ont été également soutenues : avant de faire connaître ce qu'il y a d'essentiel dans ces conceptions opposées, il est bon de voir quelle est, en fait, chez nous, la part de l'État dans les faits économiques.

Intervention de l'Etat dans la production. — L'État intervient dans la production.

1º Il s'est réservé certains monopoles : la fabrication des poudres, du tabac, des allumettes, du papier timbré, des cartes à jouer.

Quelques Etats (la Suisse, la Russie par exemple),

ont de plus le monopole de l'alcool, ce qui leur procure des ressources considérables et leur permet d'enrayer l'alcoolisme.

2° L'État a fondé des établissements qui fonctionnent concurremment avec des industries privées : telles sont les manufactures de tapis des Gobelins et de Beauvais, et la manufacture de porcelaines de Sèvres.

3° Il concède certains genres de travaux à des compagnies, par exemple, l'exploitation des mines.

4° Dans ces dernières années, par des lois nombreuses et importantes qui seront étudiées à part, il a réglementé la durée du travail, l'hygiène des ateliers, déterminé la réparation pécuniaire des accidents du travail, etc. (Voir ci-après, ch. ii.)

L'État et les échanges. — 1° La loi indique les conditions de validité de certaines opérations commerciales, les règles de la formation et de la dissolution des sociétés ; elle assujettit à certaines formalités et à diverses taxes l'exercice de la profession de commerçant.

2° Plusieurs services sont des monopoles d'État : la fabrication des monnaies, les communications postales, télégraphiques et téléphoniques.

3° C'est par le fait d'une concession gouvernementale et sous le contrôle de l'État que les transports par voie ferrée relèvent de compagnies privées.

L'établissement des chemins de fer est tout à fait libre en d'autres pays, notamment aux États-Unis ; au contraire, en Belgique et en Allemagne, l'État s'est réservé le monopole de cette exploitation. Chez nous, un seul réseau est administré directement par le gouvernement qui a dû établir des lignes dans des régions de l'ouest que délaissaient les Compagnies, n'y trouvant pas l'occasion d'un trafic assez rémunérateur.

4° Les billets de banque ne peuvent être émis que par la Banque de France, soumise à diffé..entes obligations envers l'État.

5° Des lois douanières ont établi des tarifs destinés à protéger les produits français; en outre, des primes sont accordées, afin d'encourager certaines branches du travail national.

L'État et la répartition des produits et des biens. — 1° Par l'impôt, par les lois qui régissent, soit l'accession à la propriété, soit sa conservation, soit son passage d'une main à une autre, en particulier par la législation sur les successions, la collectivité agit sur la répartition des biens.

2° D'une part, un maximum est fixé, en quelques cas, à l'intérêt des capitaux prêtés ; d'autre part, des mesures législatives ou gouvernementales intéressent la rémunération du travail : telles sont celles qui autorisent les syndicats et les grèves, qui fixent le salaire d'ouvriers occupés, soit au service de l'État, soit à l'exécution de travaux entrepris pour son compte, etc...

L'État et la consommation. — 1° L'État peut encourager la prévoyance : ainsi, en France, il a fondé la Caisse d'épargne postale; il gère les fonds des Caisses d'épargne privées; il accorde des avantages aux Sociétés de secours mutuels. Il a un service de retraites pour ses fonctionnaires; il dirige la Caisse des retraites pour la vieillesse. Récemment le gouvernement a déposé un projet de loi sur l'assurance obligatoire pour les ouvriers.

2° L'État a des services et des institutions de bienfaisance pour tous les âges et pour beaucoup de misères; une loi récente a fondé l'assistance obligatoire pour les vieillards.

Si, enfin, on n'oublie pas qu'en dehors de ses

tributions économiques, l'Etat possède d'importantes fonctions : protection des personnes et des biens à l'intérieur, relations avec les pays étrangers, préparation de la défense nationale, intervention dans l'enseignement, on voit combien il est mêlé à la vie de chacun de nous.

Causes de l'extension des fonctions économiques de l'Etat. — Des raisons de nature très différente expliquent l'extension des fonctions économiques de l'Etat moderne. Ce sont :

1° Des considérations fiscales (monopole du tabac), l'intérêt de la sécurité publique (fabrication des poudres); le désir de protéger certaines branches du travail (droits de douanes); — l'opinion que l'initiative privée n'accomplirait pas certains travaux utiles (routes, ponts, canaux) ou qu'elle se préoccuperait moins que l'Etat de l'intérêt général; c'est pour cette raison qu'en France, la transmission des correspondances est un service public et qu'en Allemagne, en Belgique, les voies ferrées appartiennent à l'Etat.

2° La nature même des choses fait reconnaître de plus en plus la nécessité de lois nouvelles : par exemple, la propriété individuelle, que la loi protège, exige des dispositions de plus en plus nombreuses : il a fallu légiférer pour les biens immobiliers, puis pour les autres, ensuite pour le salaire. — On prend une mesure en vue de limiter la durée de la journée des enfants, et tous les gens de cœur approuvent; mais, peu à peu, on s'aperçoit qu'il faut intervenir dans d'autres cas : au sujet du travail des femmes, du travail des adultes employés conjointement avec des femmes et des enfants, puis même dans l'intérêt des adultes travaillant seuls. Autre exemple : la loi déterminant les indemnités dues aux victimes d'*accidents* du travail ne s'appliquait d'abord qu'à l'industrie,

mais on sentit vite le besoin de l'étendre à l'agriculture, et actuellement on se demande si les *maladies*
contractées dans l'exercice de certaines professions
n'exigent pas le vote d'une loi nouvelle.

3° L'action législative s'étend par suite du progrès de
l'idée relativement nouvelle de solidarité ; il semble que
l'État doive contribuer à établir plus de justice dans
les rapports des hommes et agir partout où quelque
iniquité pourrait être commise.

**Critique contre le développement des fonctions de
l'Etat.** — Certains penseurs demandent que l'action
de l'État soit réduite le plus possible : c'est *la thèse
individualiste*, à laquelle se rallient des gens dont les
opinions sont, par ailleurs, opposées. Ainsi, Proudhon
considère l'État comme une cause d'oppression ; la suppression des pouvoirs publics lui paraît l'aboutisse-
ment désirable de la Révolution, et la condition du
complet développement de l'individu. Le philosophe
anglais Herbert Spencer et les économistes dits libéraux veulent que l'État se borne à assurer la sécurité
du pays, et, à l'intérieur, celle des habitants. Ils reprochent à l'action gouvernementale en matière économique d'être lente, coûteuse, — elle n'est pas pressée
en effet par les nécessités de la concurrence, et l'argent de la collectivité est dépensé avec moins de
prudence que les capitaux privés, — d'amener une
énorme déperdition de forces par la multiplication
des fonctionnaires, et surtout d'affaiblir les activités,
d'accoutumer les populations à se tourner vers l'État,
au lieu de compter sur . les seules.

Arguments en faveur de l'intervention de l'Etat.
— Les socialistes demandent que l'État étende de
plus en plus son action. Certains le voudraient tout-

puissant dans la vie économique. Les plus modéré se rallient au programme suivant (dit de Saint-Mandé, parce que la formule en fut donnée lors d'une réunion tenue dans cette localité, en 1896) : « Intervention de l'État pour faire passer du domaine capitaliste dans le domaine national les divers moyens de production et d'échange (1), au fur et à mesure qu'ils deviennent mûrs pour l'appropriation sociale. »

Entre ces théories extrêmes, la doctrine de l'action de l'État, s'exerçant en faveur de l'intérêt général, inspire de plus en plus les gouvernements (2). Assurément, il ne faut pas déshabituer les individus de l'énergie, et l'on doit chercher à diminuer les lenteurs, les frais exagérés, l'arbitraire dans le fonctionnement des administrations : ici se présentent des questions délicates de mesure et d'organisation. Mais il apparaît de plus que seul l'État peut faire respecter les droits légitimes et limiter les conséquences des égoïsmes; que son action l'emporte sur celle des individus par le désintéressement, la régularité et la continuité; que, représentant des intérêts collectifs et permanents, il a le devoir d'intervenir de plus en plus. Il dépend des progrès de l'éducation sociale de réaliser l'organisation d'un État actif, puissant et respectueux des libertés nécessaires. En somme, l'État ne doit pas plus se borner à être l'*État gendarme* qu'à essayer de devenir l'*État providence :* souhaitons qu'il soit l'excitateur et l'auxiliaire des activités individuelles, travaillant à procurer plus de bien-être sans manquer à la justice.

(1) Notamment les chemins de fer, les mines, banques, raffineries, distribuons d'eau et de gaz.

(2) Dans un des pays où les citoyens sont le plus jaloux de leur liberté individuelle, l'Angleterre, on a commencé à légiférer en faveur des classes pauvres. « L'Angleterre elle-même, disait mélancoliquement, en 1889, un économiste libéral, ne résiste plus; elle se livre. »

CHAPITRE II

INTERVENTION DE L'ÉTAT DANS L'INTÉRÊT DES PARTIES DE LA POPULATION LES MOINS FAVORISÉES.

I. — Le rôle de l'État

> « La société se présente à beaucoup
> sous la forme du percepteur qui ruine,
> du gendarme qui arrête, du juge
> qui condamne : il ne faut pas avoir
> peur de la montrer à tous comme
> une mère et une protectrice et de jus-
> tifier son organisation par des bien-
> faits. »
> (Discours d'un député à l'Assem-
> blée nationale en 1850.)

L'Etat doit-il intervenir ? — Faut-il que l'Etat intervienne dans l'intérêt des classes les moins favorisées ? Le mieux n'est-il pas de laisser chaque individu se tirer d'affaire comme il le peut, afin que, ne comptant que sur soi, il déploie toute l'énergie possible; de le laisser régler à sa volonté ses rapports avec ceux qu'il emploie ou avec ceux qui lui donnent du travail ?

Pour répondre à cette question, le plus simple est de se demander quel est le rôle de l'Etat. L'Etat représente la société, et la société n'est bonne que si elle permet à l'individu de vivre en homme. Ainsi la justice sociale, le rôle de l'Etat, par conséquent, se manifeste sous deux aspects : d'une part, elle doit assurer à tous la liberté légitime ; de l'autre, elle doit les aider à s'affranchir et à s'élever.

Or, on a des raisons de croire que, dans le contrat de travail, l'ouvrier a besoin d'être protégé, car la nécessité de gagner sa vie l'obligerait parfois à subir des conditions peu équitables. En dehors du travail, la médiocrité de ses ressources le condamnerait trop souvent à une situation précaire que, seul, il ne saurait améliorer. Certes on doit encourager les initiatives, les énergies, les générosités individuelles, mais, si l'Etat est organisé pour accroître le bien-être général, n'est-ce pas surtout en faveur des plus faibles que son intervention s'impose ? Lui seul a des moyens assez puissants pour faire observer certains principes ; lui seul possède par l'enseignement, par le nombre de ses agents, assez d'influence pour arriver à persuader.

Non seulement cette intervention peut être bienfaisante pour le grand nombre, mais, en certains cas, elle empêche les hommes justes ou généreux d'être placés par leurs actes dans une situation défavorable ; par exemple, avant que la loi fixât la durée maxima de la journée de travail, des patrons avaient jugé équitable de ne pas dépasser onze ou même dix heures ; or, la diminution du temps passé à l'atelier peut atteindre la production ; ne se plaçaient-ils pas ainsi eux-mêmes dans des conditions désavantageuses au point de vue de la concurrence ? Enfin, sous prétexte que les bonnes volontés y pourvoiront, faudra-t-il laisser sans secours l'homme laborieux dans le besoin ?

Certes, affaiblir les énergies, atteindre les li-

bertés nécessaires serait un mal; mais, s'il y a des limites à ne pas dépasser,. le principe dominant —
d'une application très difficile, il est vrai — semble
être celui-ci : l'État doit amoindrir les conséquences
des égoïsmes particuliers et encourager les efforts
personnels pour le mieux-être général ; il est non un
obstacle, mais un auxiliaire.

Il y a soixante ans, la législation « sociale » n'existait pas, ou bien les dispositions relatives à la classe
ouvrière lui étaient plutôt défavorables : aujourd'hui
cette législation est très abondante, d'autant plus
riche que les pays où elle existe ont une plus grande
activité économique.

Conseils et services sociaux en France. — Les
principaux organes institués pour s'occuper des questions sociales sont en France :

1° Au Ministère de l'intérieur : les directions de
l'Assistance publique et de la Mutualité, et de Conseils supérieurs correspondants, élus par les groupes
intéressés.

2° Le Ministère du travail, créé en 1906; à ce nouveau ministère se rattachent la direction de la Prévoyance et de l'Assurance ; la direction du Travail
de laquelle dépendent les inspecteurs et les inspec-
trices du travail; — l'Office du travail, chargé de
recueillir des renseignements sur les questions ouvrières, de faire des enquêtes, d'étudier la vie ouvrière
à l'étranger; — le Conseil supérieur du travail, composé surtout de membres élus par les groupements
ouvriers ou patronaux.

Grâce à ces institutions, les renseignements s'accu-
mulent ; les opinions contraires sont exposées, discutées ; les besoins apparaissent et les solutions
se préparent, non seulement suggérées par le cœur,

mais fondées sur la science, les statistiques, les débats
entre gens compétents : *les documents ainsi réunis
doivent être étudiés par tous ceux qui désirent se former sur ces questions une opinion raisonnée.*

Des lois « sociales. » — Nos lois sociales sont nombreuses et, à mesure qu'elles se multiplient, on en
comprend mieux l'utilité ; on se rend mieux compte
aussi des lacunes qui restent à combler : on se propose actuellement de réunir ces lois, de les coordon-
ner en un Code spécial. Sans doute, elles ne sont pas
parfaites et l'on peut penser de beaucoup de ces
mesures ce que disait le rapporteur de l'une d'elles :
« Nous votons une loi d'expérience. — La pratique
de la législation nouvelle nous amènera à adopter
des modifications. Nous le ferons à mesure que la
nécessité en sera démontrée, pour nous rapprocher
de l'idéal de justice sociale que nous avons toujours
devant les yeux. » Quelles que soient les imperfections inévitables, il n'est aucune de ces lois qui n'ait
répondu à un besoin d'équité : dans l'ensemble, elles
sont une des manifestations les plus intéressantes
de la vie politique contemporaine.

II. — Intervention législative dans les questions du travail

Préparation professionnelle. — L'intérêt général de
la nation et l'intérêt particulier des classes ouvrières
exigent également le développement de l'instruction
professionnelle. Cette instruction est en effet un
élément puissant de succès dans les luttes économiques entre les peuples ; d'autre part, le manque de
culture est une des causes qui enlèvent au travail
tout attrait ; enfin, l'ouvrier dépourvu d'instruction

technique restera toujours un manœuvre, peu payé et, comme il est aisé de le remplacer, il sera particulièrement exposé aux renvois. C'est pourquoi des mesures ont été prises depuis 25 ans en faveur de l'enseignement primaire supérieur et de l'enseignement pratique, et c'est pourquoi on songe à arrêter par des mesures législatives, actuellement à l'étude, la décadence de l'apprentissage que réglemente encore une vieille loi du 22 février 1851. Cette loi, qui ne s'applique qu'à l'industrie, n'impose d'obligation véritable ni aux patrons ni aux apprentis.

Le placement. — Jusqu'à ces derniers temps, les ouvriers en quête d'emploi s'adressaient à des bureaux de placement, dont certains étaient fondés par des municipalités, les autres par des syndicats de patrons ou d'ouvriers; d'autres enfin étaient des entreprises particulières.

On reprochait aux bureaux privés de nombreux abus et, en mars 1904, une loi a décidé que les bureaux de placement payants pourront être supprimés moyennant indemnité;

Que les municipalités, les syndicats, les compagnonnages, les sociétés de secours mutuels et toutes les autres associations légalement constituées peuvent, sans autorisation, créer des bureaux de placement; que les municipalités devront tenir, pour constater les offres et demandes de travail et d'emploi, un registre mis à la disposition du public; qu'aucun hôtelier, logeur, restaurateur ou débitant de boisson ne peut joindre à son établissement la tenue d'un bureau de placement;

Que les frais de placement perçus dans les bureaux payants qui subsistent seront exclusivement supportés par les employeurs.

L'État et les salaires. — On ne saurait penser que la loi puisse déterminer tous les salaires : la tâche serait extrêmement complexe, car il faudrait tenir compte de la difficulté des professions, de l'habileté des individus, des différences dans les conditions d'existence, etc...

Mais la législation devrait-elle du moins fixer un salaire minimum, tel que chaque travailleur soit assuré de vivre dans des conditions matérielles passables ?

I. *Arguments présentés en faveur de l'établissement d'un salaire minimum.* — Ce serait, dit-on, la mesure la plus efficace pour éviter toute exploitation du travailleur. Même des économistes peu partisans des interventions de l'État l'accepteraient, afin :

1° D'empêcher la tendance de certains employeurs à gagner sur la rémunération de l'ouvrier ;

2° D'égaliser les conditions de la concurrence entre patrons. D'ailleurs, ajoute-t-on, les salaires doivent fixer les prix de vente, et non en dépendre.

II. *Objections.* — Indépendamment de l'objection de principe des économistes « libéraux » que l'État ne doit pas intervenir dans les conditions du travail, on a opposé à cette idée les critiques suivantes :

1° On diminuerait l'énergie, puisque l'ouvrier serait sûr de toucher une somme fixée.

2° Il faudrait calculer le salaire surtout d'après les charges de famille : que deviendraient les mérites, les aptitudes ?

3° Comment déterminer les besoins essentiellement variables et qui augmenteraient beaucoup, si c'était d'eux que dépendît le salaire ?

4° Ce salaire serait supérieur à la moyenne actuelle, mais que deviendraient les faibles, les infirmes, les maladroits, employés aujourd'hui avec une rétribution médiocre et incapables de gagner plus ? Les patrons ne les accepteraient pas, s'il fallait les payer davantage.

III. Actuellement, il est peu de cas où un minimum de salaire soit fixé légalement.

1º *En Australie*, en *Nouvelle-Zélande*, l'État stipule que telles catégories de travailleurs ne pourront recevoir un salaire inférieur à celui qu'il prescrit.

2º D'autres fois, l'État ou des municipalités décident d'accorder une rétribution minima à ceux qu'ils emploient; ainsi, depuis 1892, la ville de Paris ne donne pas moins de cinq francs par jour à ceux qui travaillent pour elle.

3º Des *décrets du 10 août 1899* ont rendu obligatoire, pour les marchés de travaux publics et de fournitures passés par l'État, l'insertion d'une clause exigeant que l'entrepreneur paie « un salaire normal, égal, pour chaque profession, et, dans chaque profession, pour chaque catégorie d'ouvriers, au taux couramment appliqué dans la ville ou la région. » Ce n'est pas, à vrai dire, d'un salaire minimum qu'il s'agit, mais d'un salaire courant que détermine l'administration.

Avec beaucoup de raison, les décrets de 1899 invitent à prévoir l'emploi d'une certaine proportion d'ouvriers recevant un salaire réduit à cause de leur infériorité : ainsi, les travailleurs âgés, ou peu robustes ne seront pas rejetés systématiquement.

4º Enfin, *des dispositions législatives peuvent empêcher certains abus :* par exemple, interdire de payer l'ouvrier avec des jetons ou des bons donnant droit aux marchandises de l'économat annexé à l'établissement; ce système permet en effet à des patrons de gagner sur les produits ainsi vendus; — limiter les

retenues, les avances sur les salaires (1), de façon
que l'ouvrier ne soit pas enchaîné à l'atelier; déterminer le maximum des amendes pour malfaçons,
retards, etc., afin que des réductions sournoises ou
exagérées ne puissent être opérées.

Fixation de la durée maxima de la journée de travail.

— 1° Les enfants et les femmes employés dans l'industrie ne doivent travailler que dix heures par jour.
(Loi du 30 mars 1900.) 2° Les adultes occupés conjointement soit avec des enfants, soit avec des femmes,
ne peuvent également travailler plus de dix heures.
3° Dans les ateliers où l'on n'emploie que des adultes
hommes, la journée de travail peut être au plus
de 12 heures. (Loi du 9 septembre 1848.)

Cette loi avait été précédée d'un décret dû à Louis
Blanc et dont le préambule est toujours à méditer:
«Considérant qu'un travail manuel trop prolongé, non
seulement ruine la santé des travailleurs, mais encore,
en les empêchant de cultiver leur intelligence, porte
atteinte à la dignité de l'homme. »

On remarquera qu'aucune réglementation ne s'applique à l'agriculture, à cause de la nature des travaux qui ne peuvent être répartis uniformément sur
une longue période; dans l'industrie même, le travail
à domicile, l'atelier de famille, qu'on ne peut contrôler, ne sont l'objet d'aucune loi.

Ce dernier fait a des conséquences importantes (2):
« La loi du 2 novembre 1892 a exempté de la surveil-

---

(1) La loi du 12 janvier 1895 a décidé que les salaires des ouvriers et gens
de service ne sont saisissables que jusqu'à concurrence du dixième; que les
patrons ne peuvent rien retenir sur le montant des salaires pour fournitures
diverses, à l'exception des outils ou instruments nécessaires au travail, des
matières dont l'ouvrier a la charge et l'usage. De plus, tout patron qui fait une
avance en espèces ne peut se rembourser qu'au moyen de retenues successives
ne dépassant pas le dixième du montant des salaires.

(2) La citation suivante est extraite du Rapport de la Commission supérieure
du travail en 1903.

lance de l'inspection du travail les établissements où ne sont employés que des membres de la famille, sous l'autorité soit du père, soit de la mère. Mais qui empêche ces établissements de faire appel en cas de presse à la main-d'œuvre étrangère? La fraude est facile et elle est pratiquée.

« L'inspecteur de... constate que ces ateliers s'étendent de plus en plus, et que ce n'est pas fortuitement, mais en vue précisément d'échapper à la loi. Il cite diverses opérations faciles à effectuer, telles que le piquage des bottines, la confection, la lingerie, qui sont pratiquées en dehors de presque tous les établissements industriels. Et ce sont ces établissements qui ont le plus à se plaindre de cette concurrence déloyale et qui réclament le plus vivement contre les fraudes employées.

« Un certain nombre de commissions départementales du travail et de Chambres de commerce réclament l'application des lois ouvrières à tous les ateliers, sans distinction, et, en attendant, la responsabilité civile du commerçant pour les contraventions commises par le façonnier qu'il emploie; et l'interdiction pour le patron de donner aux ouvrières et ouvriers, qu'il occupe à son usine dans la journée, du travail à faire à domicile, une fois la journée terminée.

« L'inspecteur de... signale une patronne couturière qui, à la suite de procès-verbaux réitérés, a remplacé le travail à l'atelier par le travail à domicile, évitant ainsi la surveillance de l'inspection, les frais de local, de chauffage, d'éclairage, et augmentant ses bénéfices par le paiement à forfait. En travaillant chez elles douze et quatorze heures par jour, ces ouvrières arrivent péniblement à un gain maximum de 3 francs.

« D'autre part, on signale que des industriels n'ont pas hésité à renvoyer les enfants qu'ils occupaient pour ne pas tomber sous le coup d'une loi unique-

ment applicable aux ateliers mixtes. Le seul remède à cette situation, de l'avis des inspecteurs du
travail, serait l'unification générale de la durée de la
journée pour toutes les catégories d'ouvriers, adultes,
femmes et enfants. « Là est la solution économique,
« dit un inspecteur, là est l'équité. »

Repos hebdomadaire. — En juillet 1906, une loi a
été adoptée, qui oblige à accorder aux ouvriers et
aux employés un jour de repos hebdomadaire : en
général, le dimanche; mais, sur ce point, des déroga-
tions peuvent être autorisées dans des cas déterminés.

Conditions matérielles du travail. — L'hygiène et
la sécurité des travailleurs dans les ateliers ont
été l'objet de la *loi du 12 juin 1893*, qui détermine
les conditions de propreté des ateliers, le cube d'air
(6 mètres cubes au moins par ouvrier), les précautions à prendre pour prévenir les accidents auxquels
expose l'emploi des machines.

La loi de 1893 ne s'appliquait qu'aux manufactures,
fabriques, usines, chantiers, ateliers; on en a étendu
les dispositions, par une loi du 22 juillet 1903, à
d'autres milieux : cuisines, caves, magasins, bouti-
ques, bureaux, théâtres et cirques (1).

Conditions morales du travail. — S'il n'appartient
pas aux législateurs de formuler le respect que se
doivent mutuellement l'employeur et celui dont il
utilise les services, la loi peut du moins exiger
qu'on fixe nettement les droits de chacun d'eux :
c'est ce qu'elle fait dans certains pays où les *règlements d'ateliers* sont obligatoires.

---

(1) Une loi de 1900 a rendu obligatoire l'installation de sièges à la disposition
des employés de magasins. Un fait est remarquable : la mesure fut adoptée
sans discussion et à l'unanimité.

Il en est ainsi notamment en *Allemagne* et en *Belgique*. Dans le premier de ces deux pays, toute fabrique d'au moins 20 ouvriers doit avoir un règlement indiquant la durée du travail, le temps de repos, l'époque et le mode de paiement, les conditions de renvoi ou de départ volontaire des ouvriers, le montant et l'emploi des amendes. Les entreprises belges d'au moins 5 ouvriers sont tenues d'avoir des règlements faisant connaître :

Le commencement et la fin de la journée, les intervalles de repos ;

La manière dont le salaire est déterminé : s'il est payé à la tâche ou à l'entreprise, le mode de mesure et de contrôle ;

Les époques de paiements ;

Les droits et les devoirs du personnel affecté à la surveillance ;

Le recours ouvert aux ouvriers en cas de plainte ou de difficulté ;

Les fournitures faites moyennant retenues sur le salaire, etc.

Avant d'entrer en vigueur, tout changement doit être porté à la connaissance des travailleurs par voie d'affiche. Pendant huit jours au moins à partir de l'affichage, le chef de l'établissement tient à la disposition du personnel un registre où celui-ci peut consigner ses observations. Les ouvriers ont le droit d'adresser leurs réclamations à l'inspecteur du travail. Le produit des amendes doit être employé au profit du personnel.

L'Etat et les conflits du travail. — Il est inutile d'insister sur l'importance qu'il y aurait à prévenir et à résoudre les conflits entre les employeurs et leur personnel, et aussi sur les difficultés que rencontre l'action de l'Etat.

Voici ce qui a été fait :

I. *Pour régler les différends individuels*, on a institué en 1853 *les Conseils de Prud'hommes*, dont l'organisation a été modifiée par des lois de 1884 et de 1905. Les patrons et les ouvriers élisent séparément leurs représentants spéciaux; les deux catégories d'élus comprennent le même nombre de membres et l'on s'est appliqué à maintenir la balance entre elles pour le prononcé des jugements.

Les décisions sont définitives et sans appel lorsque le chiffre de la demande ne dépasse pas 200 francs : au-dessus, l'appel peut être porté devant le tribunal civil (1). Il semble que les services rendus soient importants : en une année, sur 50.000 affaires, 35.000 ont été réglées à l'amiable. La marche suivie est très simple : pas d'intermédiaire, ni avocat, ni avoué, ni hommes d'affaires; huit jours suffisent pour que le jugement soit rendu.

II. *Pour prévenir ou terminer les conflits collectifs*, certaines législations *conseillent de recourir à un arbitrage;* d'autres *font de l'arbitrage une obligation.*

1° La loi française du 27 décembre 1892 invite les patrons et ouvriers ayant un différend à s'adresser au juge de paix, qui leur demande de nommer les membres d'un comité de conciliation auquel est soumis le litige. Si une grève est déclarée, le même magistrat invite les parties à recourir à la conciliation. Les résultats obtenus ont peu d'importance, parce que le recours à l'arbitrage n'est pas obligatoire et que les décisions manquent de sanction.

2° Des pays neufs ont adopté l'*arbitrage obligatoire :* c'est, par exemple, le cas de la *Nouvelle-Zélande.*

Dans ce pays, l'obligation est complète. A partir du moment où l'État est saisi, toute grève, toute fermeture collective d'ateliers sont interdites.

(1) Loi de 1905.

On peut d'abord recourir à la conciliation devant des conseils provinciaux, élus par les patrons et les ouvriers; le plus souvent, le conflit est directement porté devant la Cour d'arbitrage, formée de trois membres, l'un élu par les patrons, l'autre par les syndicats ouvriers; le troisième, qui préside, est désigné par le gouvernement. Les arrêts sont obligatoires.

L'un des résultats obtenus est la suppression des grèves. Quelqu'un a pu donner à un livre sur la Nouvelle-Zélande le titre suivant : « *Étude sur un pays sans grèves.* »

On avait songé chez nous à rendre aussi l'arbitrage obligatoire; mais cette innovation a été discutée, et la question reste à l'étude.

III. — Intervention législative pour améliorer les conditions générales de l'existence

Nourriture et logement. — C'est surtout aux gens peu aisés que sont vendues les denrées de qualité inférieure, et c'est surtout par eux que sont occupés les logements malsains. Ils profitent donc plus que les autres des mesures prises par l'État et par les municipalités pour la *vérification des aliments*, notamment des viandes et du lait.

Afin de favoriser la multiplication des logements peu coûteux, mais sains, la loi du *30 novembre 1894* accorde de nombreux encouragements (dispenses d'impôts, subventions) aux sociétés pour la construction de *maisons à bon marché*.

Une autre loi, du *15 février 1902*, est destinée à avoir une influence très heureuse sur *l'hygiène et la salubrité publiques* et, par suite, sur les conditions dans lesquelles vivent les classes peu fortunées. Antérieurement, les autorités départementales ou municipales avaient bien le droit de prendre des mesures pour prévenir les épidémies ou tenter de les enrayer, mais elles n'y étaient pas obligées et ces mesures manquaient de sanctions. Désormais :

Toute commune doit avoir un règlement sanitaire ;

Les municipalités possèdent des pouvoirs spéciaux et très étendus en cas de maladie épidémique ;

Si, pendant un certain temps, le chiffre de la mortalité dépasse dans une commune une moyenne calculée d'après la situation sanitaire de la région, les autorités ont le devoir de prendre certaines précautions d'hygiène, notamment de faire certains travaux ; sur leur refus, le préfet peut agir d'office ;

A la suite d'une épidémie, la désinfection doit être faite ;

Des dispositions très minutieuses déterminent les conditions d'adduction des eaux destinées à la consommation ;

D'autres concernent la destruction des logements insalubres et imposent des conditions à la construction de nouveaux immeubles ; par exemple, l'établissement d'une habitation, sans que l'autorité locale ait approuvé l'agencement de certaines parties au point de vue de l'hygiène, entraîne une amende de 16 à 200 francs.

En résumé, la loi de 1902 peut avoir une action importante — si les municipalités l'appliquent avec énergie (1).

La sécurité par la prévoyance : ce que fait l'Etat.
— L'incertitude de l'avenir est une grande cause

_____

(1) A ce sujet, il n'est sans doute pas hors de propos de signaler que la maladie et la mort sévissent bien plus cruellement dans les quartiers pauvres des villes que dans les autres : à Londres, la mortalité est de 11 pour 1.000 dans les maisons riches et de 50 pour 1.000 dans les logements des misérables ; à Paris, la moyenne de la mortalité, qui est de 10 pour 1.000 dans les quartiers riches, s'élève dans d'autres, à 43 pour 1.000.

d'inquiétudes pour les travailleurs qui réfléchis—t.
L'Etat intervient, soit en aidant les œuvres de prévoyance, soit en créant lui-même des institutions destinées à donner plus de sécurité :

1° Il accorde aux Caisses d'épargne, aux sociétés
de secours mutuels des subventions, des bonifica-
tions d'intérêt.

2° Il a fondé la Caisse nationale d'épargne, la Caisse
des retraites pour la vieillesse.

Restent de gros risques : contre le chômage, l'invalidité prématurée, aucune mesure générale n'a été
prise; mais des lois visent la réparation matérielle
des accidents survenus dans le travail, l'assistance
publique, et la Chambre des députés a adopté un
projet de loi relatif aux retraites ouvrières.

Le chômage. — C'est un fait des plus douloureux
de la vie sociale que l'impossibilité où se trouvent
certaines gens d'obtenir du travail, alors qu'ils sont
valides, courageux, et sans ressources. Et cette
situation est fréquente : le trop grand nombre de
bras ou d'intelligences qui s'offrent, les arrêts dûs à
la surproduction, entraînent bien des misères.

Comment y remédier? Les secours privés, la possession de quelques économies permettent d'attendre
quelque temps, mais les personnes charitables se
lassent et les épargnes s'épuisent vite. Aucune société
n'assure contre le chômage, parce que les risques
sont trop incertains et que, d'ailleurs, il est difficile
de distinguer les chômeurs involontaires des autres.
Cette dernière raison rend difficile et a empêché
jusqu'à présent toute législation relative au chômage.

En France, l'Etat se borne à donner tous les ans
des subventions à des caisses locales ou syndicats de
chômage, organisés sur le modèle des caisses insti-
tuées à Gand d'après le principe suivant :

Il est créé à Gand un fonds destiné à subventionner les caisses de chômage fondées et administrées par les syndicats ouvriers. Le fonds communal majore les indemnités de chômage. Si l'indemnité quotidienne est supérieure à un franc, elle n'est majorée que jusqu'à concurrence d'un franc. En aucun cas, la majoration n'est payée à un indemnitaire plus de cinquante jours par an. Une caisse d'épargne spéciale est ouverte aux ouvriers non syndiqués.

Toute la philosophie de ce système, son principe essentiel est le suivant : proportionner la subvention de l'État à l'effort de l'initiative privée. Je ne crois pas que contre ce principe il puisse s'élever aucune espèce d'objection.

J'ajoute que les abus qu'on pourrait craindre sont écartés par ce fait que chaque société, chaque syndicat, est personnellement intéressé à ce que les secours de chômage n'aillent pas à qui n'en a pas besoin, puisque ces secours sont payés d'abord par la cotisation de ses membres. (A. MILLERAND.)

Les accidents du travail. — La *loi du 9 avril 1898* modifiée par d'autres, du *22 mars 1902* et du *31 mars 1905*, détermine les droits des travailleurs victimes d'accidents dans l'exercice de leur profession.

Auparavant, d'après le Code civil, l'ouvrier blessé ne recevait de dommages-intérêts que s'il établissait la responsabilité du patron : le plus souvent, cela lui était impossible.

« Victime de sa propre imprudence, dit une circulaire ministérielle du 24 août 1899, si l'on peut appeler ainsi l'insouciance inévitable qu'amènent l'habitude du péril et l'intensité croissante du travail, il se voit refuser tout dédommagement. Victime d'un de ces cas fortuits qui n'engagent aucune responsabilité définie, il lui faut en faire la preuve judiciaire, dans le dénûment qui suit l'accident, et malgré son inexpérience de la procédure. »

Cette situation a pris fin par la législation nouvelle dont voici les principes essentiels.

1° Établissement du risque professionnel : la possibilité d'accidents est considérée comme une condition normale de l'exercice même de la profession, une des charges qui doivent figurer parmi les frais généraux. Par suite, plus de recherche de la cause de l'accident, plus de litige : la victime reçoit une indemnité, même si elle a commis une faute lourde; elle ne perd ce droit qu'en cas de faute intentionnelle, restriction dont la justice est évidente.

2° Simplification de la procédure en cas d'incapacité temporaire, compétence illimitée des juges de paix en dernier ressort; en cas de mort ou d'incapacité permanente, enquête judiciaire d'office par le juge de paix, procédure sommaire devant le tribunal, réduction des délais d'appel, arrêts rendus à bref délai; assistance judiciaire accordée dans tous les cas, et de plein droit, à la victime ou à ses ayants droit, exemption des droits de timbre et d'enregistrement pour tous les actes : autant de réformes dont on ne peut mesurer l'importance qu'en se rappelant les lenteurs et les frais de la procédure antérieurement applicable.

3° Les indemnités sont transactionnelles : si l'on ne tient pas compte de la faute pour refuser toute indemnité, la loi en tient compte en stipulant que l'indemnité restera inférieure au préjudice causé.

4° Les indemnités sont forfaitaires : la réparation accordée n'est pas laissée à l'appréciation du juge, mais la loi la détermine à l'avance, selon les conséquences possibles du dommage. Elle établit quatre catégories; il est dû :

Pour l'incapacité absolue et permanente, une rente égale aux deux tiers du salaire annuel;

Pour l'incapacité partielle et permanente, une rente égale à la moitié de la réduction que subira le salaire à cause de l'accident;

Pour l'incapacité temporaire, une somme égale à la moitié du salaire;

En cas de décès accidentel, une pension aux ayants

roit: par exemple, le conjoint survivant obtient une ente viagère égale à 20 % du salaire annuel.

5° Constitution de garanties pour le paiement des ndemnités. Le chef d'entreprise est libre de ne pas 'assurer, libre aussi de choisir la société d'assurance à laquelle il s'adressera; mais, pour que le paiement soit garanti, il est fait, à défaut du patron ou de la Compagnie, par l'État, qui a constitué à cet effet un fonds spécial alimenté par un impôt de 4 centimes par franc ajouté aux patentes (1).

L'assistance publique. — *Considérations générales.* — L'initiative privée a fait des efforts considérables pour prévenir ou diminuer les misères : mais faut-il pour les œuvres d'assistance s'en rapporter à elle seule ?

C'est en étudiant de près la réalité qu'on peut répondre. Ceux qui se trouvent dans la misère sont :

Des individus qui ne veulent pas travailler : irréguliers, vagabonds, incapables d'un effort énergique, quelquefois pervertis par l'éducation, par le milieu;

Des gens qui, ayant les forces nécessaires pour travailler, ne trouvent pas d'occupation ;

Des vieillards, des infirmes, des malades à qui la force manque.

Que sont les résultats des efforts privés? A peu près nuls pour les assistés de la première catégorie, et insuffisants pour les autres; ces efforts entretiennent les professionnels de la mendicité; ils ne fournissent aux autres que le moyen de traverser les heures difficiles, et ne peuvent guère distribuer aux vieillards et aux infirmes les secours prolongés, très coûteux, qui seraient nécessaires.

C'est dire que la charité privée doit être aidée,

(1) La loi stipule formellement que la prime d'assurance est payée par le patron seul.

complétée par l'action sociale. D'ailleurs, elle est un peu irrégulière, incertaine ; dans beaucoup de cas, elle a souvent un caractère confessionnel ou politique qui l'empêche d'exercer une action assez étendue, et, quoi qu'on fasse, elle semble placer l'obligé dans une situation qui porte atteinte à sa dignité.

Il y a plus de cent ans, La Rochefoucauld-Liancourt s'élevait déjà contre la théorie de l'assistance laissée aux bonnes volontés individuelles.

« On a regardé, disait-il, l'assistance du pauvre comme une grâce et, travestissant cette cruelle erreur en principe, on a abandonné le pauvre à la bienfaisance particulière, comme si un gouvernement, qui a quelque idée de justice et d'humanité, devait se reposer sur d'autres que sur lui-même du soin d'acquitter cette dette et faire dépendre le sort des citoyens indigents d'un sentiment éventuel. »

Sans doute, tous les individus dans le besoin ne sont pas également dignes d'intérêt et aucune œuvre législative ne peut accorder les mêmes droits aux paresseux et aux malheureux n'ayant pas assez de force pour travailler. Ici encore, La Rochefoucauld-Liancourt a parlé le langage de la raison : « Tout ce qui n'est pas nécessaire est interdit à une nation qui, dans la distribution des secours, ne doit opérer qu'un acte de justice. Insuffisance de secours, c'est cruauté. Assistance superflue, c'est destruction des mœurs, désordre et paresse. »

Mais, ces réserves faites, il reste incontestable que les enfants, qui ne sont coupables de rien, les infirmes, les vieillards, dont les uns n'ont pu faire d'économies par suite des difficultés de la vie, et dont les autres sont dans le besoin pour avoir manqué de prévoyance (négligence fâcheuse assurément, mais qui ne mérite pas d'entraîner la peine de la mort par les privations), il reste certain que ni les uns ni les autres ne sauraient être abandonnés et qu'une société civilisée se doit à elle-même d'intervenir pour leur accorder des moyens d'existence, en leur évitant toute humiliation et toute incertitude.

État actuel de l'assistance publique en France. — Si nous laissons de côté les mesures, d'ailleurs très importantes, prises en faveur des enfants (loi du 23 *décembre 1874*) pour la protection des enfants du premier âge (loi *Théophile Roussel*, du nom de son auteur); celle du 24 *juillet 1889* relative aux enfants moralement abandonnés ou maltraités, nous trouvons en ce qui concerne l'assistance :

La législation établissant les bureaux de bienfaisance ;

La loi du *15 juillet 1893* rendant obligatoire l'assistance médicale en faveur des indigents ;

Le vote annuel, depuis 1897, d'un crédit de 590.000 f. pour la participation de l'État au service des pensions allouées par les départements et par les communes aux vieillards et aux infirmes indigents (ces pensions sont facultatives).

Enfin, le 14 *juillet 1905*, a été promulguée une loi fondée sur ce principe que *l'assistance constitue un devoir social.*

Cette loi stipule que tout Français, dénué de ressources, incapable de subvenir à ses besoins et âgé de 70 ans ou atteint soit d'infirmités, soit d'une maladie qui le rend incapable de gagner sa vie, a droit à l'assistance. Celle-ci peut être accordée : soit à domicile: elle consiste alors dans le versement d'une allocation, dont le chiffre est fixé par le Conseil municipal avec l'approbation du Conseil général ; soit dans un établissement hospitalier : les secours peuvent être attribués par la commune d'abord ; à son défaut, ou, pour l'aider, par le département et par l'État.

Ainsi se trouve réalisée, dans des conditions

d'ailleurs bien modestes (1), la formule célèbre de la Déclaration des Droits de 1793 : « Les secours aux malheureux sont une dette sacrée. »

Retraites ouvrières. — Quel est le sort du salarié devenu vieux ou rendu prématurément incapable de travail par une maladie, par une infirmité ? C'est à sa famille à lui venir en aide, si elle existe, et si elle le peut ; autrement, il doit demander l'aumône. Cette situation est particulièrement douloureuse, puisqu'elle se produit : ou inopinément — c'est ce qui arrive en cas d'invalidité imprévue — ou après de longues années de travail. Puisque les efforts individuels sont insuffisants, il paraît nécessaire de s'adresser à la collectivité qui, seule, dispose des moyens nécessaires.

Que peut faire l'Etat ?

1° Il peut *prendre à sa charge* toutes les assurances ouvrières : c'est ainsi qu'on procède dans la *Nouvelle-Zélande*.

2° L'Etat peut *laisser chacun libre* de s'assurer ou non, *mais aider* ceux qui, prévoyants, versent à certaines associations.

Ainsi, par la loi belge du 10 mai 1900, les versements individuels aux sociétés de secours mutuels ou à des caisses de retraites patronales sont majorés de 60 % par l'Etat (pourvu que l'assuré ne paie pas plus de 80 francs de contributions et que sa pension ne dépasse pas 360 francs). En cas d'invalidité prématurée, la pension peut être accordée immédiatement.

3° L'Etat peut décider *l'obligation* de l'assurance : c'est ce qui se fait en *Allemagne* et ce qui semble devoir être, en principe, adopté *en France*.

Faut-il approuver ce mode d'intervention de

(1) L'allocation mensuelle fournie par la commune peut n'être que de 5 francs.

l'Etat ? La question est une des plus discutées. Voici les principaux arguments présentés de part et d'autre.

Objections contre l'assurance obligatoire. Les adversaires de l'assurance obligatoire reprochent à ce système :

D'entraîner l'affaiblissement de l'esprit de prévoyance : dès qu'on sera certain d'obtenir une retraite par le moyen ou avec le concours de la collectivité, on fera moins d'efforts et moins de sacrifices ;

D'amener l'établissement d'impôts, que payeront surtout les classes auxquelles l'assurance ne profitera jamais ;

De créer pour l'Etat des responsabilités considérables. Que fera-t-il des capitaux accumulés ? Si l'on ne constitue pas de réserves et qu'on paie les ayants droit avec les versements annuels, la charge, faible au début, deviendra de plus en plus lourde ; n'est-ce pas se lancer dans un redoutable inconnu ?

On ajoute : L'obligation ne serait indispensable que dans le cas où l'imprévoyance des travailleurs apparaîtrait comme incurable. Mais l'exemple de la Belgique, où, en une seule année, le nombre des ouvriers assurés a augmenté de 130.000, prouve qu'il suffit à la collectivité d'aider les initiatives privées.

Les *arguments en faveur de l'assurance obligatoire* sont les suivants :

L'Etat a moins de frais que les compagnies et ne cherche pas à réaliser des bénéfices ; il peut donc assurer à bien meilleur compte.

La collectivité fournit seule « les grands nombres » qui permettent les tarifs aussi réduits que possible.

C'est l'Etat qui présente le plus de garanties de sécurité.

Si le travailleur reste libre de ne pas s'assurer, son faible salaire, ses préoccupations immédiates l'empêcheront de faire acte de prévoyance.

Lorsque l'ouvrier pense à s'assurer, c'est à l'approche de la vieillesse; les primes à payer sont alors très élevées; il est donc utile de l'obliger à faire des versements de bonne heure.

L'assurance obligatoire, en prévenant les misères, diminuera les charges de l'assistance.

A l'heure actuelle, les partisans de l'obligation l'ont emporté chez nous; en *juin 1901*, un projet qui consacrait ce principe a été discuté à la Chambre des députés; soumis aux associations patronales et ouvrières, très fortement critiqué par les syndicats ouvriers qui jugeaient la retraite insuffisante, il a fait place à un autre, adopté en *juin 1904*, par la Commission d'assurance et de prévoyance sociales, puis, avec des modifications, par la Chambre des députés en 1906. Ce projet repose sur le *principe de la triple collaboration du travailleur, du patron et de l'Etat.*

Les raisons de cette disposition ont été indiquées comme il suit par le rapport du projet :

« La vieillesse est un fait fatal, prévu : elle nécessite donc la prévoyance du *travailleur*. D'ailleurs mettre les pensions de retraite à la charge seule de l'Etat en ferait retomber le poids principal sur les travailleurs eux-mêmes.

L'*entrepreneur* peut-il abandonner dans sa vieillesse celui qui, pendant son âge mûr, a été l'instrument de sa fortune ou l'a aidé tout au moins à se maintenir, lui et les siens, à un degré plus élevé?

Au point de vue brutal, économique, le chef d'entreprise qui prévoit les frais d'amortissement de son mécanisme et de ses outils ne doit-il pas prévoir l'usure de son mécanisme humain? Au point de vue moral, social, peut-il le jeter de côté, quand il ne peut plus servir?

« Les avantages ou les jouissances que retirent

tous les citoyens des institutions économiques entraînent l'obligation d'aider ceux qui y collaborent. »

LECTURE

Essais de législation internationale

Parmi les objections faites à l'intervention de l'Etat dans les questions ouvrières, il en est une qu'on répète sans cesse : « Les mesures proposées, dit-on, sont justes en elles-mêmes, elles sont désirables; mais les charges qui en résulteraient mettraient la production nationale en état d'infériorité vis-à-vis de celle des pays étrangers. » Il en est ici comme du désarmement : chacun hésite à commencer.

Des essais de législation internationale ont été tentés en cette matière :

1° En 1890, l'empereur Guillaume II réunit à *Berlin* une *Conférence internationale*, afin d'arriver à une entente pour la protection des travailleurs. Les discussions présentèrent beaucoup d'intérêt, mais les résultats pratiques furent nuls; la Conférence ne put que formuler des vœux.

D'ailleurs, une législation internationale du travail est difficile à fixer : est-il possible d'appliquer des mesures analogues à des populations d'habiletés inégales, plus ou moins instruites, plus ou moins bien outillées? Qui surveillerait l'application des mesures prises, etc.?

2° Toutefois, à la suite d'un Congrès tenu à Paris, il fut décidé qu'un *Office international du travail* serait créé à *Bâle* et que les principaux pays d'Europe s'y feraient représenter. Sans doute, l'*Office international* ne peut que formuler des souhaits, mais c'est un premier et indéniable progrès que les représentants des gouvernements reconnaissent la nécessité et la possibilité de certaines mesures.

3° En 1906, la Conférence de Berne a voté l'interdiction du travail de nuit des femmes. La convention est conclue pour douze ans. Elle a été signée par tous les Etats européens, moins la Russie, la Norvège et les Etats de la péninsule des Balkans. Une convention interdisant l'emploi du phosphore blanc dans la fabrication des allumettes a été signée par sept Etats, les autres ayant déclaré ne pouvoir y adhérer en présence de l'opposition du Japon. Les puissances signataires sont : la France, l'Allemagne, le Danemark, l'Italie, les Pays-Bas, la Suisse et le Luxembourg.

4° En 1904, un acte important a été accompli : *le premier traité du travail que l'histoire doive enregistrer a été signé entre l'Italie et la France.* En voici les principales dispositions.

Les nationaux des deux pays pourront faire des versements aux *Caisses d'épargne* nationales et aux *Caisses de retraites*, sans avoir besoin de déplacer leurs fonds de l'une à l'autre, quand ils passent la frontière.

Les deux Etats projettent d'organiser des *retraites ouvrières :* la convention stipule, en principe, que le bénéfice de ces œuvres sera accordé, dans chaque pays, aux travailleurs de l'autre nation employés dans le pays.

Les lois sur les accidents du travail seront appliquées selon le même principe; de même, les *lois sur la durée du travail.*

Jusqu'à présent, les pays les plus avancés en matière de législation sociale se défendaient brutalement contre les autres à coups de tarifs : c'est le procédé de l'Australie et de la Nouvelle-Zélande. Le traité franco-italien introduit dans la vie économique des peuples un esprit nouveau, bien différent, à la fois sage et généreux. Il faut espérer que, si l'on tire de cet acte tout ce qu'il peut donner, peu à peu les institutions d'assurances, de prévoyance et de protection des ouvriers deviendront internationales.

CHAPITRE III

LES DÉFENSES ET LES RESSOURCES PUBLIQUES
LES IMPOTS. — LE BUDGET

I. — Les dettes des Etats

L'extension des services publics entraine des dépenses considérables pour les grands pays : par exemple, la France compte aujourd'hui près de 500.000 fonctionnaires civils coûtant 615 millions par an ; à cette somme, il faut ajouter les dépenses nécessaires pour l'instruction, pour les œuvres d'assistance et de prévoyance, etc., et surtout, hélas! les frais qu'entraine la préparation de la guerre.

Et pourtant, quelque lourdes que soient ces charges, c'est *à faire face aux dettes léguées par le passé qu'est consacré environ le tiers des recettes d'un Etat comme la France.* Et il en est de même des principaux Etats.

La dette publique. — On distingue : la *dette viagère,* la *dette flottante* et la *dette consolidée.*

La **dette viagère** est principalement composée des pensions ou retraites que l'Etat s'est engagé à servir à ses fonctionnaires, lorsqu'ils ont atteint un certain âge et accompli un nombre déterminé d'années de service.

La **dette flottante** est constituée par les emprunts dont le capital doit être remboursé; — nous verrons tout à l'heure que les gouvernements empruntent quelquefois dans des conditions toutes différentes. Dans la dette flottante, on peut distinguer :

1° Le montant des emprunts, dits *à court terme*, qui s'effectuent dans les conditions suivantes : quand, au cours d'une année, les impôts ne rentrent pas assez vite pour assurer le fonctionnement des services, le ministre des finances peut émettre des *bons du Trésor*, remboursables à 3 mois, 6 mois, un an au plus et produisant un léger intérêt (1 % par exemple). Les propriétaires de sommes qui ne peuvent placer leur argent pendant longtemps, mais qui désirent en retirer pourtant quelque revenu, industriels, banquiers, etc., recherchent ces bons.

2° Les *emprunts à long terme* dont l'Etat promet le remboursement au bout d'une longue période : 30, 40 ou 50 ans.

La **dette consolidée** résulte d'emprunts contractés dans des conditions qui paraissent singulières au premier abord, puisque l'Etat rencontre des *prêteurs décidés à ne jamais réclamer le remboursement de leur créance.*

Voici le mécanisme de ces opérations. Un gouvernement s'adresse au public pour en obtenir des fonds et s'engage seulement à payer perpétuellement la rente du capital versé. Cette perpétuité de la dette la fait appeler *dette fondée* ou *consolidée.*

Une question se pose immédiatement : que l'Etat trouve, au moins pour quelque temps, son avantage à cette combinaison, on le comprend sans peine, mais comment des gens consentent-ils à prêter des sommes qui ne leur seront jamais rendues ni à eux-mêmes, ni à leurs héritiers? C'est, d'abord, que ces prêteurs désirent seulement toucher un intérêt

assuré; c'est ensuite que, s'ils ont besoin d'argent, il
leur suffira de vendre leur titre de rente ; enfin des
gouvernements usent, pour gagner le public, d'une
disposition qui lui est avantageuse et que voici. Le
taux normal est-il de 4 % ? L'État offrira à 75 francs
par exemple, des titres de rente de 3 francs et d'une
valeur nominale de 100 francs. Puisque ainsi l'intérêt
est en réalité de 4 %, pourquoi recourir à ce
détour ? Parce qu'on donne ainsi au capitaliste l'espoir que la valeur réelle pourra se rapprocher de la
valeur nominale; c'est ce qui est arrivé notamment
pour le 3 % français, qui a même souvent dépassé le
cours de 100 francs. On voit quel bénéfice peuvent
espérer les souscripteurs.

À quoi sont dus ces emprunts que les États contractent ? À ce que, ayant, presque tous et depuis
longtemps, de la peine à payer les dépenses cou-
rantes, ils ne peuvent subvenir aux éventualités
extraordinaires : une guerre, de grands travaux à
entreprendre entraînent de lourdes charges. On
pourrait augmenter les impôts, et l'on n'y manque
pas; mais cette ressource est d'un usage limité et,
pour éviter un trop grand mécontentement, on
recourt à l'emprunt : les capitalistes, grands et
petits, en sont heureux; dans certaines circonstances, l'émission prend un caractère patriotique, et sur
le *Grand-Livre de la Dette publique* s'inscrivent de
nouveaux titres de rente.

Comment grossit la dette publique. — Lorsque les
dépenses d'une année dépassent les recettes, un
déficit s'ajoute aux dettes anciennes. Les emprunts
nouveaux, remboursables ou non, agissent dans le
même sens, et c'est ainsi que les dettes nationales
atteignent des chiffres considérables : 16 milliards
en Autriche, 19 en Angleterre, 21 en Allemagne,

31 en France (dont 26 milliards pour la dette consolidée seule).

Si, pour avoir une base dans les comparaisons à
établir, on détermine le chiffre de la dette publique
par habitant, on trouve : 355 francs pour un Allemand, 454 pour un Anglais, 483 pour un Espagnol et
665 francs pour un Français !

Il ne faut pas ignorer que, sur les 31 milliards dus
par la France, les 4/5 ont été dépensés soit pour
faire face aux conséquences des guerres du siècle
passé, soit pour se préparer à des guerres nouvelles.

Comment les dettes publiques peuvent diminuer. —
Faire moins de dépenses est le premier moyen de
réduire les charges; le second consiste à diminuer
les créances.

N'oublions pas que nous payons annuellement
1.250 millions pour l'intérêt des dettes, et ici apparaît
la pénible conséquence des emprunts : pour sortir
d'embarras, une génération laisse aux suivantes un
lourd héritage, quand elle a emprunté. Ce serait faire
un acte de justice en même temps qu'un acte financier très sage que de s'attacher à réduire la dette;
comme on l'a dit, une génération ne devrait contracter un emprunt qu'à la condition de le rembourser.

Pour les emprunts à court terme, ils sont liquidés
dans l'année ; pour les autres, voici ce qu'on fait ou
ce qu'on pourrait faire.

Les emprunts à long terme sont destinés à être
remboursés dans des délais fixés; mais il arrive trop
souvent que, n'ayant pas les fonds nécessaires, on
les incorpore dans la dette consolidée.

Qu'est-il possible de faire en ce qui concerne cette
dernière ?

1° *On peut réduire le capital.* En effet, l'État n'a
pas *promis*, mais *il s'est réservé la faculté* de rem-

bourser les sommes empruntées. Il peut, par exemple, acheter à la Bourse un certain nombre de titres de rente et les annuler : c'est ce qu'on appelle *amortir* la dette.

Malheureusement, on a rarement les disponibilités nécessaires; d'ailleurs, le mode d'emprunt adopté, qui consiste à donner, comme on l'a vu, aux titres émis une valeur nominale supérieure à la valeur réelle, 100 francs au lieu de 75 par exemple, place l'État dans la situation des particuliers aux abois, qui se reconnaissent débiteurs de sommes dont ils n'ont reçu qu'une partie, et cette manière de procéder n'encourage pas les remboursements!

2º *On peut réduire le taux de l'intérêt*, ce qui est plus facile. Par exemple, en 1902, la rente 3 1/2 % a été convertie en 3 %. Pour faire l'opération, un ministre des finances habile attend l'instant favorable : celui où, les capitaux étant abondants, le taux général de l'intérêt baisse, et où, en particulier, pour cette cause, la rente se vend au-dessus du pair, c'est-à-dire au-dessus de 100 francs : elle était à 102 lors de la conversion. On offre alors aux rentiers ou d'être remboursés au pair, — ils n'ont pas le droit d'exiger plus, — ou de consentir à une diminution de l'intérêt. Certes, cette dernière mesure ne saurait leur être agréable; mais, si le moment a été habilement choisi, ils ne peuvent se dissimuler que d'autres placements ne leur seraient pas plus avantageux; de plus, par le remboursement au pair, ils perdraient 1, 2 francs ou plus. Et c'est pourquoi la plupart se résignent.

D'ailleurs, l'opération est très légitime de la part de l'État, car il a toujours le droit de s'acquitter; — elle s'impose même à lui, car son devoir est de ne pas payer d'intérêts exagérés.

Le gain dû aux conversions est considérable :
ainsi, depuis 1882, les réductions annuelles ont été :

De 306 millions par la conversion du 5 % en 4 1/2 (1882)
De 228 millions   —   du 4 1/2 en 3 1/2 (1894)
De 204 millions   —   du 3 1/2 en 3 % (1902)

II. — Les ressources publiques

Les moyens dont dispose l'État pour faire face aux
dépenses sont de trois sortes :

1° Les revenus des domaines nationaux;

2° Le produit des entreprises de production ou de
transport gérées par l'État;

3° Le produit des impôts.

Ressources autres que l'impôt. — 1° L'État possède des *domaines* : forêts, châteaux, palais, constructions et terrains militaires, etc., représentant un capital d'environ 4 milliards; mais les uns donnent un revenu très médiocre par suite de leur nature et des dépenses qu'ils exigent (les forêts, par exemple); les autres servent pour l'installation de services gouvernementaux (ministères, préfectures, etc.), ou sont exploités à perte, comme les musées, les arsenaux, etc.

Le total du rendement net ne dépasse pas une cinquantaine de millions.

2° *Plusieurs services* dépendent de l'État : un réseau de chemins de fer lui appartient; il possède l'Hôtel des monnaies, les manufactures de tabac, d'allumettes, de poudres, celles de Sèvres, des Gobelins et de Beauvais, l'Imprimerie nationale; il a le monopole des cartes à jouer, celui des postes, télégraphes et téléphones. Le produit brut est de 750 millions; le bénéfice s'élève à 350 millions.

Comme le chiffre des dépenses publiques atteint

plus de 3 milliards et demi, c'est à l'impôt qu'il faut demander près de 3 milliards.

Les contributions payées comprennent : les impôts directs et les impôts indirects.

Impôts directs. — Ces impôts, demandés directement au contribuable par le percepteur, sont :

1° La *contribution foncière*, qui frappe les maisons et les terres ou, comme on dit, les propriétés bâties et les propriétés non bâties ;

Les terres ont été plusieurs fois *dégrevées*, c'est-à-dire frappées d'impôts moins lourds qu'auparavant, tandis qu'on élevait le tarif des droits sur les propriétés bâties.

2° La *contribution personnelle et mobilière*, comprenant deux impôts réunis : l'un, la cote personnelle, est fixée pour tous les citoyens à la valeur de trois journées de travail (c'est le Conseil général de chaque département qui détermine cette valeur) ; l'autre, la contribution mobilière, est calculée d'après la valeur locative des immeubles occupés.

3° L'*impôt sur les portes et fenêtres*.

4° L'*impôt des patentes* qui frappe l'exercice des diverses professions, commerciales ou autres : ainsi les médecins, les avoués, les notaires paient patente.

La patente comporte : un droit fixe, dépendant de la nature de l'industrie et du chiffre de la population de la localité, et un droit proportionnel, calculé notamment d'après le loyer des magasins, ateliers, chantiers.

A ces quatre contributions directes, on peut ajouter :

Les *taxes des biens de mainmorte*, dues par les communautés (communes, hospices, départements, etc.), qui, une fois en possession de biens, les détiennent à perpétuité ; comme elles n'ont pas de droits de succession à payer, en revanche on les assujettit aux taxes de mainmorte.

Les *prestations* pour l'entretien des routes (sous l'ancien régime, elles s'appelaient la corvée), acquittées en nature ou en argent dans les villages, et remplacées dans les villes par des droits municipaux.

Les *taxes sur le luxe* (sur les chevaux et voitures, les vélocipèdes, les automobiles, les billards, etc.).

Impôts indirects. — Les contributions indirectes ne sont pas demandées directement au public ou ne le sont qu'à l'occasion de certains actes. Elles comprennent :

1° Les *impôts de consommation*, qui portent en premier lieu sur les boissons (les boissons dites hygiéniques, vin, cidre, bière, ont été dégrevées, les eaux-de-vie et spiritueux ont été assujettis à des taxes plus lourdes par une loi de 1900, en vigueur depuis le 1er janvier 1901). On paie aussi des droits sur le sucre, le sel, les huiles minérales, le savon, et, dans le prix de vente des tabacs, des allumettes, des cartes à jouer, une part importante est faite à l'impôt.

2° Les *droits de douanes*.

3° Les *droits de timbre* (obligation de se servir, dans des cas déterminés, de papier timbré, d'apposer des timbres sur les affiches, les quittances supérieures à 10 francs, timbre des billets de chemins de fer de plus de 10 francs) ; — les *droits d'enregistrement*, par lesquels l'État fait payer les garanties d'authenticité de texte et d'acte qui résultent de l'enregistrement; — les *droits de mutation*, dus lorsqu'une propriété passe d'une personne à une autre par succession, don ou vente.

4° On range souvent parmi les contributions indirectes des droits qui sont pourtant exigés directement, mais qui sont dus seulement à l'occasion de différents actes. Tels sont : l'*impôt sur les opérations de Bourse* et l'*impôt sur les valeurs mobilières;* ce dernier varie entre les 4/100 et les 10/100 du revenu des valeurs ; la rente d'État en est seule exempte (1).

Quelques opinions sur les impôts

I. Critiques contre le système de contributions directes. — En mentionnant les imperfections qu'on reproche à notre système d'impôts, il est bon de rappeler qu'ici la critique est facile, mais que l'adoption d'autres modes se heurte à beaucoup d'obstacles. Cette observation ne diminue pas d'ailleurs la valeur des attaques, dont voici les principales :

1° La contribution foncière (propriétés non bâties) repose sur des renseignements antérieurs à 1850 : depuis lors, beaucoup de terrains ont perdu de leur prix, d'autres ont acquis une importante plus-value.

2° La contribution mobilière est évaluée d'après le loyer, pris comme signe de la richesse ; mais le loyer est-il la plus complète manifestation de la situation de fortune ? Une contribution dite mobilière qui repose sur le revenu d'un immeuble n'est-elle pas viciée dans son principe même ? Et encore, est-il juste de ne pas considérer que le père d'une famille nombreuse est obligé d'avoir un loyer assez élevé, ce qui n'implique pas qu'il possède des ressources supérieures à celles d'un célibataire habitant un logement peu coûteux ?

3° L'impôt des portes et fenêtres est, de l'avis à peu près général, antihygiénique et indéfendable autrement que par des raisons fiscales : il fait payer la lumière et l'air et c'est surtout la classe pauvre qui en souffre par la médiocre aération de ses logements.

(1) Pour avoir des renseignements plus complets sur les catégories d'impôts, les modes de répartition, de perception, etc. voir le cours de *Droit usuel*, par Félix MARTEL et Ch. LEGENDRE. — Librairie Delagrave.

II. Critiques adressées aux contributions indirectes.
— Cette sorte d'impôts a les préférences de beaucoup de gouvernements, qui y trouvent plusieurs avantages : le rendement s'en accroît avec la richesse nationale, et surtout ils sont en quelque sorte dissimulés dans les dépenses entraînées par un achat ou par un acte ; on peut les augmenter sans exciter trop de récriminations : une élévation de quelques centimes par unité peut passer presque inaperçue.

En revanche, les contributions indirectes — dont quelques-unes sont acceptables, même dignes d'approbation (les impôts sur le tabac, les alcools, les cartes à jouer, entre autres), — sont très vivement critiquées dans leur généralité : 1° elles ne sont pas établies sur la qualité des produits, mais seulement sur la quantité ; le riche, par exemple, qui consomme des vins fins, ne paie pas plus d'impôt pour un litre d'un crû renommé que l'ouvrier pour le litre qu'il va chercher au cabaret (1) ; 2° ces taxes pèsent très lourdement sur les pauvres, qui ne peuvent se passer de sucre, de sel, etc ; 3° elles constituent pour les familles nombreuses un injuste supplément de dépenses ; 4° leur perception entraîne des frais considérables, parce qu'elle exige un grand nombre d'agents.

III. Impôts multiples ou impôt unique ? — Déjà Vauban rêvait l'établissement d'un impôt unique (ou à peu près : les seules taxes conservées auraient été les droits sur le vin *pris au cabaret* et sur les consommations de luxe). Cette conception a le mérite de la simplicité. On estime à tant le revenu d'une nation, il faut tant d'impôt : il suffit de fixer la part à prélever sur le revenu de chacun. Mais, dans la pratique, il est extrêmement difficile de connaître le total des ressources des particuliers.

---

(1) C'est aussi — et particulièrement — une des défectuosités des *octrois*.

IV. L'impôt sur le revenu. — Est-il désirable, est-il possible de trouver à l'impôt une autre base que celle sur laquelle sont établies les contributions directes ? Sans doute la réforme est désirable à cause des critiques dont notre système fiscal est l'objet. Est-elle possible ? Depuis une quinzaine d'années, une vive campagne a été faite en faveur de l'*impôt sur le revenu*.

Déterminer les catégories de ressources des individus, leurs revenus réels, ne pas s'en tenir à des signes de valeur discutable, comme le loyer, les portes et fenêtres, atteindre les revenus professionnels et les frapper selon leur importance, c'est une conception fort juste. Mais jusqu'à présent, en France du moins, on a reculé devant la réforme pour beaucoup de raisons, dont la principale est la difficulté de trouver un moyen pratique de déterminer les revenus de chacun. Ceux qu'on a proposés : taxer d'office, se livrer à des investigations, s'en rapporter aux dépenses, s'en remettre à la déclaration des contribuables, tous ces procédés paraissent ou insuffisants, ou vexatoires.

Parmi les conditions que doit réunir un impôt sur le revenu, il en est une qui mérite d'être mentionnée : il faut faire une distinction entre les droits imposés sur le produit du travail et ceux qu'on mettra sur le revenu des capitaux. « Quiconque, disait Bismarck, gagne un revenu comme artisan, négociant ou industriel (1), par un travail quotidien, un revenu qui risque d'être diminué du jour au lendemain, qui ne peut être transmis à ses enfants, celui-là est injustement imposé, quand il doit payer autant que celui qui n'a qu'à prendre ses ciseaux pour détacher ses coupons d'intérêts, ou à écrire une quittance de loyer pour toucher ses fermages. »

(1) On pourrait ajouter : « comme ouvrier, employé, fonctionnaire. »

V. Impôt proportionnel ou impôt progressif? — Dans l'établissement d'un impôt, on peut adopter l'une ou l'autre des deux conceptions suivantes : décider, par exemple, que le propriétaire d'un revenu de 1.000 f. paiera 50 francs, que celui qui a un revenu de 100.000 francs paiera 5.000 francs, etc. : c'est le système de l'*impôt proportionnel;* — ou bien prélever une part de plus en plus forte, à mesure que le revenu augmente : ainsi, pour 1.000 francs on paierait, par exemple, 5 % ou 50 francs ; pour 10.000 francs, 7 ou 8 %, soit 700 ou 800 francs, pour 100.000 francs 10 ou 12 %, soit 10.000 ou 12.000 francs : c'est le système de l'*impôt progressif.*

En France, ce dernier système n'est appliqué que pour les droits sur les successions (depuis 1901). Ses partisans font valoir en sa faveur qu'il est plus équitable que l'impôt proportionnel, parce que, disent-ils :

« L'impôt doit être établi en raison des ressources réelles : or, pour quelqu'un dont la situation est peu aisée, payer 50 francs sur un revenu de 1.000 francs est une charge beaucoup plus lourde que ne l'est, pour celui qui jouit de 10.000 francs de revenu, le prélèvement de 500 francs.

« Plus on a de moyens d'existence, plus on bénéficie des avantages de la vie collective, plus on a profité des conditions sociales dans l'édification de sa fortune. »

Les adversaires de l'impôt progressif présentent comme argument principal cette opinion que l'élévation du taux de l'impôt d'après les revenus serait arbitraire et qu'elle aboutirait à une véritable spoliation des classes aisées.

Nous avons tenu à signaler quelques-unes des discussions qui se produisent au sujet de l'impôt : ce n'était pas le lieu de prendre parti, mais nous ne pouvions passer sous silence de semblables questions,

dont l'actualité est plus grande que jamais par suite
du besoin qu'ont les gouvernements et les peuples de
réaliser par l'impôt plus de justice : il est bon que
les jeunes gens sachent de bonne heure quelles sont
les préoccupations de ceux qui ne croient pas que
l'ancienneté d'un système fiscal soit une raison de ne
pas le discuter.

III. — Le budget

Le *budget* est l'état des recettes et des dépenses
publiques prévues et autorisées pour l'année qui suit
celle où il est dressé.

Voici sommairement comment on procède.

Préparation du budget. — C'est au gouvernement
qu'il appartient de préparer le budget.

1° Chaque ministre détermine les *dépenses* exigées
par le fonctionnement des services dont il est chargé.
Le ministre des finances, d'après ces indications, établit un tableau général.

2° Le ministre des finances dresse le tableau des
recettes à prévoir d'après les résultats de l'année
précédente.

Vote du budget. — Le gouvernement dépose le
projet de budget à la Chambre des députés qui,
émanant directement du suffrage universel, a la pré-
rogative de discuter la première les propositions mi-
nistérielles. Elle nomme la Commission du budget,
qui a une importance particulière. Cette commission
choisit des rapporteurs spéciaux pour les différents
ministères ou services importants, et un rapporteur
général. Le projet, discuté par la Commission, l'est
ensuite par la Chambre, puis passe au Sénat : il ne
devient la *loi de finances* qu'après entente des deux
Assemblées.

Mise en pratique du budget. — 1° Si au 31 décembre le budget n'est pas voté, il faut recourir aux *douzièmes provisoires* qui consistent dans l'autorisation de lever provisoirement les impôts d'après les règles de l'année précédente, pendant un ou plusieurs mois.

2° Les *virements de fonds*, c'est-à-dire l'affectation de crédits à un autre usage que celui pour lequel les Chambres les ont accordés, sont interdits.

3° Quand, au cours d'une année, les sommes votées ne suffisent pas, le gouvernement demande des *crédits supplémentaires;* si un événement imprévu (un sinistre, une expédition coloniale) se produit, les Chambres peuvent voter un *crédit extraordinaire.*

4° La perception des recettes, le paiement des dépenses afférentes à une année déterminée ne peuvent pas s'effectuer en totalité du 1er janvier au 31 décembre de cette année; l'*exercice financier* c'est-à-dire la période d'exécution des services d'un budget, se prolonge jusqu'au 31 mars de l'année suivante pour l'encaissement des recettes, jusqu'au 30 avril pour le payement des dépenses incombant à cet exercice. Ainsi l'exercice 1907 ne sera définitivement clos que le 30 avril 1908.

Contrôle de l'exécution du budget. — Le ministère doit présenter au Parlement une loi portant règlement définitif du budget de chaque exercice clos.

D'autre part, la *Cour des comptes* vérifie toutes les opérations concernant le maniement des deniers de l'Etat.

Aperçu de ce que comporte un budget. — En 1820, les dépenses de l'Etat français atteignaient un milliard. « Saluez ce budget d'un milliard, disait Thiers quelques années après : vous ne le reverrez jamais. » En 1860, les dépenses dépassaient 2 milliards.

En 1907, les dépenses prévues ont dépassé 3 milliards 800 millions, dont 1.235 millions pour les intérêts de la dette, et plus de 1.092 millions pour les deux ministères de la guerre et de la marine.

LECTURES

1. Deux conceptions de l'impôt

Pour l'école économiste, la justice consiste dans une répartition aussi équitable que possible de l'impôt, parce que les économistes considèrent l'impôt comme le payement par les contribuables des services d'intérêt général rendus par l'État. Au contraire, pour une autre école, école à tendances socialistes, l'impôt est un moyen de procéder à une répartition équitable des richesses, afin d'émanciper les masses et d'élever leur condition sociale. L'idée de justice, dans ce cas, consiste à reporter principalement les impôts sur la tête de ceux qui sont réputés pouvoir en supporter le poids avec le plus de facilité.

Au point de vue des principes, les deux écoles sont donc séparées par un abîme. Toutefois, l'une et l'autre ont longtemps poursuivi la recherche du même moyen pour réaliser l'idéal entrevu. Toutes les deux, en effet, ont cru qu'il ne pouvait y avoir de répartition équitable des charges publiques qu'à la condition que l'impôt serait unique. Mais, tandis que l'école économiste, revenue de son erreur, pense qu'il faut diversifier les impôts, afin de saisir de toutes les manières possibles la matière imposable, l'école socialiste en est encore à réclamer l'unité de l'impôt. — (Léon SAY, Conférences sur les impôts faites à l'École des sciences morales et politiques en 1886. Compte rendu du journal Le Temps, 26 février 1886.)

2. Les impôts indirects

Il y a des taxes sur tout article qui entre dans la bouche, ou couvre le dos, ou se met sous les pieds; des taxes sur tout ce qui est sur la terre ou dans les eaux; sur tout ce qui vient de l'étranger ou se fait dans le pays, taxe sur la matière brute, taxe sur la valeur nouvelle qui lui est ajoutée par le travail de l'homme, taxe sur la sauce aux câpres qui aiguise l'appétit de l'homme ou sur la drogue qui doit lui rendre la santé, sur l'hermine qui pare le juge ou la corde qui pend le criminel, sur le sel du pauvre ou l'épice du riche, sur les clous de cuivre du cercueil et les rubans de la fiancée; au lit ou debout, au coucher ou au lever, il faut payer. L'écolier joue avec une toupie taxée, l'adolescent imberbe conduit un cheval taxé, avec une bride taxée, et

l'Anglais mourant verse sa médecine, qui a payé 7.°/₀, dans une cuil-
lère qui en a payé 15, se roule sur son lit de perse qui en a payé
22 et expire entre les bras de l'apothicaire, qui a payé d'une licence
de 100 livres sterling le privilège de le tuer. Sa fortune entière est
immédiatement taxée de 2 à 10 °/₀ ; de grosses sommes sont demandées pour l'enterrer en terre sainte. Ses vertus sont transmises à la
postérité sur un marbre qui paye l'impôt ; et il va rejoindre ses aïeux
pour n'être plus enfin imposé.

SYDNEY SMITH, cité par Léon SAY (1).

(1) SAY (Léon) (1826-1896), petit-fils de Jean-Baptiste Say, plusieurs fois
ministre des finances. Léon Say a surtout publié des études financières et bud-
gétaires.

CONCLUSION

I

DIFFICULTÉS DE LA VIE ÉCONOMIQUE CONTEMPORAINE

> « Il y a une espèce de honte à être
> heureux à la vue de certaines misères. »
> (La Bruyère.)

Améliorations réalisées au xixe siècle. — On ne saurait, sans parti pris, nier que le sort des classes laborieuses — les seules dont nous nous occupions ici — se soit amélioré pendant le xixe siècle.

Avant 1789, le champ d'activité de chacun était très restreint; l'avenir était limité par l'existence de castes, de corporations; de nos jours, au contraire, bien des gens, partis de très bas, sont parvenus à des situations avantageuses, ou même considérables; plus souvent qu'autrefois le succès récompense les efforts personnels et n'est pas simplement le résultat de la naissance. La moyenne des salaires s'est accrue; des produits jadis réservés aux riches peuvent être consommés par d'autres; les économies des petites gens ont augmenté et elles trouvent des institutions

moins rudimentaires et plus fécondes que le vieux
bas de laine où nos aïeux enfermaient les pièces
d'argent échappées au fisc. Enfin, les progrès de
l'instruction, la multiplication des groupements de
toute sorte, les efforts tentés soit par des particuliers,
soit par des gouvernements dans l'intérêt des moins
favorisés permettent ou préparent plus de bien-être.

Voilà ce qu'il faut tout d'abord reconnaître, sous
peine d'être injuste. Mais, cela dit, on ne peut se
dissimuler que notre société contemporaine a laissé
subsister ou a fait naître des causes de souffrances,
qu'il importe de connaître pour déterminer quels
progrès restent à accomplir.

Causes de souffrances générales. — 1° Un fait heureux dans ses conséquences générales est la *baisse
de l'intérêt :* on a raison de s'en féliciter, car il en
résulte une plus grande nécessité de travailler, et
plus de facilité à trouver des capitaux; seulement les
propriétaires d'une médiocre fortune ont dû restreindre leurs dépenses, et ils se plaignent.

2° Les *produits de nos terres* ont trouvé longtemps
des débouchés avantageux : mais, voici que depuis
trente ans les denrées étrangères leur disputent les
marchés, et nos cultivateurs se lamentent, rappelant
le « bon temps » où leurs pères ne connaissaient pas
de telles difficultés.

3° La *concurrence,* cette guerre d'ordre économique, n'amène pas toujours la victoire de ceux qui le
méritent, résultat qui serait à la fois moral et avantageux pour le consommateur : bien des fois, le succès va au moins scrupuleux.

4° La *petite industrie,* de plus en plus incapable de
lutter contre la grande production, compte des ruines
nombreuses; bien des petits patrons sont parfois
plus à plaindre que leurs ouvriers qui, leur journée

fnie, n'ont pas du moins à s'inquiéter du paiement des sommes dues ou de la vente des produits.

5° La diffusion si nécessaire de l'*instruction* a fait naître dans beaucoup d'esprits cette idée qu'un diplôme donnait droit à une « place. » Mais il y eut vite excès de demandes, et ainsi s'est constitué un « prolétariat » intellectuel qui n'est pas le moins misérable. Des faits douloureux ont révélé la détresse profonde dans laquelle vivent des gens exerçant des professions dites « libérales » : il suffit de rappeler qu'en dix ans l'Association des médecins de la Seine a dû secourir 1.100 de ses membres. Le sort de beaucoup d'employés, surtout dans les professions qui n'exigent pas de connaissances spéciales, n'est guère enviable. Des jaquettes ou des redingotes cachent des misères navrantes; la froideur ou l'affabilité professionnelle dissimulent les souffrances, qui viennent des maigres appointements, de la tristesse du logement, de l'usure des habits, du souci des notes à payer, du chagrin de voir dans la gêne des parents, une femme, des enfants, enfin de l'inanité des rêves et des déceptions subies.

6° Les *emplois administratifs* attirent une foule de postulants, et ce n'est pas une des moins fâcheuses conséquences de notre organisation sociale que cet état d'une grande partie de la population — hommes et femmes — en quête de l'emploi près d'être créé ou qu'un décès va rendre libre. Que peuvent bien faire tous ces candidats en attendant la nomination rêvée? Quels services rendront à la société les malchanceux, et comment vivront-ils?

Causes de souffrances des ouvriers : causes économiques. — L'ouvrier qui cherche du travail rencontre souvent un grand nombre de concurrents, et il risque d'attendre longtemps avant d'être embauché.

S'il est isolé, s'il a affaire à un patron sans conscience, il lui faudra accepter une rétribution insuffisante.

Dans la petite industrie, des rapports amicaux existent souvent entre les chefs et leurs collaborateurs,
mais là, en revanche, la situation des ouvriers est
d'autant moins sûre que les patrons ont moins de
chances de succès; là surtout, ils peuvent être contraints de se contenter d'un salaire médiocre, car la
cohésion leur manque, et, d'autre part, ceux qui les
emploient réalisent peu de bénéfices.

C'est surtout le *grand atelier*, qui utilise les perfectionnements trouvés à l'époque actuelle, notamment
le machinisme et la division du travail : quelles
peuvent être pour l'ouvrier les conséquences de l'un
et de l'autre?

La *machine* apparaît souvent au travailleur comme
une menace : il craint que quelque invention ne
vienne le priver de son gagne-pain. Cette invention,
les gens compétents l'admireront, le public en profitera, parce que des produits seront obtenus dans des
conditions plus avantageuses; mais lui, l'ouvrier,
dépossédé de son travail, ne paiera-t-il pas la rançon
de ce progrès?

Par *la division du travail*, l'effort nécessaire a été
diminué; chacun a acquis plus d'habileté, mais on se
demande ce que peuvent bien devenir les facultés
d'un homme qui, toute la journée, se consacre à une
besogne fragmentaire, n'exigeant aucune intelligence, ne permettant aucune initiative, ne laissant
pas même à celui qui s'en occupe la satisfaction que
procure une œuvre bien faite, car le fini de l'exécution vient dans bien des cas de la machine seule.
Dans certaines professions, quel intérêt l'ouvrier
peut-il bien prendre à sa tâche? Pendant 10 ou 12
heures par jour, présenter une barre de métal à une

machine, qui la découpe et recommencer ainsi chaque jour, quel sort pour une créature humaine !...

Ce qu'il y a peut-être de plus douloureux pour les travailleurs qui réfléchissent, c'est *le manque de sécurité*, l'inquiétude de l'avenir. Sans doute, il suffit qu'un patron soit intelligent pour conserver de bons ouvriers, mais ceux-ci peuvent souffrir d'antipathies injustifiées. Certains ne seront-ils pas renvoyés, parce que d'autres offrent de les remplacer à meilleur compte? D'ailleurs, par suite des crises qui atteignent la production, une partie du personnel doit parfois être congédiée, faute de travail. Il faut se représenter qu'environ un dixième de nos ouvriers chôment, malgré eux, pendant le quart de l'année; ces alternatives de gain et d'inactivité sont démoralisantes. Certes, il est déplorable qu'on recherche si avidement les emplois des administrations ou de l'État, mais comment se dissimuler que l'insécurité des autres professions est pour une large part la cause de ce mal?

Causes morales et politiques qui rendent les souffrances moins supportables. — Représentons-nous la situation d'un trop grand nombre de ménages d'ouvriers. Le mari gagne peu; la femme est prise, elle aussi, par l'atelier; les enfants restent seuls et vagabondent; le père et la mère rentrent harassés dans la pièce malsaine, peu à peu épuisés par le travail monotone, et, malgré tout, redoutant le progrès qui le leur enlèverait, appréhendant aussi la concurrence de plus malheureux qu'eux-mêmes. Dans les familles d'où la misère est écartée, que de peines, de privations! On ne peut songer sans mélancolie que des millions d'êtres humains ne pensent qu'à ne pas mourir de faim, n'ayant pas le temps de se reposer et de vivre intelligemment: quand nos écoliers quittent

le collège ou l'école pour un ou deux mois, ils ne
songent pas que beaucoup de gens qu'ils rencontrent
ignorent les vacances, ou même appréhendent le
repos, qui diminuerait leur gain.

Par suite du *développement de la grande industrie*,
l'ouvrier a fréquemment affaire à des patrons anonymes, invisibles, inconnus, si haut placés qu'on
parvient difficilement jusqu'à eux, et ainsi ont disparu les liens presque familiaux qui unirent longtemps maîtres et compagnons.

La concentration des travailleurs en certains lieux
s'est opérée par suite des exigences de la production.
Groupés en quelques grandes agglomérations, ils se
sont entretenus, se sont plaints, ont vu de navrantes
misères collectives; en présence des employeurs, ils
ont été dominés par un esprit de classe. On a attaqué
les abus de la puissance capitaliste; il y en avait eu
d'épouvantables : on a généralisé, attribuant à tous
les patrons les tendances de quelques-uns et aux
individus les conséquences d'un régime économique.

Précisément, dans le même temps se produisait
l'*affaiblissement des croyances religieuses* qui portaient les malheureux à la résignation : dans un
autre monde, un Dieu juste, pensait-on, dédommagerait ceux qui ont souffert ici-bas. Mais aujourd'hui
la plupart des hommes veulent avoir sur cette terre
même leur part de bonheur, et de moins en moins ils
consentiront à ajourner la réalisation de leurs espérances.

Les *changements politiques* ont fait paraître les
souffrances plus vives. D'une part, toutes les inégalités sociales ont disparu, sauf l'inégalité des fortunes : restée seule sur la société nivelée par ailleurs,
elle apparaît à certains plus choquante que jamais.
Puis, le suffrage universel a été établi. Fait considérable au point de vue économique : le travailleur,

ayant désormais un moyen de diminuer ses maux, a senti d'autant plus les misères de sa condition qu'il pouvait exercer une plus grande action politique.

Voilà quelques-unes des raisons pour lesquelles se sont posées les « questions sociales » dont la solution préoccupe de nos jours philosophes, économistes et hommes d'Etat.

LECTURE

Ne sommes-nous pas responsables?

(Lettre de Félix Pécaut après la Commune en 1871)

Si légitime que soit dans les conjonctures présentes votre sévérité, ne semble-t-il pas que de ces imprécations furieuses, de cette litière de cadavres, de cette mêlée de forcenés, de ces incendies qu'hommes et femmes allument à l'envi, il s'échappe contre nous, contre les classes moyennes, aisées, instruites, gouvernantes, une formidable accusation? Nous avons sans doute pour nous le droit légal et la plus invincible des nécessités sociales, mais comment ne pas nous dire que nous sommes tous pour quelque chose dans cet effroyable malentendu et dans ce monstrueux égarement de tant de nos concitoyens? Ils vivaient côte à côte avec nous au sein de la même ville; nous les voyions chaque jour construire nos maisons, façonner nos meubles, ciseler nos bijoux, servir à nos besoins de commodité et de luxe; mais entre eux et nous qu'y avait-il de commun? Quel intérêt prenions-nous à leur vie intime? Quand avons-nous essayé de la mêler à la nôtre et de partager avec eux le meilleur de notre substance spirituelle, notre expérience, notre savoir, nos jouissances d'art, notre idée morale, enfin tout ce qui fait vivre? Nous les punissons aujourd'hui de leur attentat contre l'ordre social, et c'est justice; mais nous les punissons aussi de notre égoïsme, de notre oubli des traditions supérieures de la solidarité.

(Études au jour le jour sur l'Education nationale. Hachette et C¹⁵, éditeurs.)

II

LE DEVOIR SOCIAL

> « L'homme ne peut pas rester indiffé-
> rent devant le drame social. Il y est
> non pas spectateur seulement, mais
> acteur, complice ou victime si le drame
> se termine dans les larmes, dans la
> violence et dans la haine. »
>
> (Léon Bourgeois.)

En regardant autour de nous, nous ne voyions
d'abord que la poursuite des intérêts personnels.
Un examen plus minutieux nous a permis de constater que, si l'égoïsme est encore trop fréquent,
beaucoup de généreux efforts sont cependant tentés
pour améliorer le sort des malheureux. Les meilleurs
de nos contemporains ne croient plus qu'il suffise
à l'individu de penser : « Je n'ai rien fait de mal-
honnête » pour que la conscience soit tranquille, et
ce n'est plus assez pour les hommes d'État de constater que l'ordre règne.

Nous ne pouvons ignorer qu'à côté des causes naturelles d'inégalités, d'autres résultent « d'arrange-
ments sociaux qui ne sont pas toujours équitables, » (1)
et nous admettons que, en y apportant d'ailleurs
toute la prudence exigée par la justice même, les
gouvernements interviennent pour qu'il y ait moins

(1) Léon Bourgeois.

d'opprimés. Il ne s'agit pas de remplacer une classe par une autre, mais d'être juste envers toutes.

Des chefs d'entreprises ont fondé des institutions qui peuvent diminuer l'insécurité et augmenter le bien-être : toutes les fois qu'ils ne s'en sont pas servis pour diminuer la liberté, leur œuvre fut d'autant plus méritoire qu'en raison même de leur situation ils rencontraient de plus grandes difficultés.

Ceux qui appartiennent aux classes les moins heureuses ont compris que leur faiblesse serait incurable, tant que durerait leur isolement : de l'union de leurs médiocres ressources et de leurs activités, il résulte tantôt plus de moyens pour empêcher des injustices, tantôt plus de facilités pour mieux vivre et pour être libres. Quand les membres des associations seront plus éclairés encore, ils comprendront que la fédération de ces collectivités leur donnera une force considérable dont, s'ils sont justes, la société tout entière profitera.

Tout cela permet de dire aux jeunes gens : « Vous le voyez, beaucoup de bien a été réalisé, mais il en reste encore plus à faire. Il y a en France plus de 200.000 sexagénaires dans le dénûment; à Paris, en un hiver, 450 personnes sont mortes de faim. Dans notre pays, plus de 100.000 logements manquent de fenêtres; à Paris, 2.500 familles n'ont pour se loger qu'une seule pièce, « une chambre commune avec l'homme ivre, avec les enfants malades qui pleurent, avec le cadavre qui attend d'être emporté. » (1) « Chaque année, la tuberculose frappe 160.000 Français. Des millions de gens enfin n'ont d'autre pensée que d'essayer de ne pas mourir de faim.

« Quand ceux-là lisent aux frontons de nos monuments : « Liberté, égalité, fraternité, » que peuvent-ils penser, s'ils ont le temps et les moyens de penser?

(1) Charles GIDE.

« Vous qui étudiez, qui bénéficiez du travail collectif, rendez-vous compte que vous aurez d'autant
plus de devoirs que vous pourrez davantage.

« Si vous êtes de familles aisées, vous n'avez aucun
mérite à être riches et instruits, mais il en résulte
pour vous de grandes obligations. Ne fermez pas
les yeux pour ne point voir les misères que le hasard
vous a épargnées. Essayez d'y porter remède; ne
vous laissez décourager ni par des manières ni par
un langage grossiers. Plus tard, si vous dirigez les
autres, soyez bons, humains, et cherchez quel bien
vous pouvez faire.

« Il en est parmi vous qui deviendront de simples
travailleurs des champs, des magasins ou des usines : à ceux-ci nous disons : Croyez que récriminer
est puéril, qu'attendre tout d'un cataclysme n'est pas
courageux; qu'espérer en un immense bouleverse-
ment est une illusion, parce que la violence n'a
rien fondé de durable. Agissez, épargnez, unissez-
vous, non dans une pensée de haine (1), mais dans
un commun désir de justice pour tous. À la base de
toute vraie amélioration sociale, il y a celle de l'individu : devenez meilleurs, et mieux, instruits. Si vous
le pouvez, n'hésitez pas à fonder, à diriger des associations; moins bien doués, apprenez à être discipli-
nés ; faites-vous des règles justes, et obéissez-y. Dans
l'association ne soyez pas « un poids mort. » Aidez-